教育部人文社会科学研究课题（项目编号：11YJA790025）

教育金融抑制
理论、指标与应对

Educational Financial Repression
Theory, index and response

窦尔翔　畦　悦　等◎著

北京大学出版社
PEKING UNIVERSITY PRESS

图书在版编目(CIP)数据

教育金融抑制:理论、指标与应对/窦尔翔,眭悦等著.—北京:北京大学出版社,2013.9

ISBN 978-7-301-23213-2

Ⅰ.①教… Ⅱ.①窦… ②眭… Ⅲ.①教育经济学-金融抑制-研究 Ⅳ.①G40-054

中国版本图书馆 CIP 数据核字(2013)第 222486 号

书　　名:教育金融抑制:理论、指标与应对
著作责任者:窦尔翔　眭　悦　等著
责 任 编 辑:郝小楠　王　律
标 准 书 号:ISBN 978-7-301-23213-2/F·3743
出 版 发 行:北京大学出版社
地　　址:北京市海淀区成府路 205 号　100871
网　　址:http://www.pup.cn
电 子 信 箱:em@pup.cn　　QQ:552063295
新 浪 微 博:@北京大学出版社　@北京大学出版社经管图书
电　　话:邮购部 62752015　发行部 62750672　编辑部 62752926
出版部 62754962
印　刷　者:北京宏伟双华印刷有限公司
经　销　者:新华书店
730 毫米×1020 毫米　16 开本　17.75 印张　304 千字
2013 年 9 月第 1 版　2013 年 9 月第 1 次印刷
定　　价:46.00 元

《教育金融抑制：理论、指标与应对》

著作团队

组　　长：窦尔翔

副 组 长：眭　悦　刘宇希

撰写组成员：（按姓氏音序排列）

王丽静　胡中原　张　宇

前　言

一、本著作的定位

教育金融制度创新、教育金融抑制问题、教育金融工程分别是教育金融研究的三个重要主题，构成了教育金融研究的“三部曲”。

《教育金融制度创新》已经在2012年2月由清华大学出版社出版。“第一部曲”主要告诉读者教育金融制度已经超越了传统“助学贷款”的高度，将微观的学生贷款行为上升到“人力资本积累方金融”的高度。这个高度所带来的创新包括：

其一，揭示了“学生”的本质。认为“学生”在本质上是“人力资本积累者”。这样，才能促使人们明晰地将学习行为看作是一种投资行为，才能鼓励现实中的“非学生”也加入到人力资本积累中来，也才能促使所有的积累者重视“处处留心皆学问”，而不是囿于课堂范围的学习。

其二，将股性合约引入投融资双方。人力资本积累是一个存在风险的投资行为，尽管我们并不知道这个风险会发生在哪个投资对象身上，但是就整体来看，这种风险的发生是一定的。因为国家会将失业率控制在一定范围，这也可以看作是国家出于对人力资本积累过程中所存在风险的考虑，因而投资者可以采用投资组合的方法来消除“非系统性风险”，从而将风险控制在一定范围和程度之内。这种“股性”、“组合”投融资技术的引入既在客观上考虑了教育投资的风险性，又巧妙地降低了投资者的风险。相反，“助学贷款”合约对学生求学风险的关注与管理比较粗糙，其规模有限、坏账率居高不下、缺乏增值服务等结果就是极好的佐证。

其三，将学生求学条件的获得与家庭的贫富分割开来。尽管由于血缘关系的存在，父母支持子女读书是天经地义的事；同样由于“求学”具有外部效应，国家提供财政支持也是合理的。但从矛盾的主要方面来看，“求学”归根到底首先是“求学者”个人的事。《教育金融制度创新》深刻地认识到这一点，以个人未来的现金流作为支撑向市场融资，可以使投融资双方将人力资本积累条件的实现与学生的态度、偏好、潜能、努力挂钩。这样,可以筛选出适合成才的学生进行重点支持,也可以引导学生寻找自己的潜能,并与社会需求挂钩。更加有意义的是,原来由于财政紧张、家庭贫穷、教育资源不均衡等所造成的失学与“隐性失学”问题有了解决思路,这将极大减少“人资源”的浪费。

如果说《教育金融制度创新》是对教育金融理念的创新,那么《教育金融抑制》则是对制度创新需求的调研,这是教育金融研究的“第二部曲”。

制度变迁建立在制度需求之上,包括国家这一“系统性需求”与市场各个主体的“非系统性需求”。当然,要获得客观的需求数据,其前提是被调研者理解什么是教育金融制度创新。可惜的是,关于产业特征如何决定金融供求的研究还不够系统,自然人金融更是只停留在债性合约的基础上。这导致了无论是从国家层面来看,还是从市场个体层面来看,都缺乏对股性成分是否可以引入“学生金融”的认识与思考,从而造成了“强制性金融抑制”与“诱致性金融抑制”,尽管在实践上已经存在股性教育金融的原型与因子。

理想的调研将从含有股性教育金融制度的教育筹资制度的参与者中间展开。总体上来说,这些制度参与者可以分为两大类,一大类是人力资本被投资对象,即学生和家长;另一类属于除学生与家长之外的人力资本积累利益相关者,比如,学校、政府、企业、银行、股性投资者、人力资源公司等。

调研学生的必要性在于该制度与其教育资金及其增值服务的获得密切相关;调查家长的必要性不仅仅在于引入外界资金可以减轻家长的负担,更深层次的意义在于家长作为以血缘为纽带的“控股人”应当有“增值扩股”的意愿才行。

调研学校的必要性在于,一方面股权的介入不仅可以扩大学生规模,还可以为学生提供增值服务,替学校分担了部分力不能及的负担,另一方面股性合约使学生与投资者的利益捆绑起来,从而使学生获得了更大的谈判能力,增加了作为学校谈判对手的砝码;调研企业的必要性在于股性合约的介入一方面能为市场培养出更加符合需求的人才,另一方面也类似地增加了学生作为劳动力买方的谈判砝码。

调研政府的必要性在于股性合约的介入不仅仅使学生多了一条资金来源,而且还通过增信作用扩大了传统教育资金的规模,通过信号引导提升了传统教育金融的效率,从而相当于帮助政府甚至代替政府生产了公共产品。

调研股性投资者是所有调研中最基本的，他们正是学生教育资金的提供者。事实上，在很多创新投资者看了《教育金融制度创新》之后，都希望我能了解学生是否需要这类资金。在国内投资品种稀缺、投资环境不理想的条件下对学生进行投资，他们动力还是很大的，何况他们之中不乏热爱教育、奉献教育者。他们所关心的，更多的是市场需求和政府的监管。

不仅如此，股性投资者还希望我们能够构建投资者与学生之间的投资模型，这样教育金融制度进入第三阶段——教育金融工程阶段，这是教育金融的“第三部曲”。目前，教育金融工程的研究框架已经完成，内容写作已经过半。总体来说，教育金融工程的核心与难点是学生的估值问题，这会将人力资本估值问题推进到研究的前沿。

二、典型数据

关于教育金融抑制的现状，我们做了大量的问卷调查，同时也在媒体平台上搜集了大量典型的数据，这里摘其一二与大家分享。

1. 关于教育理念问题

教育是全凭兴趣，还是要考虑社会需要？教育是一种投资还是一种消费？教育是“国家崛起”，还是为了自己的名利？2007 年的一份调查部分地回答了这些问题。

2007 年在重庆 7 所大学开展的调查表明：选择“找一份适合自己的好工作”、“有车有房的现代白领生活”以及“较高的权势和社会地位”等现实功利目标的人数高达 44%。其中，选择“找一份适合自己的好工作”的占到 30% 以上；家长的选择也与大学生们的选择特点基本相同，现实功利和自我利益目标成为父母为孩子选择上大学理由的首要取向，占 49%。而且，年级越高，首要取向就越趋于现实功利和自我利益。大一年级占比为 32%，到大四时就逐级增长到 58%。参与调查的西南大学某位老师认为，刚踏进大学校门时，同学们大多有远大的目标，崇高的理想。然而随着对大学认知的不断增强，以及临近毕业时越来越感到严峻的就业压力，大学生的价值取向就很容易随着年级的增高而趋于现实功利和自我利益。如西南大学的一位同学，在大一刚入校时，立志做一名研究地质地貌的科研工作者，并准备在本科毕业后继续深造读研究生。但到大三时他发现，就业形势越来越严峻，研究生毕业后可能还找不到现在本科毕业时的工作，加之家里经济压力大，所以他决定放弃考研，先找一个中学教职，以后有机会再继续深造。这位同学上大学的理由也就由大一时的“为文化传承和科学研究事业贡献力量”变成了“找一份适合自己的好工作”。①

有人认为，大学生作为风华正茂的年轻人，理应对未来充满了理想与信念、激情与冲劲，在他们上大学的理由趋于现实功利的背后，其实是大学生对现实的屈从与无奈，尤其是面对巨大就业压力的妥协。实际上，大学生的选择无可厚非。在市场经济条件下，大学毕业生必须自力更生，接受市场选择的考验。

2. 教育资金的匮乏

教育资金匮乏是所有国家普遍存在的现象，关键是看通过什么制度去解决。在美国，征信体制十分健全，学生的资金缺口可以通过信用贷款去弥补。在我国，助学贷款的力度不够大，导致家庭负担过重，教育资源质量下降。以下例子尽管不是普遍现象，但是足以说明我们必须要根据中国国情进行学生金融创新。

海南新闻网 2006 年 6 月 23 日消息：紧张的高考终于结束了，山西省太谷一中理科考生陈力（化名）估出 600 分。几天后的一个晚上，陈力的父亲——榆社县西马乡新村 43 岁的陈东生（化名）服毒自杀。记者采访时，陈东生的亲人和乡邻都认为，他是不堪承受儿子读大学的经济重负才走上绝路的。②

6 月 21 日，记者走进这个悲情笼罩的家庭，只要提及父亲，陈力就会泪流满面。他说：“父亲是因我而自杀的，早知如此，我宁愿不考大学，守着父母在家务农。我就是考上大学也不想上了。因为我们兄妹几个上学，家里欠了两万多元外债，现在父亲走了，我是长子，我得扛起这个家，得把弟弟妹妹抚养成人。”

陈力是当年的应届高中毕业生，在太谷县一中理科班上学。当年的高考并没有给他造成太大的压力。高考结束，他估了 600 分。6 月 12 日，陈力的第一志愿报了西安交通大学。陈力在为从小就萦绕心头的工程师梦想有望实现而兴奋，父亲陈东生却越来越少言寡语。据陈力的母亲后来说，他总在埋怨自己没本事，连孩子的学费都没办法凑。一说这些，他总会唉声叹息，愁眉紧锁。

根据乡亲们得出的结论，陈力父亲自杀的表象原因在于读大学经济成本太高，这是一个普遍现象。来自《中国青年报》的一则消息称，在吉林，平均每个大学生一年的费用为 11 800 元，而 2004 年该省农民人均纯收入

① “高校传出的质疑声：上大学到底为什么？”新华网重庆频道，2007 年 05 月 17 日。

② “争气儿子高考估出高分，贫穷父亲绝望自杀”，《山西晚报》，2006 年 06 月 24 日。

为 3 000 元，也就是说，供养一个大学生需要 4 个农民一年劳作。吉林省政府研究中心对该省农安县某镇高中进行的一项抽样调查中，竟有 28.7% 的学生“害怕升入大学”，原因是“家庭负担不起上大学的费用”。

诚然，动辄几千元的收费，对一个城市中等家庭来说，也许不算很重的负担，但对于城市的不少贫困家庭，以及农村的大多数家庭来说，不能不说是一个惊人的数字。陈东生之死，似乎又一次使高校的高额收费与农村贫困的矛盾集中地幻化为一场令人心酸的悲剧。

然而，进一步深入分析可知，大学如果不收费的话难道都需要靠政府拨款吗？政府又有这么高的财力吗？农村贫困很复杂，恐怕也不是一年两年能解决的问题，难道只能等待农村孩子辍学，甚至通过父母自杀来表达愧疚吗？难道就没有别的办法了吗？当然有，但是这需要理论研究者的创新思维，需要当事人的创新尝试。唯有如此，才能改变“寒门再难出贵子”的预期。

3. 教育效率问题

教育效率是一个较为复杂的概念，可以指教育是否能够让具有主观教育意愿的人都能接受教育，可以指以最低的成本挖掘出某个人潜能的人，可以指是否能将一个人培养成社会所需要的人，等等。随着大学生的普及，越来越多的人懂得依据他们认为客观的标准来衡量和评价教育效率。我们通过川北一对父女关于上大学的“谈判”来感知一下家长对大学教育效率缺乏信心的程度。

当许多学生准备迎接大学生活时，家住川北槐树店路的玲玲，却在为上大学的事和父亲进行着一轮又一轮的“谈判”。虽然拿到了成都某高校的本科录取通知书，但玲玲的父亲固执地认为“读书无用”，他宁愿出钱资助玲玲做点小生意，也不愿“扔几万学费进去打水漂”。①

女儿喜欢读书的理由是：“我非常爱读书，喜欢泡在图书馆里。书本打开了我的眼界，提高了我解决问题的能力。只有读大学，才能让自己更有修养、更有层次，大学是对一个人综合素质的提升。我不想成为只会做小生意的农村人，不想过父亲那种思想封闭、眼界和层次低，没有任何精神追求样的生活。”

尽管“从小到大，父亲很爱我”，“家庭经济条件不错，不缺上大学的钱”，但玲玲的父亲把读大学比喻成一个“肯定会失败的投资”。他掰着手指头给《成都商报》记者算了笔账：大学四年学费加生活费肯定需要 8 万，

① “女孩考上大学父亲不让上，称捡垃圾比读书强”，《成都商报》，2013 年 09 月 01 日。

如果高中一毕业就开始打工,四年至少可以赚 8 万,这样一来一回就是 16 万。这 16 万都可以拿去投资个房子做首付,或者直接开个店做生意也能赚钱。可是拿去读大学,毕业后也许找不到工作,或者找一个工作每个月就两三千元,又要四五年才能赚回这 16 万。“咋算都划不来。”玲玲父亲进一步举例说:“捡垃圾都比读书强,我们门口捡垃圾的每年都能赚两三万,很多大学生出来都赚不到。”

显然,玲玲父亲来衡量教育投资具有理性的模型。如果培养出来的大学生难以找到工作,从投资者的角度来看,那显然不如去拣垃圾。事实上,最近几年大学生就业难的问题已经在社会上引起了很大反响。根据媒体的公开报道,今年全国普通高校毕业生达 699 万人,再创新高。教育部副部长杜玉波认为,今年就业形势严峻,但并非所有的人都没有找到工作。玲玲父亲其实表达了对现代大学教育效率的担心。这些引发了我们对教育实施过程中究竟存在哪些问题的反思。

很显然,大学生规模太大是对所存在问题的最表象的判断。究竟要培养多少大学生,必须联系国家的产业需求而定,就目前总体上处于“中国制造”的产业阶段来说,高职所培养的操作型人才、应用型人才才是主流;造成大学生失业的本质原因在于大学生培养“标准化”、“批量化”,缺失个性化培养技术。总而言之,当今“后高中”教育,既缺乏足够的技能型人才的培养,也缺乏创新型人才的培养,而是过度“传授大道”,造成了“人才”的同质化、低品化。

三、致谢

感谢在我人力资本过程中为我提供物质资助、精神鼓励、增值服务的所有智者！感谢北京大学经济学院、软件与微电子学院为我提供的宝贵的学习和研究平台！感谢为这本书的出版付出了心血的郝小楠老师！感谢我爱人王洪艳给我无微不至的关心和女儿窦蓝熙给我的快乐,你们为这本书作了间接贡献!

窦尔翔于北京大学中关新园

2013 年 9 月 1 日

目　　录

导　论

所谓教育金融抑制，是指作为教育需求方的学生所面临的金融抑制问题。它主要研究学生由于缺乏有效的融资工具而导致教育资金短缺和教育效率低下的困境。从合约的普适性来讲，学生融资也应当可以使用股性合约，而这正是造成目前学生金融抑制的重要原因之一。

一、研究背景

教育资金短缺以及培养效率低下的状况不仅要求通过金融方法增强教育资金的可得性，还要求设法改善教育机制，提升教育效率；而国际竞争局势与国内人口红利形势则对创新型人才培养具有紧迫要求。

（一）国际、国内形势要求中国必须重视创新人才培养

2011年2月14日消息，日本内阁府发布的数据显示，2010年日本名义GDP为54 742亿美元，比中国少4 044亿美元，排名全球第三。中国已经成为经济大国，仅次于美国的第二大市场。很多人都在预测中国在不久的将来必会取代美国而成为世界头号经济体，亿万富翁投资者乔治·索罗斯（George Soros）曾早在2010年路透社主办的一个交流会上发表讲话说，无论是从经济增长速度对全球经济增长的贡献上看，还是从经济规模对世界经济发挥的影响力看，中国都已经超过美国成为全球第一大经济体。

中国成为世界经济强国，自然不是坏事，那是中国人的大国崛起之梦。然而，这种崛起，也给中国带来更加严峻的挑战和压力。

第一，一旦中国成为世界经济的领头羊，必然要担当领头羊的责任，那就是创新人才与科技的发展。中国将面临的是独一无二的首创，而不是尾随他国之后的模仿。事实上，中国与发达国家的距离提醒我们必须韬光养晦，既要处理目前粗放发展所造成的环境污染难题、发展非均衡问题，还要为科技超越进行创新文化、创新教育等创新体系的构建。

第二，中国"未富先老"的严峻形势要求中国要设法抓住"第二次人口红利"的机遇。中国具有丰富劳动年龄人口的现象大约会在2015年左右

消失，在消失初期，新进入老龄阶段的人往往都有较高的储蓄率和储蓄倾向。只要能够发挥好储蓄的资金效率，让资本得到合理的回报，中国将会得到所谓“第二次人口红利”。而发挥储蓄资金效率的关键是中国需要依靠高附加值的科技发展。

第三，中国将要面临将中国视为经济假想敌的科技压制和科技挑战。以美日为代表的发达国家并不甘心于中国如此快速的发展，次贷危机以后美国对中国的汇率施压，以及美日所支持的南海、东海挑衅，都是依赖于科技实力对中国进行压制的表现。2008 年金融危机之后，美国政界、产界、科技界对以往的人才培养和创新模式进行了反思，欲发挥最根本的人才软实力，衔接创新链条，形成研发链（基础—技术—推广）、产业链（产品—小试—中试—产业）、市场链（商品—流通—销售—服务）的首尾呼应和系统集成。中国必须迅速反应，在创新人才培养方面下大功夫。

第四，中国还面临世界发展规律拐点的挑战。美国纽约大学商学院教授兼新闻记者丹尼尔·奥特曼在他的《十年后》一书中对十年后和数十年后的未来进行了宏观预测。按照丹尼尔·奥特曼的预测，再过 30 年到 2041 年，中国将赶超美国成为世界最大的经济大国。但丹尼尔又说，对“到 2050 年中国经济将比美国更快发展”表示怀疑。其中一个重要的原因在于，由于网上交易和物联网的发展，“人”将取代商品和金融成为构筑集成器“中心”（Hub）的主要变数。企业家、投资者、专职人员、退休者将向犯罪率低、气候适宜、生活水平较高且政治稳定的国家聚集，这样的地方将成为“生活方式中心”。如果规律真是这样出现了方向上的拐点，如果中国没能成为这样的“中心”的话，我们将又一次错失“崛起之梦”。而要成为这样的中心，不仅要求创新人才的创新思考，也需要创新人才在各个指标上的创新努力。

（二）教育资金面临总量和结构双重困境

教育资金分为财政资金、社会捐赠资金、家庭提供资金，以及通过融资获得资金。每一种资金在人群、地区、城乡等主体范围上又呈现差异。

教育资金总量不足可以从两个方面去理解，一个是绝对总量，即教育资金供小于求，或者教育资金供给增长慢于教育资金需求增长。《中国统计年鉴》数据显示，自 1999 年教育改革以来，我国教育资金稀缺性不断增强。在教育改革的前一年 1998 年，中国教育经费投入总额为 2 949.06 亿元人民币，到 2010 年，中国教育经费投入总额增长了 4.26 倍，达到 12 550.02 亿元人民币。但在同一时期，我国高等教育毛入学率从 5% 增加到 26.5%，提高了 5.30 倍，高于教育经费的增长额度。此外，我国高等院校的收费标准从 1998 年的 3 000 元/年，增加到 2010 年的 6 000 元/年，翻了一番。可以估算出我国教育资金需求在这 12 年间,猛增了 10.6 倍。通过教育资金供需双方增幅对比发现,我国教育资金稀缺性程度增加了约 2.5 倍。如果考虑人口增长,我国教育资金需求增幅将更大。

另一个是相对总量,即教育财政占 GDP 的比率。联合国教科文组织统计资料显示,目前国际上财政教育资金投入占 GDP 比例平均水平为 7%,其中发达国家接近 9%,经济欠发达国家投入比例约为 4%。改革开放以来,我国不断加大财政教育资金投入,从 1980 年的 114.15 亿元到 2011 年的 16 116 亿元,在 30 年间财政教育投入增长了 141 倍,财政教育投入绝对数额呈现直线上升趋势,具体增长情况如图 0-1 所示。但是在 1980—2011 年这 30 年间我国财政教育资金投入占 GDP 比例长期徘徊在 2%—3%,此期间财政教育资金投入占 GDP 比例常有小幅下滑的情况(见图 0-2)。2012 年全年财政性教育经费支出达 2 万亿元左右,占国内生产总值的比重首次达到 4%。

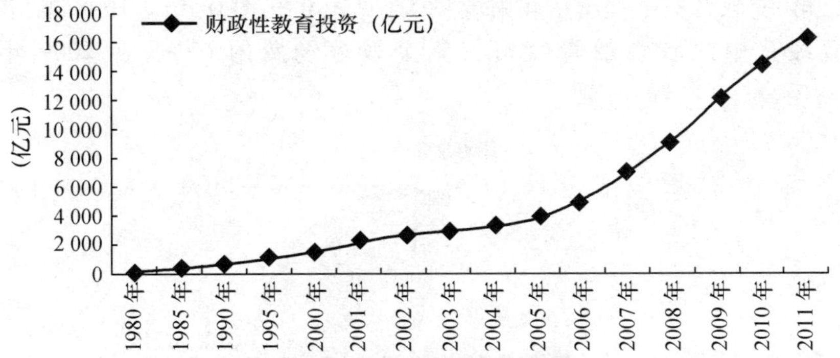

图 0-1 我国财政性教育投资

资料来源:《中国教育经费统计年鉴 2010》,《中国统计年鉴 2011》,国家统计局网站。

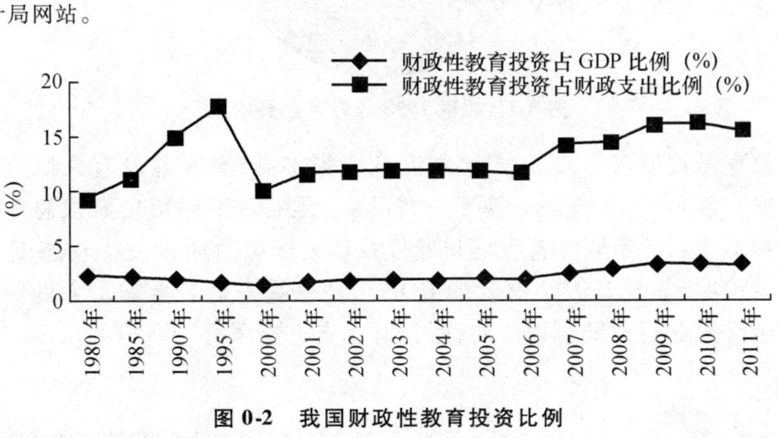

图 0-2 我国财政性教育投资比例

资料来源:同上注。

可以看出，我国财政教育经费投入和国际平均水平相比仍然存在较大的差距，只能勉强达到欠发达国家的平均水平。

财政性教育投资总量不足，刺激高等院校诉诸债务，造成地方政府性债务的恶性膨胀。审计署科研所副所长刘力云在接受采访时称："到2011年底全国一共有1 164所地方所属普通高校存在地方政府性债务，总金额约为2 634.98亿元。"①据国家助学贷款网统计，在2006年助学贷款申请人数为211.1万人，审批通过人数为154.3万人，审批通过率为73.09%，申请贷款金额171.6亿元，银行审批金额131.7亿元，资金满足率为76.66%。就助学贷款实际申请金额来看，已有40亿元的差额，申请未通过和未申请的金额缺口则更加巨大。巨额助学贷款申请，反映了学生教育资金紧缺的现状，国家财政教育资金投入无法满足需求。

教育资金结构不合理则体现在四大方面：

第一，教育资金过度依赖财政投入（见图0-3、图0-4）。1998年，我国教育经费中财政性教育经费占整个教育经费的69%，在2009年达到74%。

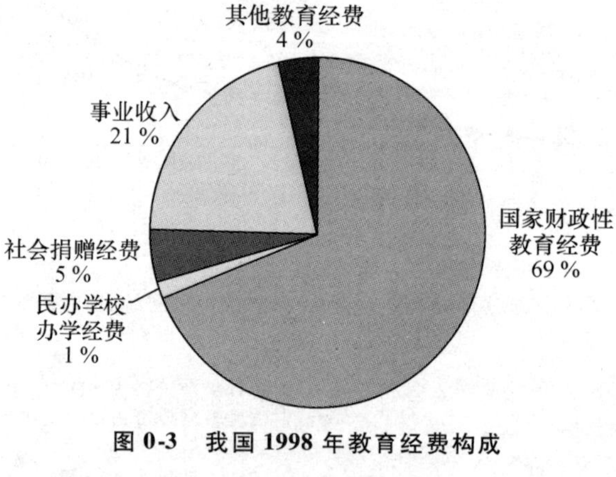

图0-3　我国1998年教育经费构成

教育财政投入占GDP的比重究竟应当多高，至今并没有人研究出占比依据。事实上，教育是一种半公共品，它会随着不同历史阶段总体教育水平和不同人的不同教育程度目标以及所处的教育阶段发生动态变化。②这至少说明，靠提升教育财政的GDP占比来提升对教育需求方的资金供给是违反教育资金供给规律的，而且财政支出资源是个硬约束。

① 审计署．全国1 164所地方所属高校负债2 634亿[N]．济南日报，2011年7月4日

② 窦尔翔．教育金融制度创新[M]．北京：清华大学出版社，2012

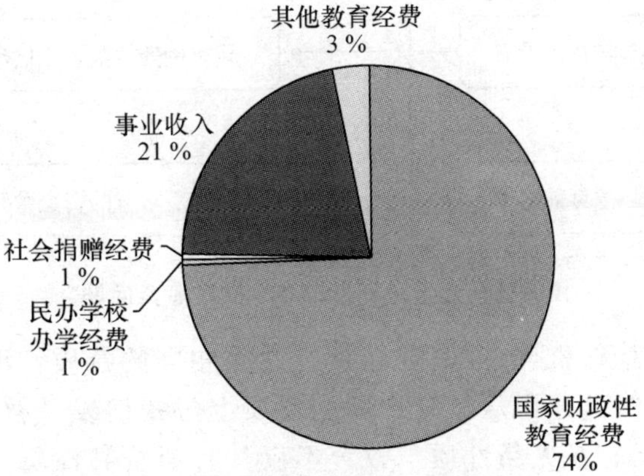

图 0-4　我国 2009 年教育经费构成

第二,不能对学生资金的稀缺研究给予足够的重视。教育由供求双方构成,筹资按照主体不同可以分为:教育供给方(主要是学校)筹资和教育需求方(主要是学生)筹资。显而易见,教育供求双方都会涉及筹资问题。然而,传统的研究几乎是将教育供求双方的筹资问题简单化为混沌的"教育筹资问题"(见图 0-5)。这种简化主要体现在对教育双方筹资的区别和比较不足,这使得人们更多地关注教育供给方的筹资问题。

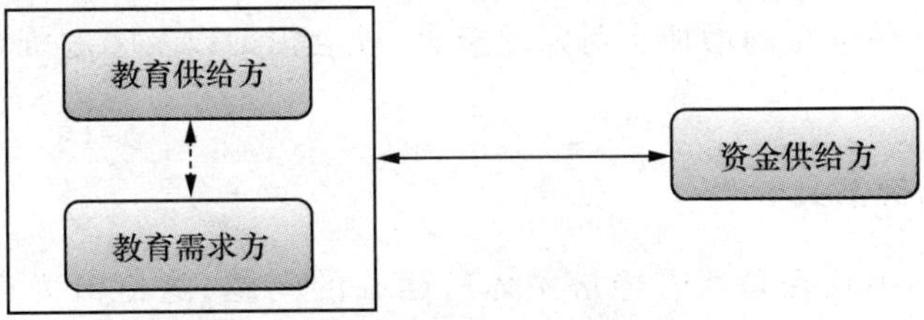

图 0-5　处于混沌状态的"教育筹资问题"

随着教育市场化的深入,中国教育的政府包办模式因为渗入市场因子而渐趋式微。特别是随着就业机制的市场化,教育需求方的选择权逐渐增加,教育的私人收益特征越来越得以强化,从而教育的投资性质也随之更加显化。教育需求方也要面对教育资金的获得问题。改革开放 30 年来的数据说明,学生教育资金的可得性越强,学生教育机会的选择权就越大,学生的教育收益也就越大(见图 0-6)。

由此可见,学生教育资金的可得性的系统研究必将成为一个重大的理论问题和现实问题。

第三,对金融抑制问题没有给予足够的重视。从资金的有限性上来

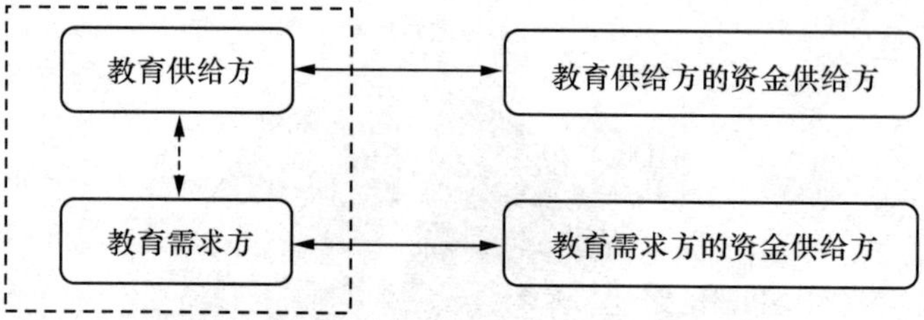

图 0-6 处于分离状态的“教育筹资问题”

看，财政资金、捐赠资金、家庭资金具有几乎相同的特质。那么，教育资金的潜力在哪里？这还得从教育产品的性质上寻找启发。教育不仅具有公共品性质，也具有私人品性质。教育不仅具有消费品性质，也具有投资品性质。既然如此，教育资金的获得应当取决于净现值（NPV）原则。只要教育投资的净收益大于零，学生就乐于支付小于均衡值的资金成本。看来，教育资金的潜力在于金融。

问题是，如同债性资金不愿意光顾创业企业一样，债性资金同样不愿意光顾未来充满不确定性的学生。然而，PE（VC）则相对愿意向中小企业融资，同理，PE（VC）是否也愿意向学生融资呢？答案是肯定的，这一点已经在《教育金融制度创新》中有所论述，此处不再赘述。那么在实践中，学生愿意接受这种分成制资金吗？这种资金的存在是否会改变投融资的均衡总量？这种资金的增加会对财政资金、社会捐助以及家庭资金产生什么样的影响？

二、研究意义

流动性不均衡是所有经济主体所面临的问题，这恰恰为产业发展需要流动性提供了逻辑。所以，流动性是为产业发展服务的，流动性的获取过程就是金融过程。根据罗纳德·麦金农和 E. S. 肖的研究分析，适当的金融改革能有效地促进经济的增长和发展，这样，流动性的可得性与经济发展形成循环效应。之所以教育问题复杂，许多问题长期得不到解决，正是教育产业流动性的可得性出了问题。毋庸置疑，教育产业，特别是教育需求方流动性的可得性研究的推进，将会大大促进教育公平与教育效率的解决。期望本书在金融抑制理论、金融深化实践与政策建议方面有所助益。

（一）理论意义

新理论产生的意义往往表现为对原有理论的发展和深化。教育金融抑制理论亦是如此，是对传统金融抑制理论横向、纵向综合拓展的成果。

1. 对金融抑制理论的拓展和深化

金融抑制理论的创立人以美国经济学家罗纳德·麦金农(R. I. Mckinnon)和 E. S. 肖(E. S. Shaw)为代表,其研究对象侧重于整个国家经济体层面的金融抑制及其解除。我国学者叶兴庆、那洪生、何广文、王曙光、高帆等则从我国国情出发,将金融抑制理论的研究对象拓展到农村和国内区域层面。本书尝试将金融抑制理论应用于教育领域,这是对其纵向的进一步深化,标志着金融抑制理论实现在产业需求方层面的突破(见图 0-7)。

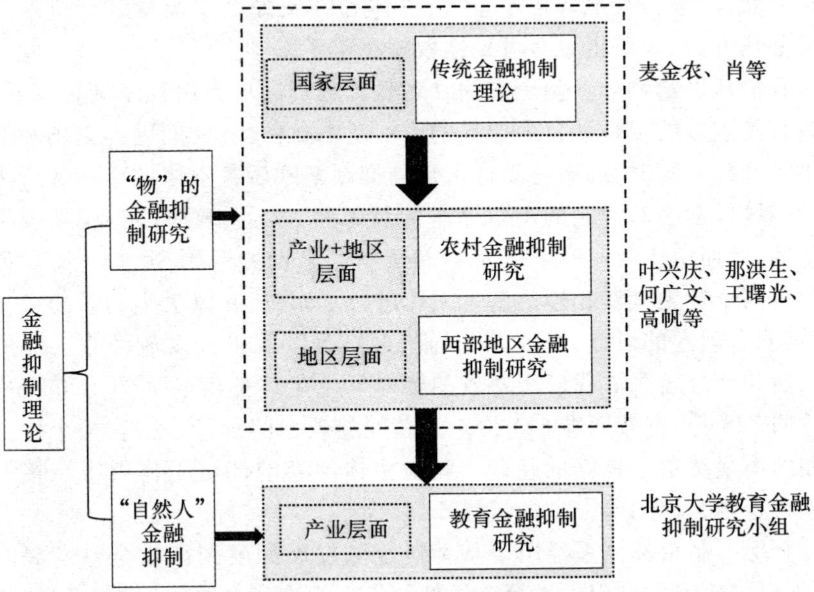

图 0-7 金融抑制理论的演化

和传统金融抑制理论比较,教育金融抑制理论不仅在研究对象上进行了拓展,也在"抑制"的内涵上进行了拓展。

罗纳德·麦金农认为,发展中国家对金融活动有着种种限制,对利率和汇率进行严格管制,会降低资本动员和配置的效率①;Hellman, Murdock 和 Stiglitz(1997)的金融约束理论实际上是对金融自由化的反思,其假定是政府是理性的;E. S. 肖指出金融深化一般表现为广义货币规模的扩大、金

① 〔美〕罗纳德·麦金农(卢骢译). 经济发展中的货币与资本[M]. 上海:上海人民出版社,1997

融工具与金融机构的优化、金融市场秩序的逐步健全①。

教育金融抑制理论主要强调人们观念上的抑制，没有在研究上重视区分金融资金在教育筹资体系中的弹性特征和潜力位置，没有对学生金融与学校金融的区别特征给予足够重视，没有对股性合约是否能用于学生的融资给予充分的研究，从而导致了强制性制度创新和诱致性制度创新的双重压抑。

2. 量化了教育金融抑制的程度

本书通过市场调研和指标体系的构建不仅调研了样本学生个人的金融抑制状况，也为其他非样本个人、群体和区域提供了衡量教育金融抑制的标准化方法，为获得更多可比性数据奠定了基础。

我们从供给和需求两个方面针对教育融资需求方设计了调查问卷，使得教育需求方的资金缺口由原来的隐形状态显性化，为问题的刻画和解决提供了基础。同时，调研还设计了预测抑制解除后各主体的心理和行为变化的问题。本书对抑制的调研原本涉及家庭、学生、政府、企业、高校等多个主体，然而由于时间有限以及本着从重点出发的原则，我们主要对家庭和学生两个行为紧密相连的基本主体进行了调研，并以学生问卷的设计为主，这两套问卷的设计、修改、试调研、再修改以及正式发放回收工作的进行长达4个月之久。我们所发放的针对学生主体的问卷大约1 000份，实际收回728份，有效问卷671份。这些问卷数据的统计、处理，为个体金融抑制的衡量奠定了良好的基础。其他主体问卷的调研工作则将在接下来的教育金融工程的研究中继续展开。

金融抑制指标体系经历了从衡量金融发展深度到衡量金融发展的结构、规模与效率的过程。教育金融抑制指标的构建在总体架构上与此相类似，也在两个层次上刻画教育金融抑制程度：前者是教育金融发展水平指标，是教育金融发展程度与非教育金融指标之间比较的结果，主要从整体上刻画教育金融的抑制程度；后者则是教育金融结构指标，是教育金融的各种合约之间的比较，主要揭示教育金融内部的结构状况。通过这套初级的指标体系，能够较为全面准确地刻画教育金融的抑制状态。当然，随着教育金融研究与实践的加深，该套指标体系可以与时俱进，不断得到完善，使其实用性不断加强。

① 〔美〕约翰·G.格利，E.S.肖（贝多广译）.金融理论中的货币[M].上海：格致出版社，上海三联出版社，上海人民出版社，2006

3. 为个人及政府提供决策依据

新制度经济学认为,新制度之所以实施,是因为它能带来收益。制度变迁的主体因素有两种,一种是作为诱致性因素的非系统性主体,一种是作为强制性因素的系统性主体。本书通过对这两种主体进行教育理念的布道式提升以及对教育金融抑制效应和教育金融深化效应的估计来引导这两类主体进行正确的行为决策。

不管是作为非系统性主体的学生、家庭、金融机构、用人单位等,还是作为系统性主体的政府,都存在教育理念问题。在现实中,人们接受教育的行为在表象上是一种混沌状态,很难讲清楚是投资理念还是消费理念。在新制度框架下,教育是一种投资行为而不是一种消费行为。① 我们假定人的行为选择是市场经济条件下的理性行为,那么,是否接受教育的决策依据就是教育是否能在未来带来现金流增量。拥有这种理性的人,即便是教育资金短缺也会设法融资而接受教育,这就是教育金融行为。

由此可见,教育投资理念与教育金融理念是相辅相成的。教育消费理念往往会导致教育金融抑制现象。由于教育金融抑制作为一种现象并非是一种损益而使行为主体难以产生明显的切肤之痛,从而解释了为何行为主体对实践中的教育金融抑制现象熟视无睹。本书描述了教育金融抑制给各个教育相关主体特别是学生和家长所带来的损失,以及教育金融抑制的解除给各个行为主体所带来的收益,在正反两个层面外化和呈现了教育金融所带来的切肤之痛,这对于优化教育相关主体的教育理念,深化教育金融制度具有重要作用。

(二) 实践意义

由于多种复杂的原因,人类对教育金融抑制现象要么长期忽视,要么处于感性认识状态,这使得教育金融问题处于“隐性抑制状态”。而教育金融抑制问题的系统性阐发,则可以促使教育金融抑制状态显性化,促使各类行为主体行动起来,解除教育金融抑制,实现制度创新的共赢。

1. 教育金融抑制的理论给非系统性主体带来理念与行为的改变

学生有了教育投资理念后,行为更加理性:如果教育资金不缺乏,学生会考察自己所有思想和行为的成本和收益;如果教育资金匮乏,学生可能不会坐等教育机会的丧失或者损害,也不会埋怨家庭,而是会以自身的信用和未来的潜力作为融资支持。这不但会增强学生的家庭责任感,还会激发学生的潜能。

① 窦尔翔.教育金融制度创新[M].北京:清华大学出版社,2012

对于家庭来说,一旦教育投资理念得以明晰,将会有越来越多的家庭学会从本质上分析家庭与子女之间的多维关系。第一重关系是血缘和亲情关系,这一关系往往掩盖了家长和子女之间的其他关系,从而导致非理性行为。比如,"养儿防老"的关系在本质上是"血缘养老"和"市场养老"的叠加,前者本是对后者的加强。但这一工具是如此深奥,以至于人类对自己制造的工具都迷惑了。于是,出现了互相之间经济关系的纠结,甚至多度干预对方的畸形行为。实际上,双方的市场关系属于"股性关系"。[①]家庭在孩子教育早期是个隐性的"第三方"投资者,家庭和子女不但要了解这一客观规律,还要进一步学会在家庭无力提供足够的"市场资金"时,如何以学生本身的资源作为担保从社会市场中引入可以交易的"第三方"。这样就摆脱了家庭的贫富和增值能力对学生前途的影响。家庭也从此摆脱了"市场关系"挟"血缘关系"以"令诸侯"的机制。家庭的消费函数和投资函数的效用值将会更优。

对于学校来说,一旦教育金融得以深化,将会有更多的潜在教育资金等待学校开发,学校会摆脱对学生学费额度约束的担忧,而开发更多能最大化开发学生潜能的课程。股性合约的实现,相当于在教和学之外引入了"第三方"力量,这一方面提高了学校"因才(施教)"的效率,另一方面也提升了学生的谈判力,从而使学校更加努力地注重培养效率的提高。教育金融抑制与深化理论的完善,有利于学校形成关于学生教育资金和教育机制的预期,指导学校产生共赢的行为。

教育金融抑制的解除,会为更多的经济主体创造合作机会,在《教育金融制度创新》中有过阐述,在此不再赘述。

2. 教育金融抑制的理论给系统性主体带来理念与行为的改变

教育金融抑制理论在两大方面卸下了政府不能承受之沉重负担。一是财政负担问题。本书希望所有的主体明白一个客观事实,那就是教育收益具有"公私两重性",不能将教育投资的重担或者负担余值全压在政府身上,而应当将教育资金差额余值压在学生(不包括家庭)身上,寄希望于金融手段。这样,教育公平的难题会迎刃而解。

二是教育机制和教育效率问题。如果说教育资金的获得机制是一个制度问题,那么教育机制和教育效率更是一个制度问题。教育关乎每一个家庭,也关乎每一个用人主体,全球教育机制和教育效率是人类时时讨论、"与时俱进地加以诟病"的永恒话题,政府作为制度的生产者倍感压力。

---

① 窦尔翔.教育金融制度创新[M].北京:清华大学出版社,2012

股性教育金融制度所带来的教育机制的改变与教育效率的提升已经为政府讨论制定支持股性教育金融制度提供了可行性论证①,而本书描述和刻画了教育金融抑制程度的严重程度,表明解除教育金融抑制问题具有事实上的紧迫性。

基于这两本书的阐发,政府可以在强制性制度变迁中发挥重要作用。首先,可以大力提倡和推进教育效率理论、教育投资理论、股性教育金融理论的研究;其次,在现有的教育金融制度研究的基础上进行分成制教育金融制度试点;最后,讨论分成制教育金融制度需要哪些法律法规的支持。

三、逻辑框架和主要内容

在《教育金融抑制》中,我们特别探讨了股性教育金融制度建立的前提假设、股性教育金融制度存在的制度原型、股性教育金融制度运作机理、股性教育金融制度的资金放大效应和教育机制优化效应。那么,究竟股性教育金融制度是否需要发展?这正是本书要阐述的问题。

本书分析问题的过程为:第一,教育金融抑制的解除可以为非系统性主体和系统性主体带来收益吗?第二,现实是否对教育金融制度有需求?如果存在教育金融抑制的话,其程度如何衡量?第三,教育金融抑制的存在会造成什么不良效应?第四,为什么现实中会存在教育金融抑制现象?

本书表达教育金融抑制问题的顺序刚好与分析问题的顺序相反(见图0-8)。

本书的导论和第一章,主要阐述研究教育金融抑制问题的背景和意义,并对教育金融抑制理论演进的逻辑进行梳理。第二章和第三章表明,政府、捐助者、家庭所提供的教育资金受诸多条件的约束,而在教育投资理念下学生对教育资金的需求具有相当大的增长空间。由于我国多数主体并不具有明晰的教育投资理念,导致人们对政府供资责任的不切实际和不符合规律的期待,导致对教育金融抑制问题的忽视。第四章描述了在教育金融抑制条件下,传统筹资渠道遭受巨大压力,几乎所有的相关主体都受到了福利上的损害。第五章通过调研,以事实为依据,表明现实中确实存在较为严重的教育金融抑制现象。如果教育投资理念能够深入人心,并且人们对股性教育金融制度有更深刻的了解,教育金融抑制现象就会引起更多的社会关注,从而加速该问题的解决。第五章还借鉴现有金融抑制理论的思想方法,构建了一套衡量教育金融抑制问题的指标体系,方便各类主

① 窦尔翔.教育金融制度创新[M].北京:清华大学出版社,2012

主要逻辑节点	所对应的主要章节的核心内容
1. 为什么会存在教育金融抑制现象？	第二章，学生金融抑制的产生在数字上等于需求余额；第三章，学生资金供给状况及其困境描述。
2. 教育金融抑制会造成什么不良效应？	第四章，教育金融抑制效应的多主体分析。主要研究了抑制对政府、捐赠者、银行、家庭、学生、高校等相关主体的不良效应。
3. 现实中的教育金融抑制状况如何？	第五章，教育金融抑制调查及其度量指标。前者主要是针对学生进行样本调查，后者主要借鉴了金融发展理论的指标体系。
4. 教育金融抑制的解除可以带来收益吗？	第六章，股性教育金融制度创新；第七章，教育金融抑制解除效应的模拟预测；第八章，分成制对高校教育金融制度的深化。

图 0-8　本书的主要逻辑框架

体对各个层面的教育金融抑制程度进行及时、有效的度量。第六章和第七章都是对教育金融抑制效应的模拟预测。第八章则以分成制教育金融制度作为工具对高校教育金融制度进行了改良模式和改良路径的探讨。

第一章　金融抑制理论演化的逻辑

金融抑制理论是教育金融抑制研究的理论渊源，教育金融抑制研究是对金融抑制理论研究的一次扩展和深化，是金融抑制理论研究成果的一次飞跃性应用，也是金融抑制理论演化的必然结果。因此，必须掌握和了解金融抑制理论演化逻辑，才能准确拿捏金融抑制理论发展的脉动，才能清晰理顺教育金融抑制逻辑，才能掌握重点，针针见血地指出教育金融抑制长期得不到解决的原因，才能有针对性地设计问卷，构建指标体系，刻画抑制程度，寻求解决之道，才能做到宏中微巧妙结合，全面展示教育金融抑制全貌，落实教育金融抑制的解决途径。

因此，本章从传统金融抑制理论文献资料梳理开始，然后从逻辑上系统地分析金融抑制理论的两次拓展，指出教育金融抑制理论提出和建立的逻辑必然性，分析其对传统金融抑制理论的创新和突破。

第一节　传统金融抑制理论

金融发展理论和金融结构理论的兴起，吸引了大量学者开始关注金融在经济发展中的作用，麦金农和肖在此基础上重点研究了发展中国家金融发展不足阻碍经济发展的现象，称之为金融抑制，分析了金融抑制阻碍经济发展的机制，构建了传统的金融抑制理论框架。纵观传统金融抑制理论的发展过程，可以将传统金融抑制理论的发展分成两大阶段——萌芽阶段、成熟阶段，如图 1-1 所示，对传统金融抑制理论的回顾将沿金融抑制理论的萌芽和成熟两个阶段依次展开。

一、萌芽阶段的金融抑制研究

自金融产生以来，学者们就一直在思考金融在经济增长中的作用。金融抑制理论是随着发展经济学的产生而产生的，但是在发展经济学的第一阶段（20 世纪 40 年代末到 20 世纪 60 年代初），西方发展经济学家并没有

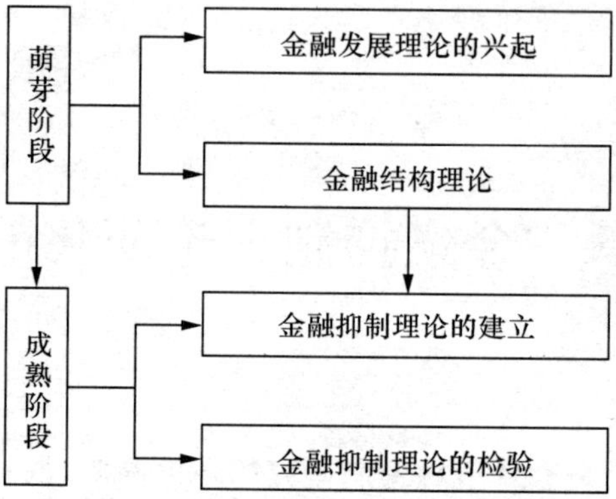

图 1-1　金融抑制理论建立过程

对金融问题进行专门研究，更多的是将金融视为经济发展的外生因素，金融成为资本累积的工具，处于附属和被支配地位，其在经济发展中的作用长期被忽视。到 20 世纪 60 年代中期以后，新古典主义在发展经济学中开始盛行，市场作用再次受到青睐，金融在经济中的地位开始慢慢得到重视，正是这种研究思路的转变孕育了金融抑制理论。

（一）金融发展理论的兴起

二战后，一批新独立的国家在推动本国经济发展的过程中，不同程度地受到储蓄不足和资金短缺的制约。金融发展滞后和金融体系运行低效是储蓄不足和资金短缺的主要原因，是抑制经济发展的深层次原因。在这种背景下，一些西方经济学家在 20 世纪 60 年代末至 70 年代初开始了金融与经济发展关系的研究工作，以戈德史密斯（Raymond W. Goldsmith）、格利（J. G. Gurley）、肖和帕特里克（Hugh T. Patrick）等为代表。

格利和肖分别发表《经济发展中的金融方面》和《金融中介机构与储蓄——投资》两篇论文，建立了一种由初始向高级、从简单向复杂逐步演进的金融—经济发展模型，以此证明经济发展阶段越高，金融作用越强的命题。两位学者关于金融在经济中作用强弱发展趋势的研究，正好契合了金融在教育发展中的作用规律，这启示我们可以通过研究金融与教育关系，借助金融性手段解决教育发展问题，这正是关于教育金融抑制研究提出的依据。

格利和肖两位学者在 1960 年发表合著《金融理论中的货币》，尝试建立一种以研究多种金融资产、多样化的金融机构和完整的金融政策为基本内容的广义货币金融理论。随后格利和肖在《金融结构与经济发展》一文中，对上述问题进行了更深入的研究，尝试建立一种包含货币理论的金融理论和一种包含银行理论的金融机构理论,指出金融发展是推动经济发展的动力和手段。

1966年,帕特里克在《欠发达国家的金融发展和经济增长》一文中提出需求带动和供给引导的金融问题,指出金融体系可以改进现有资本的构成,有效地配置资源,刺激储蓄和投资,在欠发达国家,需要采用金融优先发展的货币供给驱动政策。与需求驱动的金融发展政策不同,它不是在经济发展对金融服务产生需求以后再考虑金融发展,而是在需求产生以前就超前发展金融,即金融发展可以是被动和相对滞后的,也可以是主动和相对先行的。

这为金融作为经济发展的重要手段和措施,通过优先发展金融促进经济发展提供了理论支持。这也为研究金融作为教育发展重要手段和措施,通过金融发展促进教育发展,借助金融政策和工具促进教育公平和正义的理论研究提供了借鉴,从逻辑上支撑了教育金融抑制研究提出的理论的合理性和现实可行性。但是我们必须看到这一时期关于金融在经济发展中作用的研究,大部分仍然停留在新古典主义阶段,对金融作用的研究比较感性,缺乏十分严密的理论推导和验证。

（二）金融结构理论

随着金融在经济发展中作用研究的深入,戈德史密斯在前人研究基础之上,做出杰出贡献:提出金融结构理论。他在《金融结构与金融发展》一文中指出:"金融理论研究的职责在于找出决定一国金融结构、金融工具存量和金融交易流量的主要经济因素,并阐明这些因素怎样通过相互作用,从而形成金融发展。"这段话奠定了《金融结构与金融发展》的基本内容,指明了金融研究未来发展的方向。受到寻找经济因素的思路启发,后文在研究中通过设计问卷调查,探寻影响教育金融抑制的各种因素。

戈德史密斯认为"一国现存的金融工具与金融机构之和就构成该国的金融结构,这包括各种现存金融工具与金融机构的相对规模、经营特征和经营方式,金融中介机构中各种分支机构的集中程度等等",并强调指出:"最重要的也许是金融工具的规模以及金融机构的资金与相应的经济变量之间的关系。"他单纯地将金融结构等同于金融工具与金融机构之和,这是有失偏颇和不准确的,但是其指出金融结构对经济发展的影响,以及经济发展带来的金融结构的变化,是经济发展史上理论的巨大突破,值得我们借鉴。在后文的研究中,我们不仅仅关注教育金融总量的发展水平,同样强调教育金融结构对教育发展的影响,其中股性和债性结构的划分是典型代表,也是教育金融抑制研究的一大创新。

不仅如此,戈德史密斯还创造性地提出金融发展就是金融结构的变化,采用定性和定量分析相结合以及国际横向比较和历史纵向比较相结合的方法,确立了衡量一国金融结构和金融发展水平的基本指标体系。借助这些指标体系,主要是金融相关比率,将世界的金融结构划分为三大类型。尽管根据这些指标对世界各国的金融结构进行了分类,但是这种分类是粗略的、高度概括性的。不仅这三种主要类型的金融结构之间具有很大的差异,就是属于同一类型的不同国家的金融结构也不完全是一样的,一国的金融结构不是一成不变的,而是随着时间的推移发生不同的变化。

值得指出的是,戈德史密斯还开创了比较金融研究的先河,通过对35个国家近100年来资料的研究和统计分析,通过国际横向比较和历史纵向比较相结合,确立了衡量一国金融结构与金融发展水平存量和流量的基本指标体系,其中最重要的是金融相关比率。金融相关比率(FIR)是指某一时点上现存金融资产与国民财富之比,也即与实物资产总额加对外净资产之比。经过复杂的推导得出计算FIR的基本公式,指出FIR与其包含的7个因子(即货币化比率、非金融相关比率、资本形成比率、外部融资比率、金融机构、新发行比率、金融资产价格波动和乘数)成正相关,但与实际收入增长率、物价上涨率及平均资本—产出比率呈负相关关系。通过FIR的基本公式就可以大致衡量和反映一个国家金融发展的一般情况,得出了金融相关率与经济发展水平正相关的基本结论,奠定了金融抑制理论的重要理论基础。

金融相关比率等衡量金融发展水平基本指标体系的构建,值得我们学习和借鉴,在后文有关教育金融抑制定量和定性分析的过程中,构建指标体系是我们研究教育金融抑制的重要手段和方法。在参照金融抑制指标体系——其中很重要一部分来源于戈德史密斯的指标体系——的基础上,结合教育金融抑制特殊性,构建教育金融抑制指标体系:教育金融发展水平指标和教育金融发展结构指标。前者是对教育金融抑制程度的整体把握,后者衡量其内部结构的分布以及各部分的发展程度。这样分类的目的是全面地考察教育金融抑制状态,有助于准确地把握教育金融发展的广度和深度。

二、成熟阶段的金融抑制理论

20世纪70年代,麦金农的《经济发展中的货币与资本》和肖的《经济发展中的金融深化》这两本专著的出版,标志着以发展中国家和地区为研究对象的金融抑制理论正式诞生。麦金农和肖对发展中国家和地区金融和经济发展之间的关系作了规范性的理论研究，提出“金融抑制”（Financial Repression）理论，在经济学界引起了强烈反响，被视为发展经济学和货币金融理论的重大突破，成为金融发展理论史上的里程碑。

（一）金融抑制

美国经济学家格利和肖指出“经济发展是金融发展的前提和基础，金融发展是经济发展的动力和手段”。麦金农和肖在批判传统货币理论和凯恩斯主义的基础上，论证了“金融发展与经济发展之间存在相互制约和相互促进的关系”，根据发展中国家的实际情况提出“金融抑制”的概念。金融抑制理论的经典著作有《经济发展中的金融深化》和《经济发展中的货币与资本》。

在《经济发展中的金融深化》一书中，肖明确指出其主题：“经济中的金融部门与经济发展息息相关，金融机制会促使被抑制经济摆脱徘徊不前的局面，加速经济的增长；但是，如果金融领域本身被抑制或扭曲的话，那么，它就会阻碍和破坏经济的发展。”①这意味着金融变量和金融制度对经济成长和经济发展来说并不是中性的。

因此，金融变量与金融制度对经济成长和经济发展既能起到促进作用，也能起到阻碍作用，关键取决于政府政策和制度的选择。但是实际中许多发展中国家都存在错误选择金融政策和金融制度的状况，人为地压低利率和汇率，制造“有组织”金融，导致金融体系与实体经济发展均停滞不前，形成“金融抑制”现象。肖十分关注政府选择对金融抑制的影响，这点对重视宏观调控的现代中国来说十分重要，研究教育金融抑制，必须分析研究政府政策选择对教育金融抑制的作用和影响。

肖指出导致金融抑制的原因多种多样，其中有人为的低利率政策、金融业内的垄断、本币高估、信贷和外汇强制配给、财政税收政策对金融资产的抑制等。产生这些金融抑制政策的根源也是比较复杂的，他认为，有些国家是在迫不得已的情况下被迫采取的；有些国家则是政府选择的结果，因为政府对市场作用产生怀疑，宁愿相信行政机构的干预能力；有些则是患上了殖民地时代经济的后遗症；还有一些则是政府政策受制于各阶层利益关系的牵扯。不管怎样，选择金融抑制战略都是一种缺乏远见的行为。选择这种战略的原因，则有反高利贷心理，货币当局无力控制名义货币量，或者是以错误的理论来对货币政策进行指导。要

① E. S. 肖（邵伏军等译）. 经济发展中的金融深化[M]. 上海：上海三联出版社，1988

使经济得到稳定持续的发展，就必须抛弃金融抑制战略，而进行金融改革和金融自由化。

此外，肖还指出，在落后经济中，没有统一的市场和统一的价格，信息流通不畅，投资风险巨大，收益极不稳定，经济活动中，异质性较强，生产要素呈现出不可分割性，金融业处于抑制状态。为此，对主流派货币理论进行一番改造的债务中介论更适合落后经济的情形。债务中介论认为：实际货币不是社会财富货币，也不是生产要素，实际货币余额的增减不影响社会收入的变化，货币只是债务中介；储蓄者和投资者是独立的，他们通过金融市场联系起来，作为要素投入品，资金也存在成本；由于资本市场的不完善，在落后经济中，外源融资比较困难，内源融资是较普遍的集资方式，而且非货币金融资产也不发达。因此，对生产者来说要进行实物投资，必须先积累一定数额的现金，物质资本与货币资本是相互补充的互补品。

而麦金农则认为"有组织的银行业在向欠发达国家的经济渗透上，在为一般的农村地区，特别是为小额借款人服务方面是很不成功的"，并将"有组织银行的有限贷款资源常常会被特权机构和垄断行业占用"，"经济中其他部门的融资，则必须由放债人、当铺老板和合作社不足的资金来满足"这种现象为"金融抑制"。麦金农关于金融抑制的解释与某些国家如埃及、智利、巴西等特定阶段的历史情况是相符合的，但是随着时代的进步和金融自身的发展，"金融抑制"不仅仅表现为有组织的银行业贷款资源被强势机构和行业占用，还表现为股性金融在特定领域如农业和教育的缺失。金融结构发展不完善同样是金融抑制的重要表现，在后文关于教育金融抑制的研究中，可以清晰地发现，教育金融抑制包含了债性的不足和股性的缺失。

可以看出麦金农更强调和关注银行贷款资源配置在金融抑制中的作用，这是因为麦金农研究的主要是落后发展中国家，金融发展落后，金融中介主要是银行机构。肖则更为关注政府政策的选择对金融抑制的作用。在现代社会，世界各国，无论是资本主义还是社会主义国家均强调宏观调控，如美国近期的量化宽松政策、我国的四万亿经济刺激计划、欧洲财政拯救计划等，政府经济干预能力不断增强；同时金融的发展使得金融中介机构更加多样化，融资渠道增加，因此在现代社会，金融抑制的主要原因是政府的错误政策选择，而非银行贷款资源配置不合理，肖的研究相比更为贴近现代社会的现状。

（二）金融深化

金融深化是麦金农和肖针对金融抑制现象提出的一种解决方法。肖在《经济发展中的金融深化》一书中指出“金融体制与经济发展之间存在相互推动和相互制约的关系”。一方面，健全的金融体制能够将储蓄资金有效地动员起来并引导到生产性投资上，从而促进经济发展；另一方面，发展良好的经济同样可以通过国民收入的提高和经济活动主体对金融服务需求的增长来刺激金融业的发展，由此形成金融与经济发展相互促进的良性循环。

因此，推行金融深化战略将有利于本国经济的发展。金融深化的各种措施有助于增加私人及政府的储蓄和国际资本的流入，有助于使来自储蓄方面的融资代替财政、通货膨胀和国外援助的收入，也有助于在扩展和多样化的金融市场上，促使储蓄者和投资者展开竞争，优化储蓄的分配和使用，从而有助于增加劳动力就业，有助于收入的增加和分配的平等，也有助于经济的稳定增长，减少时走时停的状况。肖把这些分别称为金融深化的储蓄效应、投资效应、就业效应和收入效应等。总之，通过用市场代替政府机构，减少对金融业的干预，让其自由发展，是落后经济摆脱贫困落后的一剂良药。

肖认为，金融深化首先要求货币深化，为此要刺激实际货币需求，确保货币供给的外生性和低通货膨胀率。他主张放弃利率限制，以便让储蓄得到合理配置，并将场外市场融合到有组织金融中去。在落后经济中，有些非银行金融中介是融资专业化的反映，但许多是人为的产物，应当消除人为因素对金融市场的分割，打破银行业内的垄断，在可能的范围内，尽可能支持民营金融事业。随着经济发展，应逐步扩展金融工具的期限，建立一个新的华尔街，这是金融改革的最后一个步骤。总之，应放开利率，促进金融业内的竞争。

同时肖指出，金融改革应当与财政税收改革同步进行，扭曲的财政政策将减少社会的金融资产，制造金融业内不平等的竞争环境，导致分配的不公平，妨碍金融深化。要使金融、财政改革相互配合，一方面要求两者各尽其职，金融不能代为行使财政职能，如靠通货膨胀帮助政府增加收入，或以利率进行补贴；财政也不能干预金融事业，如以财政拨款等形式优先投资，进行硬性资金配置等。另一方面要改革税制，使“财政基础”得以深化，并富有弹性，为此要减少财政赤字，消除通货膨胀，简化税种和税收管理成本，不再对金融资产的收入进行歧视。

金融改革还要与外贸改革配套进行。肖认为，落后经济中的外汇市场处于非均衡状态，国内金融和国际贸易两者相互影响，形成一种恶性循环。外贸改革的核心是汇率自由浮动，外币自由交换，并逐步取消进出口的歧视性关税,减少对外资流入的依赖,降低本币币值,最终达到外贸自由化。

而麦金农则提出了一种经过修正的哈罗德—多马模型,抛弃了储蓄倾向为常数的假设,指出金融抑制的解除,既可以直接通过提高储蓄倾向来增加储蓄,进而增加投资,促进经济增长;又可以反过来借助经济增长进一步增加储蓄。因此,实行金融改革,解除金融抑制,是实现金融深化与经济发展良性循环的关键。

麦金农指出“在信贷充足的地方,存款和贷款的高利率,会产生一种经济发展所需要的动力,它会促发新的储蓄,改变低效率投资,从而推动技术改造”,从而推动经济发展。这一观点与中国实际情况并不相符合,尤其在教育金融领域,如果银行实行高的贷款利率,学生负担过重无法承受,违约率则会飙升,银行风险提高,可行的策略只能是政府通过补贴银行,实行低利率,既保证银行的贷款积极性,又可以降低学生负担,保证教育债性金融市场的健康发展。

可以看出两位学者都十分重视金融改革,放开管理,降低政府干预,扩展金融自由发展的空间,通过创造有利环境缓解金融抑制,促进经济发展。但是从金融抑制理论在20世纪90年代实践中遇到的困难和问题可以看出,单纯的放松金融管制,并不必然带来技术的进步和经济的发展,适当的干预和补贴则可以很好地满足社会融资需求,提高金融机构参与融资的积极性,进而推动社会经济发展。这种适当的干预被称为“金融约束”。

三、金融抑制理论的验证

20世纪70年代中期到80年代中期,金融抑制理论正式建立之后,大量学者利用各国经济发展数据对麦金农和肖的理论进行实证检验,并对麦金农和肖的理论进行修正扩充。主要代表人物有卡普(Basant K. Kapur)、马西森(Donald J. Mathieson)、加尔比斯(Vicente Galbis)和弗赖伊(Fry)等。

(一)卡普—马西森金融抑制模型

卡普—马西森金融抑制模型是由新加坡经济学家卡普与国际货币基金组织工作人员马西森提出的,该模型以麦金农—肖模型为理论基础,适用于刘易斯阐述的劳动力剩余的发展中经济,对发展中国家的货币金融、经济增长及经济稳定这三者关系作了比较系统的论述,特别是对发展中国家如何通过适当的货币金融改革实现经济增长和经济稳定这一问题进行了深刻的阐述。

卡普—马西森模型与麦金农—肖模型得出了相似的政策结论。不过,就其具体的理论结构及分析方法而言,卡普—马西森模型要比麦金农—肖模型更胜一筹。尤其值得一提的是,卡普摒弃了麦金农关于实际货币与实物资本的“互补性”假说,而通过论证银行体系向生产企业供应流动资本的过程来说明货币金融对实际经济增长的影响,这样分析无疑要比麦金农“互补性”假说合理得多。①

（二）加尔比斯金融抑制模型

1977 年,加尔比斯发表《欠发达国家的金融中介与经济增长:一种理论的探讨》一文,在接受麦金农基本理论与政策主张的基础上,用一种“两部门模型”(Two-Sector Model)修正和补充了麦金农的“一部门模型”(One-Sector Model),建立了加尔比斯金融抑制模型。

这种模型主要是基于发展中国家经济的分割性假定,认为发展中国家的经济具有某种特性,这种特性是因为低效部门占用的资源无法向高效部门转移,使不同部门投资收益率长期不一致,从而导致资源的低效配置。其中金融资产实际利率过低是金融抑制的主要表现,是阻碍经济发展的重要因素。为了克服金融抑制,充分发挥金融中介在促进经济增长和发展中的积极作用,国家必须把金融资产的实际利率提高到其均衡水平。

（三）弗赖伊金融抑制模型

弗赖伊把时滞因素引入模型,使模型能更准确地反映储蓄与投资的变化对经济增长的实际影响。与麦金农等一样,弗赖伊认为提高实际利率对经济增长具有双重效果。在稳态模型中,弗赖伊认为在发展中国家经济增长的投资规模与效率受货币金融因素的影响。投资规模取决于储蓄大小,国内储蓄又由长期经济增长率、国外储蓄率、实际存款利率、预期实际投资收益率及上年国内储蓄率决定,其中实际存款利率是关键因素,是金融抑制的主要表现。实际存款利率同样也是投资效率的决定因素,因此提高实际利率可以扩大投资规模,提高投资效率。

总结以上有关传统金融抑制理论的文献和研究成果,可以得出表 1-1。

表 1-1　传统金融抑制理论一览表

年代	代表人物	理论及观点	优点与创新	不足与局限	启示
20 世纪 60—70 年代	格利、肖和帕特里克	金融与经济发展理论	开始关注金融在经济发展中的作用	缺乏十分严密的理论推导和验证,对金融对经济发展作用的研究还停留在表层	研究金融发展在教育发展中的作用

① 施兵超. 卡普—马西森金融发展模型评析[J]. 财经研究,1996(6)

（续表）

年代	代表人物	理论及观点	优点与创新	不足与局限	启示
20世纪70年代	戈德史密斯	金融结构与金融发展理论	金融结构与金融比率	将金融发展等同于金融结构变化，没有关注金融质量和工具变化的发展意义	构建教育金融结构指标体系
20世纪70年代中后期	麦金农和肖	金融抑制理论	指出政府不当干预金融，扭曲金融市场，出现金融抑制的机制	仅仅关注政府干预造成的扭曲；研究没有拓展到人力资本生产领域	开拓自然人金融；将金融抑制从物质生产领域拓展到人力资本生产领域
20世纪70—80年代	卡普、马西森、加尔比斯、弗赖伊等	对金融抑制理论进行验证，对理论结构和前提假设进行修正	实证检验金融抑制理论并加以修正完善	仅仅是对传统金融抑制理论的修修补补和论证金融抑制理论的合理性	对建立的自然人金融理论进行实证检验，并加以完善

第二节　金融抑制理论第一层次的拓展

大量发展中国家在金融抑制理论的指导下，进行金融深化改革，推行金融自由化，金融抑制理论实践应用一方面检验了金融抑制理论，推动金融抑制理论研究的深化，出现金融内生模型；另一方面也暴露了金融抑制理论的缺陷，促使广大学者思考金融抑制理论的合理性，并加以完善了提出金融约束理论，推动了金融抑制理论第一层次的拓展。金融抑制理论研究由此在物质生产领域得到全面的深化和完善。

一、第一层次拓展的理论成就

金融抑制理论提出后，大量经济学家对金融抑制理论进行了更进一步的研究和探讨，引入信息不对称和不完全竞争因素，结合亚洲和美洲相关国家金融抑制实践结果，提出金融抑制的内生模型和金融约束论，修正和完善金融抑制理论，实现金融抑制理论第一层次的拓展。

（一）金融抑制内生模型

随着效用函数理论的发展，众多学者尝试应用效用函数建立具有微观基础的金融抑制模型，在模型中引入与完全竞争相悖的不确定性、信息不对称和监督成本等因素，突破原有金融抑制理论的框架，对金融抑制模型中的金融机构和金融市场进行规范性的解释，进而从金融中介和金融市场角度考察金融抑制出现的原因和机制。代表性的内生金融市场模型有，布特和萨克（Boot & Thakor）模型，伍德和史密斯（Wood & Smith）模型。

伍德和史密斯则指出金融市场的固定运行成本或参与成本导致了金融市场的内生形成，即在金融市场的形成上存在着“门槛效应”（Threshold Effect），只有当经济发展到一定水平以后，有能力支付参与成本的人数达到一定规模，金融市场才得以形成。

在经济发展的早期阶段，人均收入和人均财富很低，由于缺乏对金融服务的需求，金融服务的供给无从产生，金融市场也就无法存在。但是，当经济发展到一定阶段以后，一部分先富裕起来的人由于其收入和财富达到上述的临界值，因此有动力去利用金融市场，即有动力支付固定的进入费，这样金融市场才得以建立起来。随着时间的推移和经济的进一步发展，收入和财富达到临界值的人越来越多，利用金融市场的人也越来越多，固定的进入费用因参与人数的增多不断被稀释摊薄，进入金融市场的“门槛”不断降低，金融市场开始向落后地区和收入偏低群体渗透，金融市场加速发展，并与经济发展形成良性互动。

这些模型在给出金融市场形成机制的同时也给出了金融机构的形成机制，布特和萨克（1997）认为组成金融市场的当事人把钱存入金融机构，金融机构再把所吸收的存款贷放出去，从而为生产者提供资金，在金融机构中，当事人进行合作并协调其针对生产者的行动。这种内部协调有利于降低参与金融市场的契约和谈判成本，金融机构因此形成。金融机构的形成大大降低了进入金融市场的成本，进一步推动了金融的发展和金融的深化。

金融机构和金融市场形成之后，其发展水平会随该国内外条件的变化而变化，一些经济学家从理论上对这个动态发展过程进行了解释。伍德和史密斯，以及莱文（Levine）在各自的模型中引入了固定的进入费或固定的交易成本，借以说明金融机构和金融市场是如何随着人均收入和人均财富的增加而发展的，以及是如何通过为生产者提供资金推动经济发展的。

可以看出，在金融抑制内生模型里，当金融“门槛”过高时，金融市场发展将会受到抑制，储蓄转化投资的机制受到阻碍，出现金融抑制。这表明除了政府干预之外，过高的“门槛”也会造成金融抑制，这是一种内生性的金融抑制。因此政府消除抑制推动金融发展，就需要降低这些“门槛”，减少参与金融市场的成本和风险。

（二）金融约束论

在金融抑制理论的指导下，众多发展中国家积极推行金融自由化政策，试图促进经济快速稳定发展，然而事与愿违，发展中国家推行金融自由化的结果，并不能让人满意。相反在中国、泰国、印度尼西亚和马来西亚等国家虽然都存在一定范围的金融抑制，但是经济都得到了较快的发展，创造了“亚洲奇迹”。这使众多学者开始对金融抑制理论的结论和不足进行反思和检讨。

斯蒂格利茨（Stiglitz）在新凯恩斯主义学派分析的基础上概括了金融自由化失败的原因，他认为政府对金融市场监管应采取间接控制机制，并依据一定的原则确立监管范围和监管标准。在此基础上，1997 年，海尔曼（Hellman）、默多克（Murdock）和斯蒂格利茨在《金融约束：一个新的分析框架》一文中提出了金融约束的理论分析框架。

海尔曼等人认为金融约束是指政府通过一系列金融政策在民间部门创造租金机会，达到既防止金融抑制的危害又促使银行主动规避风险的目的。金融政策包括对存贷款利率的控制、对市场准入的限制，甚至对直接竞争加以管制，以影响租金在生产部门和金融部门之间的分配，并通过租金机会的创造，调动金融企业、生产企业和居民等各个部门的生产、投资和储蓄的积极性。政府在此可以发挥积极作用，采取一定的政策为银行体系创造条件，鼓励其积极开拓新的市场进行储蓄动员，从而促进金融深化。

金融约束论针对发展中国家在经济转轨过程中存在的信息不畅、金融监管不力等问题，发挥政府在市场失灵下的作用，因此并不是与金融深化完全对立的政策，相反是金融深化理论的丰富与发展。实际上金融约束是发展中国家金融抑制走向金融自由化的一个过渡阶段，是推进金融深化的特殊步骤。金融约束论是对金融抑制理论的一次自我“否定”，这种否定不是推翻金融抑制的合理性与正确性，而是进一步完善金融抑制理论，金融抑制理论正是在这种“自我否定”中得到不断完善。

二、第一层次拓展的实践应用

金融抑制理论的拓展始终伴随着实践的应用，在金融抑制理论第一层次的拓展过程中，其应用范围也不断拓展，从国家宏观层面逐渐深入到中微观层面。

（一）国家宏观层面应用

金融抑制理论作为一种金融发展理论，最先是从国家宏观层面提出来的，着重从整体角度探讨发展中国家金融发展与经济发展的关系，探索发展中国家发展缓慢的金融原因，这既是金融抑制理论提出的根源，也是金融抑制在宏观层面应用的结果。韩国、泰国等亚洲国家以及智利、阿根廷等拉丁美洲国家都遵照金融抑制理论积极进行了金融自由化改革，取得了一定的成功。亚洲和拉美国家的积极实践，为金融抑制的实证检验提供了大量的数据，大量学者利用这些国家的数据，采用计量方法验证金融抑制理论和政策主张在宏观层面上的合理性和正确性。

根据 Kitchen(1986)的统计，自 1973 年至 1984 年，经济学家们对金融抑制论所作的主要计量验证有 17 项。在这些计量验证中，除少数几项未能得出肯定的结果之外，绝大多数验证的结果都肯定地支持金融抑制论的相关结论。20 世纪 90 年代初，金(King)和莱文放弃了金融抑制理论以发展中国家为研究对象的传统，转而寻求建立一种包括发展中国家和发达国家在内的更具有一般性的金融抑制理论，这种极有意义的理论探讨首先表现在构建了测度金融发展水平的四个指标——Depth 指标、Bank 指标、Private 指标、Privy 指标。这四个指标不仅仅可以用于测度发展中国家的金融发展水平，衡量金融抑制程度，同样可以用于发达国家的测度。

这种基于统计计量和理论发展需求总结出来的理论指标，进一步拓宽金融抑制理论的应用范围，也为金融抑制在中观层面和微观层面的应用开辟了一条道路。这种理论进步直接导致 20 世纪 90 年代初期经验主义研究的兴起，借助实证检验验证金融发展对经济增长的作用和功能，明确了金融中介和金融市场作用于经济增长的机理，以及决定金融发展和金融结构的制度因素。

但 20 世纪 80 年代末和 90 年代初实施金融自由化改革的国家大多遭遇了金融不稳定的严重威胁，尤其是亚洲金融危机的爆发对金融抑制理论造成巨大的冲击，这直接促成金融约束论和金融自由化顺序论的产生。金融约束论和金融自由化顺序论是对金融深化结果的一种反思，进一步弥补了金融抑制理论尤其是金融深化理论的不足，对金融深化做出了重要的补充和完善。至此，金融抑制理论在宏观层面形成了一个相对比较完善的理论体系。

(二) 中微观层面应用

金融抑制理论在宏观层面形成比较完善的理论体系，为其在中微观层面的应用奠定了基础，但是金融抑制理论是一种经济发展理论，主要研究的是国家或地区的经济发展问题。在微观层面上直接以金融抑制理论为基础，必然导致研究的狭隘性，这是因为微观主体的金融抑制主要是财务问题，并且微观主体面临的众多金融问题是客观环境，微观主体对它们的影响力和控制力非常弱，使得单纯微观层面的研究失去了意义。但是微观主体的研究，可以为中观层面的研究提供十分有意义的补充，为中观问题的研究提供强大的微观基础。因此本节将中微观放在一起进行归纳，这与学者以往研究的实际情况十分契合。

典型代表有拉詹和瑞尹盖茨(Rajan & Zingales,1998),他们通过考察一国金融发展水平及产业增长水平指标之间的相互关系,研究金融发展影响经济增长的机制。他们认为,金融发展降低了企业实施外源融资的成本,新企业的建立意味着产业增长,同时也在一定程度上表明创新得到了促进,经济得到增长,而金融发展水平是决定产业规模构成及产业集中度的因素之一。这两位学者将中微观完美地结合起来进行研究,将金融抑制的研究再一次向前推进了一步。

在中微观研究中,我国学者也做出了重要贡献,成为金融抑制发展的后起生力军。我国城乡非均衡发展,促使不少学者将金融抑制理论用于解决我国落后农业的发展,其中代表人物有那洪生、周庆海(2004),马兵(2004),高帆(2002)等。他们从供给和需求的角度分析农村地区金融抑制产生的原因在于政府的金融政策抑制了农村的金融需求,农村合理的发展得不到足够金融支持,导致农村的发展滞后,主张通过诱致性制度变迁内生出农村金融方式,降低农村金融市场的进入壁垒,允许并扶持农户内生性金融方式的形成以及农村直接融资,深化农村金融,解决农村金融抑制问题,促进城乡一体化发展。

从金融抑制实践应用可以看出,金融抑制理论的拓展与实践应用密不可分,两者紧密联系,互相促进,共同发展。总结金融抑制理论第一层次拓展的文献和研究成果,可以得出表1-2。

表1-2 金融抑制理论第一层次拓展

年代	代表人物	理论及观点	优点与创新	不足与局限	启示
20世纪80年代中后期	布特、萨克、格林和史密斯等	金融抑制内生模型	引入效用函数和信息不对称	忽视了政府在金融发展中的引导作用	构建自然人金融的内生模型
20世纪90年代	海尔曼、默多克和斯蒂格利茨等	金融约束论	指出适当干预有利于金融经济发展	未指出实施约束的具体条件和手段	自然人金融中不能一概而论,无须具体问题具体对策
20世纪90年代中后期	金、莱文和本斯维格等	落后地区金融抑制	将金融抑制用于落后地区	忽视发达地区同样存在金融抑制	自然人金融应该包含地区间的比较
21世纪初期	那洪生、周庆海、马兵、高帆等	“农村”金融抑制	将金融抑制应用于落后产业“农业”	没有研究农民在农村金融抑制中的处境	自然人金融应该尝试解决贫困群体金融抑制

三、第一层次拓展的逻辑路径

透过金融抑制理论和应用发展过程,我们可以发现金融抑制第一层次拓展的逻辑路径:从发展中国家,拓展到一般的金融市场和中介机构,再到具体的产业。

(一) 发展中国家

发展中国家是金融抑制理论建立的根基所在,金融抑制理论的提出和发展正是基于发展中国家特殊国情,如经济的分割性、市场的原始性、政策的过度干预性、银行贷款资源分配不公平性、市场信息不畅等。可以说传统的金融抑制理论是发展中国家的金融发展理论。这一时期金融抑制理论内涵主要是通过发展中国家金融抑制的研究得以体现的,更多关注政府政策强制性因素对货币市场和外汇市场的扭曲,典型代表人物除了金融抑制理论的创立者麦金农和肖之外,还有卡普、马西森、加尔比斯等第一代麦金农—肖学派的代表人物。

(二) 金融中介和金融市场

随着发展中国家金融抑制研究的深入和拓展,学者们积极努力地完善金融抑制理论,扩充金融抑制这一概念的应用范围,金融抑制研究开始从发展中国家逐渐向更一般的领域过渡。金融抑制逐渐扩展到金融的核心组成部分:金融中介和金融市场。

关于金融中介和金融市场形成和发展的研究,主要是基于效用函数构建微观模型,强调微观个体参与金融市场的成本与收益对金融中介和金融市场形成的作用,即市场参与障碍,主要是不确定性(流动性冲击、偏好冲击)、信息不对称(逆向选择、道德风险)和监督成本等对金融中介和金融市场形成的作用。

金融抑制的内涵得到一次飞跃,从发展中国家扩展到金融系统本身。在研究中,金融中介和金融市场构成的金融系统具有一般性,此时金融抑制第一次摆脱发展中国家的局限开始走向更一般的领域。金融抑制不再是发展中国家的独有理论,开始在发达国家得到应用,突出的表现就是发达国家落后地区金融抑制理论的应用。

(三) 产业

金融抑制理论提出以来,众多学者为验证金融抑制理论的正确性和寻找理论不足之处,进行了大量的实证研究。一方面,在一定程度上论证了金融抑制理论的合理性;另一方面,将金融抑制推向具体产业领域。利用特定产业数据分析金融抑制现象,金融抑制的内涵进一步丰富,将与国家截然不同的产业带入金融抑制研究的范围,并逐渐发展为研究趋势。

从金融抑制理论拓展的逻辑路径,可以看出金融抑制理论内涵随着研究的深入在不断地丰富,变化显示出特有的规律:从一类特殊国家到共同的金融系统再到具体产业。金融抑制理论的内涵已经囊括了发展中国家、具有一般性的金融中介和金融市场、广大的产业及几者之间内在的金融逻辑关系。借助上文对金融抑制理论的回顾和金融抑制逻辑演化过程的分析,我们可以归纳金融抑制理论的发展历史和逻辑发展过程(见图1-2)。

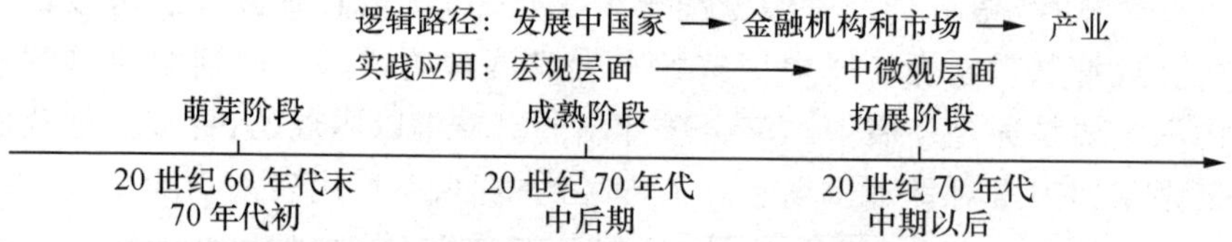

图1-2　金融抑制第一层次拓展逻辑过程

第三节　金融抑制理论第二层次的拓展

以往金融抑制理论的研究主要集中在物质生产领域,随着人力资本理论的崛起和发展,不难看出金融抑制理论在人力资本生产领域的研究目前还处于初始阶段,因此金融抑制理论必须进行第二次飞跃,从物质生产领域向人力资本生产领域拓展。

一、自然人金融研究的不足

谈到金融抑制的第二层次拓展,势必要涉及人力资本领域的金融问题。由于人力资本积累具有无形性和高风险性,教育需求方常常无法筹集足够的资金用于支付相对昂贵的教育费用,因此教育行为受到扭曲,人力资本积累效率低下,重重不合理现象促使我们对个人教育金融问题展开研究。

(一)自然人金融研究的已有成就

自然人金融研究最大的成就无疑是“分成制教育金融理念”的提出和发展,依据窦尔翔(2012)《教育金融制度创新》,“‘分成制教育金融制度’是指投资方与作为被投资方的教育需求方所形成的收益共享、风险共担的投融资机制”。在该机制中,投资方以所出资金入股,被投资方则以人力资本入股,双方都享有人力资本积累的决策权、管理权和收益权。这是一种与目前存在的以助学贷款为代表的“债性机制”截然不同的一种“股性机制”,它利用金融市场的力量,引入个人教育资金的投资者,增加了教育金融市场的资金供应量,理顺了教育需求方获取资金的渠道和路径,能够有效地解决教育需求方面临的资金困境,从而提升教育效率,促进教育公平发展。

分成制教育金融制度的产生源于学生的高风险特征使得受教育存在资金困境。资金困境是由于教育需求方贫富不均,很多处于人力资本积累期的学生缺乏教育资金支持,而传统的教育资金融资方式如助学贷款融资又处于鞭长莫及的状态所造成的教育资金缺乏状况。这种状况的产生部分是由先天性的贫富差距造成的,即这些学生出生的家庭没有能力供给足够资金帮助其完成教育,但更主要的是因为这些处在人力资本积累期的学生缺少教育资金筹集的信誉和能力。

在我国,学生教育资金的筹资问题主要通过家庭融资的方式解决,在家庭融资不能满足自然人教育资金需求的情况下,学生开始寻求市场融资,目前最常见的是教育助学贷款。但是助学贷款其本身有债性合约的安全性要求,学生申请助学贷款需要来自第三方的信用支持,仅仅依靠其本身不能够达到安全性要求。学生处在人力资本积累阶段决定了其不能够提供足够的信用支持,导致银行提高申请门槛和配额贷款等行为的产生。这决定了单纯依靠债性金融解决学生教育资金问题,必然会出现严重的供不应求现象。

因此,我们迫切需要另一种制度来弥补债性金融不足带来的资金困境,分成制教育金融制度在这种背景下应运而生。分成制作为自然人教育金融研究的代表,为我们指明了一条学生金融发展道路,构建了一种区别于财政主导的教育资金机制,第一次指出“教育成链”效应通过投资方分工整合,弥补教育链的缺失,完善尚不健全的教育环节功能。

正如在《教育金融制度创新》一书中,窦尔翔明确指出分成制教育金融制度的四大效应:资金放大效应、“教育成链”效应、教育需求方谈判力提升效应和教育改革机制优化效应。借助分成制教育金融制度的四大效应,教育金融研究成功地打开了“舒尔茨黑箱”,并显化“教育投资”理念,使得“自然人借贷理论”上升到“自然人金融理论”层次,同时明晰了教育的“链式”特征。从现实意义上来说,通过为教育需求方融通资金,迫使教育机会与家庭贫富脱钩,优秀的教育机会不再因资金问题而与贫困学子“擦肩而过”,教育的地域差距缩小,就我国来说是东中西部和城市与乡村在教育水平和教育条件方面差距的缩小,实现高层次的教育公平,进而提升教育效率。

（二）自然人金融研究的“美中不足”

分成制教育金融制度的理论研究和探讨，是自然人金融领域的一次飞跃式发展，其重大意义不言而喻，其价值不仅仅停留在理论研究上，更深远的作用在于其对实际教育金融制度的指导和帮助。教育金融制度是一个能够整合投资者、教育需求方、学校、家庭、企业、人力资源公司、银行、社会教育公益机构等多重主体的一个系统性制度。一旦该制度实施，将会对教育需求方的资金可得性以及教育效率和教育公平产生极大的促进作用。

但是，分成制教育金融制度从理论走向实践的过程，是一个系统工程，需要政府、投资者、家庭与学生和高校等利益主体的配合与支持。要赢得它们的配合与支持，首先我们必须彻底明白自然人教育金融存在的主要问题——教育金融抑制。正是自然人教育金融抑制研究存在的瑕疵，是自然人金融研究美中不足的根本所在，也是自然人教育金融落地实施的主要障碍。

因为，在分成制教育金融制度实施中，我们需要政府的强制性教育金融制度变迁。但是说服政府进行强制性制度变迁，换言之即劝说政府进行教育资金体制改革，首先需要向政府展示现存教育资金制度即财政主导的教育筹资制度存在的主要问题和不足。这种问题和不足如果不能很好地解决，将直接导致我国教育效率的低下和整个社会创新能力的降低，进而造成我国抢占未来科技制高点战略的失败。争取政府制度支持，要求我们进行教育金融抑制的研究。

政府强制性制度变迁呼唤教育金融抑制研究，同样，投资者参与积极性的调动，我们需要更加翔实可靠的研究资料给予激励，需要向投资者证明自然人教育金融存在巨大的市场缺口和获利空间，并且存在潜在制度能够合理地规避人力资本的高风险性，将投资者利益与自然人利益一致化，扩大双方的共同利益。教育金融抑制研究中的问卷调查、指标构建和模拟实证分析，都可以直观形象地向投资者展示自然人金融市场的庞大缺口。因此，调动投资者的积极性，要求我们进行教育金融抑制的研究。

高校是连接教育各方利益主体的枢纽，教育金融抑制的一个客观反映就是高校负债不断增加。高校债务长期居高不下，既影响高校正常的办学活动，也影响教师教学活动的积极性，直接影响教育活动开展的质量和效果。教育金融抑制研究刻画了高校在教育金融抑制下的融资窘境，也在教育金融抑制研究基础上，分析了深化高校教育金融的渠道和方式。

教育金融抑制研究揭示了分散自然人在教育金融市场上存在的巨大

资金缺口,刻画了家庭和学生因金融抑制而遭受的扭曲效应,也向家庭和学生传递了资金不足对接受教育和未来人生发展的影响,激活家庭和学生的投资理念,鼓励家庭和学生积极参与教育金融市场。家庭和学生是自然人金融最直接的接受主体,金融抑制对他们的影响最大,因此他们对教育金融抑制研究的需求最为强烈。

以上分析展示了教育金融抑制研究在自然人金融研究中的重要地位,揭示了自然人金融各利益主体对教育金融抑制研究的需求。因此,只有对自然人金融抑制做出研究的自然人金融才是完整意义上的自然人金融,才是能解决各方主体客观需求的自然人教育金融。

二、教育金融抑制的逻辑必然性

从自然人教育金融研究的成就和不足,结合金融抑制和人力资本研究现状,我们可以看出,个人教育金融研究需要进一步的深化,更进一步地确定教育金融度量标准,指出自然人教育金融发展滞后带来的恶性循环和不良效应,并试图寻找合适的政策路径和金融机制解决教育金融问题,促进教育公平,提升教育效率。而教育金融抑制的研究,正是基于以上需求产生的,遵循了教育金融研究发展的逻辑规律。同时必须指出教育金融抑制是自然人金融领域研究的深化,是金融抑制从物质生产领域拓展到人力资本生产领域的里程碑,在金融抑制理论演化逻辑上标志着第二层次拓展的展开。

(一)教育金融抑制深化自然人金融研究

教育金融抑制对自然人金融研究的深化,集中体现在教育投资理念的显化和教育金融抑制量化这两方面。

第一,在教育投资理念显化方面。教育金融抑制研究区分了教育消费理念与教育投资理念,将人们隐性对待的教育行为心理显性化;论证了抑制状况随着持有教育理念的差异而不同,突出强调抑制缺口在教育投资理念下扩大,同时为教育消费理念向投资理念构建转化渠道。

现实中不管是作为非系统性主体的学生、家庭、金融机构、用人单位等,还是作为系统性主体的政府,都存在教育理念问题。尽管人们接受教育的行为在表象上是一种混沌状态,很难区分是投资理念还是消费理念,但是在新制度框架下,教育应该是一种投资行为而不是一种消费行为。[①] 我们假定人的行为选择是市场经济条件下的理性行为,那么,是否接受教

① 窦尔翔.教育金融制度创新[M].北京:清华大学出版社,2012

育的决策依据就是教育是否能在未来带来现金流增量。拥有这种理性的人,即便是教育资金短缺也会设法融资而接受教育,这就是教育金融行为。

学生有了教育投资理念后,行为必将更加理性:如果教育资金不缺乏,学生会考察自己所有教育行为的成本和收益;如果教育资金匮乏,学生可能不会坐等教育机会的丧失或者损害,也不会埋怨家庭,而是会以自身的信用和未来的潜力作为融资支持,通过分成制教育金融获取资金。这不但会增强学生的家庭责任感,还可以激发学生的潜能。

由此可见,教育投资理念与教育金融理念是相辅相成的。教育消费理念往往会导致教育金融抑制现象。由于教育金融抑制作为一种现象并非是一种损益而使行为主体难以产生明显的切肤之痛,从而解释了为何行为主体对实践中的教育金融抑制现象熟视无睹。这对于优化教育相关主体的教育理念,深化教育金融制度具有重要作用。

第二,教育金融抑制量化方面。教育金融抑制研究制定了教育金融抑制的衡量标准:传统的金融抑制讲的是金融系统已经健全,只是政府在市场方面给予限制;教育金融抑制研究范围更为广泛,包含管控和不存在两种情况,可以说金融产品或者市场的不存在是不当管控的结果,实际上市场主体由于政府现有的管控体系的存在而预期如果有创新将会得到管制或者失败,因而在预期和心理上受到了压制而做出不发出行为的决策。因此教育金融抑制对金融抑制的衡量在原有抑制理论基础上进行了更广泛意义上的扩展。

教育金融抑制研究建立了专属于教育金融抑制程度衡量的多角度跨期模型。传统研究金融抑制的实证模型,特别是农业金融抑制实证模型往往采用一期模型,即对于抑制情况缓解后能够达到的发展状况缺乏模拟。教育金融抑制研究则极具创新性地建立了多角度跨期模型,通过对当前抑制状况和抑制缓解后状况的跨期对比,得出影响抑制重大的因素,同时在模型中加入了预期因素和消费投资教育理念等不同的多种角度变量,使得模型研究更具有实操性。

教育金融抑制研究构建了一套完整的教育金融抑制指标体系。金融抑制指标体系经历了从衡量金融发展深度到衡量金融发展的结构、规模与效率的过程。教育金融抑制指标的构建在总体架构上与此相类似,也在两个层次上刻画教育金融抑制程度:前者是教育金融发展水平指标,是教育金融发展程度与非教育金融指标之间比较的结果,主要从整体上刻画教育金融的抑制程度;后者则是教育金融结构指标,是教育金融的各种合约之间的比较,主要揭示教育金融内部的结构状况。通过这套初级的指标体系，能够较为全面准确地刻画教育金融的抑制状态。当然，随着教育金融研究与实践的加深，该套指标体系可以与时俱进，不断得到完善，使其实用性不断加强。

可以看出教育金融抑制的研究从定性和定量两个方面对自然人教育金融进行了深化，借助教育金融抑制的研究，我们可以更清楚地观察自然人教育金融存在缺口的原因以及如何衡量这种缺口。

（二）教育金融抑制标志金融抑制理论第二层次飞跃

教育是培养和累积人力资本的过程，可以说教育金融抑制是研究金融发展与人力资本积累关系的理论，是对传统金融抑制理论研究对象的重大突破和创新，将金融抑制从物质生产领域拓展到人力资本累积领域，是金融抑制理论拓展的第二层次飞跃。

由于社会生产过程不仅仅是物质的再生产，还有人力资本的再生产。人力资本的累积和发展，极大地提高了物质生产人员的生产能力和生产效率，改进了物质生产的技术，改良了物质生产工具，是社会生产过程中与物质生产过程并存的另一重要的生产过程。但是关于人力资本生产过程中资金融通的研究是一片空白，现实中人力资本的发展也长期受到资金不足的困扰。因此关于人力资本生产过程中资金融通的研究，成为理论和现实的要求，也为人力资本生产过程中资金短缺问题的解决，提供理论上的指导。

依据窦尔翔在《教育金融制度创新》一书中的观点，依据资金融通对象和社会生产过程将金融分为“人”和“物”金融。“人”金融是基于人力资本积累过程中的资金融通，而“物”金融是基于物质生产过程中的资金融通。教育金融抑制虽然以金融抑制为逻辑起点和理论渊源，但是以往的金融抑制理论主要研究的是金融发展与经济发展的关系，由于经济发展主要是物质生产的发展过程，因此可以说金融抑制研究的是金融发展与物质生产发展的关系，也即是“物”金融抑制。

教育金融抑制理论和传统金融抑制相比，将研究从物质生产过程中的金融抑制，转移到人力资本积累过程中的金融抑制，以教育需求方人力资本累积中的资金不足及解决为出发点和落脚点，因此教育金融抑制是“人”金融抑制。教育金融抑制成功地将金融抑制理论从“物”金融推进到“人”金融领域，扩展了金融抑制的理论外延，开创了金融抑制发展的新空间。

可以看出，人力资本的融入使得教育金融抑制展现出与以往金融抑制不同的研究特点，这种变化主要是基于人力资本与物质资本的差异展开的,人力资本的特点为教育金融抑制研究提出了新的难题,而这些难题的解决则拓展了传统金融抑制的研究方法和研究技巧,拓展了传统金融抑制的外延,是金融抑制理论研究进步的重要表现。因此,教育金融抑制理论的研究和拓展,是金融抑制理论发展史上重要的里程碑,标志着金融抑制理论第二层次拓展的展开。

第二章　学生金融抑制的产生

继“房奴”之后,“孩奴”成为因育儿压力而催生的又一流行词汇。随着大批“80后”渐次步入为人父母的行列,“要生育还是要生存”、“房奴+孩奴”的窘境已经迫使人们开始思考后一代教育资金缺口的问题。在美国,一个中等家庭每年用于抚育孩子的资金约占家庭年收入的20%左右,而在中国普通工薪家庭,这个比例可能达到35%,甚至50%以上。教育是创造财富的根源,而现在高昂的教育成本却迫使教育参与方陷入进退两难的境地。教育资金短缺的问题究竟出在哪里?

为回答上述问题,本章将通过分析教育资金需求的客观(行业)特征和教育需求方主观的教育需求变化①以及教育资金支持体系的现状,结合教育需求方融资需求特征,论证学生金融抑制产生的深层次原因。

如图2-1所示,学生教育资金需求客观特征指由于教育的行业特性对教育资金需求的影响因素:资金密集性、资金长周期性、资金稳定性和连续性、资金风险性以及资金信用性。而从教育需求方主观角度,教育需求方对于教育资金需求的影响也是不能忽略的:教育需要程度的实现、教育收益市场预期的改善以及自身潜能预期的提升都是影响教育需求方的教育积极性和决断力的重大因素。

---

① 教育需求是指社会和个人对教育有支付能力的需求。

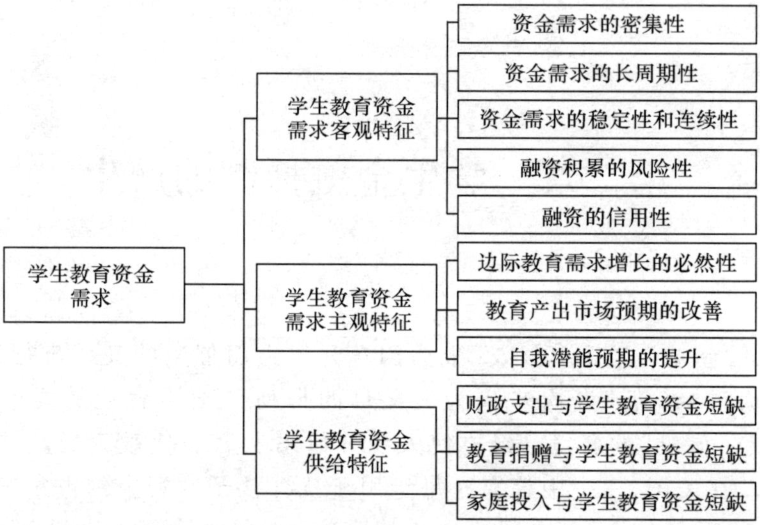

图 2-1　本章要点结构图

第一节　学生资金需求的特征

自古以来,教育就承担发掘、传承文明和继往开来促进文明发展的创新需求的责任。自农业时代到工业化初期,再到后工业时代以及最终到工业时代,教育受众数量的不断增多,反映出教育需求在教育资金需求不断被满足的过程中被逐渐释放出来,但仍然无法满足所有人的教育需要的现象,可见教育资金密集性的壁垒依然存在,这也是教育产业的一大特征。教育是一个不断积累、不断丰富的过程,古有“十年寒窗”,现有“活到老,学到老”,这些语句都反映出教育在不同时代中都具有长周期性的共性。

学生教育资金需求特征是由教育行业特性所决定的教育资金需求的客观特征,学生教育资金需求客观特征反映了教育产业的资金需求特征。在社会进程中,教育资金需求特征伴随着总体教育需求演化过程而逐步改变。教育需求包括社会需求和个人需求。从人类发展的历史来看,教育社会需求与个人需求的复合与转化对教育发展起着至关重要的作用,是扩大教育需求量和教育资金需求、促成教育发展的内在因素。因而随着社会和个人教育需求在教育产业中角色不断变化,使得教育资金需求结构发生了根本性的转变。

一、资金需求的密集性

教育产业本身就是一个资金密集型产业。资金密集型产业（行业）是按照产业占用资源的集约程度不同而定义的。传统意义上的资金密集型企业指单位产品所需的投资较多、技术装备程度高、用人相对少的企业。与其他行业或产业资金密集型的表现形式不同，教育产业密集型的特性可以分别从相对和绝对两个视角显现出来：从相对角度来看，教育需求个体在一段时期内单位教育资金需求量占家庭收入之比逐年升高，同时随着教育程度不断提升，家庭支出中教育支出占比边际增长率也快速提高；从绝对角度来看，我国在校人数超过5 000万，根据2010年财政教育经费统计，我国教育经费支出超过500亿元，占到财政支出的17%左右，即便如此，单个教育需求者所分摊到的教育经费也不足千元。不论是从相对还是绝对的角度，教育资金密集性不断提升对家庭、国家而言都是一项严峻的考验。

自然人资金需求特征对于自然人的影响类似于项目资金需求特征对于法人（企业等）的意义：一个时间段内对于特定项目的投资将有助于个人（或企业）能力层级的提升。项目的定义中清晰地界定了项目资金需求密集型的特征，现代公司的成长很大程度上都依赖于公司项目运作情况的优劣程度。换而言之，项目是公司发展的基础，同时公司发展也能带动项目规模和效益的扩大，是一个相辅相成的过程。对于自然人而言，教育成果积累程度高低、优劣是教育收益的先决条件，如同项目于公司一样，不同阶段的教育成果的实现都对自然人知识积累和成长产生了实质性的推动作用。虽然教育阶段性成果和项目虽然有着诸多相似点，但二者在资金需求方面却存在着极大的差异性。

如图2-2所示，项目资金需求特征与教育资金需求特征虽然同属于资金密集型，但其资金需求特点存在本质差异。左侧图中，在项目正常运行的前提下，项目资金需求随着项目的进展逐步增加，项目进展到一定程度后，资金需求量会逐步减少，项目逐渐成熟稳定。而教育资金需求特征与之恰恰相反，教育初期的教育资金需求量和密集性相对而言并不是很高，且持续周期较长；随着教育程度的逐步加深，教育资金需求量总量和边际增长量都在急速增加，且周期逐渐变短，体现了资金密集型特点，这与项目后期资金需求量逐步减少的现状形成鲜明对比，这也是教育产业最大的特征：随着教育程度提升，教育资金需求量和密集程度会成倍增加。

与项目融资相比，学生教育融资的阶段性特征更加明显。教育资金需求阶段性特点主要表现在前一阶段的教育成果将决定后一阶段的教育资

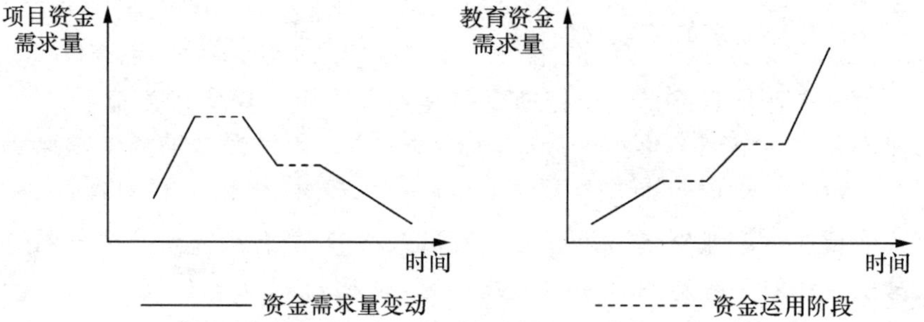

图 2-2 项目资金需求特征和教育资金需求特征

金需求量。一般而言,具有良好潜质的自然人的教育资金需求曲线呈梯度上升态势,其主要特征有两方面:(1) 教育资金投入密集度高。随着社会不断发展,学生各个阶段的教育成本呈阶梯式逐年升高,尤其是教育投入占人均可支配收入的比重较往年更是大幅提升,因此资金密集程度也随之加大。对于普通家庭而言,资金密集要求越高,学生教育资金的潜在需求量也更加急切。(2) 资金需求呈阶段性增长特征。我国 9 年制义务教育旨在解决基本教育需求,而自主教育需求主要集中在高中及高中之后的教育阶段。学生教育程度每上升一个台阶,随之而来的教育成本上升也是不可避免的。重点高中、重点大学、重点研究生院、留学深造等教育产出提升深层次需求也成为学生争相竞争的主要"战场"。3. 教育需求高端化主要体现在单位教育阶段教育质量和产出预期的提升,截至 2011 年,根据《国际人才蓝皮书:中国留学发展报告》,中国出国留学人数已占全球总数的 14%,位居世界第一。近年来,我国出国留学生人数始终保持着 20% 左右的年增长速度,2011 年达到史上最大规模,出国留学人数达 33.97 万人。为了能够更好地完成学业并实现投入—产出的价值,学生和家庭不可避免地对教育做出了高投入的选择。教育投入数额的增长率随着就业阶段的临近也越来越快,资金需求的集中度也就随之加剧。

如图 2-3 所示,根据北京项目管理协会提供的数据以及基于各大城市教育经费统计数据与人均收入的数据绘制此图。横坐标表示教育或项目达到最终目标所需周期数(不以年数为单位),纵坐标表示教育或项目资金需求占比。从图上可以看出,与项目融资相比,教育阶段性资金密集型特征极为明显,项目的资金需求相对稳定。由于教育资金密集性使用的数据为教育支出均值,无法反映出部分教育资金过度集中的状态,如有些教育资金占家庭可支配收入超过 80% 。

传统观念固化了家庭对于学生(子女)教育投入的义务性。传统观念

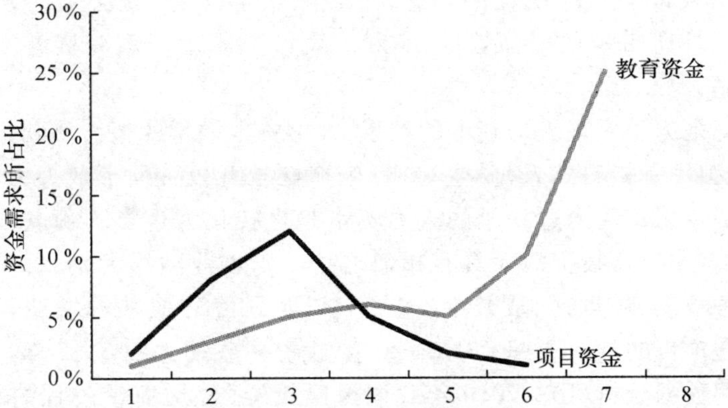

图 2-3　教育资金与项目资金占其收入比重情况

下的教育支出虽然强化了教育投入体系，但从另一个侧面也反映出，量入为出的教育投入理念事实上是抑制了学生个体真实的教育需求，进而也影响了学生教育资金的潜在需求。随着传统理念的逐渐放开以及市场对于学生教育产出要求的不断提高，家庭对于学生教育投入的认识也逐步改善，从被迫的教育投入向主动的教育投入进行转化，形成了量出为出的教育投入理念。教育理念的改变也使得教育投入资金的密集程度逐渐升高，学生教育需求获得了最大化的满足。

与其他产业的资金需求特征相比，教育单体资金需求量与房地产等项目开发的资金需求量不可同日而语，但由于教育参与主体的基数庞大，因而同一时期的教育资金需求量较其他产业毫不逊色。从各个国家的教育支出可以看出，教育行业是资金密集型行业已经成为一个不争的事实。在可见的将来，中国教育资金投入的密集程度仍然会随着社会人才需求高端化、精品化程度的提高而继续保持加强态势。

二、资金需求的长周期性

在教育行业中，有一个最为敏感的词——辍学。顾名思义，是指学生没有完成规定学业发生的中途退学行为。在中国农村存在相当数量的辍学现象，而在大家的常识中基本上都会认为因家庭困难无力支付学费是学生辍学最主要的原因。事实真是如此吗？因为无力支付学费而导致的辍学只是一个表面现象，其实质原因源于教育本身。从教育行业的发展历程不难看出，自农业时代起，教育就是为了满足贵族持续统治需要所生成的产物，时代不断进步，教育大众化趋势逐步扩大。究其根源是非贵族阶级在时代进步的过程中产生了教育需求，由教育需求的产生才会引致辍学的可能性。因此,要解除辍学问题,就必须改善由于教育长周期性所带来的负面效应,实际上就解决了由于教育资金不足所带来的问题。

教育是为了实现人力资本的积累,人力资本积累的概念最初适用于企业,此处引用是指自然人(学生)进行生产性教育投入而形成人力资本,称为人力资本积累。通过积累的人力资本存量转化为生产力而获取高额回报,这与普通项目投资活动具有相似之处。以创业项目为例,每一个项目会经历种子期、初创期、成长期、发展期以及最终的成熟收益期等五大过程。普通项目的投入周期大概3—5年,投资回收期大致3—5年。根据中国私募网数据分析可知,2010年我国风险投资(经历完整过程的投资)投资周期平均年数为5年,而收益回收期平均年数为3—5年。换而言之,一个项目从开始到收益期,投资者一般会历时8—10年。对比教育资金投入,尤其是对于教育需求方的直接教育投入,长周期性得以体现。教育成果积累过程同样要经历五大周期:学前教育、小学教育、初中教育、高中教育以及大学教育(包括研究生教育)。平均而言,一个学生完成正常学业直至大学毕业至少需要15—18年,从投资角度来看,对教育需求方的投入周期是15—18年,远远超过了普通项目平均3—5年投资周期。教育行业的长周期性就决定了教育资金需求量。为缓和教育投入周期性较长的问题,国家有针对性地实施了九年制义务教育的国策,这不仅仅是我国所特有的国情,在各国(如美国、英国、日本等发达国家)也实行了相同或类似的通过国家出资的形式扶持教育的政策,缩短教育投入周期,有利于减轻由于教育长周期性特征所带来的教育资金需求压力。

通过国家转移支付实施义务教育的方法缩短教育需求方投入周期是否就能解决教育资金需求问题呢?答案显然是否定的。当看到我国各个省区,尤其是部分欠发达的地区政府还在高呼“不要一个学生因为教育资金不足而辍学”的口号时,我们就能发现仅仅通过国家转移支付,开展义务教育无法从根本上解除辍学危机,其主要原因:教育需求并不是一成不变的,而是始终处于与市场同步变化的过程中,教育需求变化,教育周期性延长也就成为必然。统计数据就可以证明此论点:1982年我国公民平均受教育年限仅为3.6年;到了1995年,人均受教育年限提高了2.4年,达到6年;到了2005年,这个数字超过了12年,基本达到了高中毕业水平;从2005年到2010年,人均受教育年限提高了1—2年。从上述数据不难看出,社会整体受教育周期不断提高,教育长周期性特征逐渐显现出来且具有快速上升的趋势。教育周期的不断延长虽然提高了社会整体人力资本积累量的提高,同时也加剧了教育资金需求的压力。

长周期的教育投入必然也会带来更为长期的教育回报期。一般投资项目的回报期为3—5年。能够存续百年的企业毕竟是少数,因此"短、频、快"式投资在项目投资中占据了主导地位。一个企业或许会因为项目的成功使公司得以存续,或因为项目失败宣告"死亡"。企业或项目生死都需要在短时间内做出了结,因而项目资金需求符合投资者"短、频、快"式投资理念,即投资周期短、投资回收期较短。与之不同的是,教育资金需求量投入周期虽然较项目资金需求特征偏长,但从相对化角度能够看出,教育投入周期仅占自然人生命周期的十分之一,而教育收益回收期可以达到其3—5倍,达到30年左右。这就引出了关于教育资金需求的另一大特点:教育收益回收期长。

综上,长周期投入必然对应着更长周期的收益,这更加接近于投资活动的本质。由教育长周期性所引起的教育资金需求的扩大不仅仅需要通过国家财政政策支持或转移支付实现的义务教育,而且需要基于动态视角确定教育长周期性与教育资金需求之间的关系。教育长周期性的延展有利于促进社会整体教育程度的提高,反过来,社会整体福利提高有利于抵消由于教育周期延展所带来的教育资金需求压力,最终形成良性循环,逐步解决由于长周期性而导致的教育资金需求困境。

三、资金需求的稳定性和连续性

教育资金的稳定性与教育资金的连续性是教育需求资金满足程度的标准之一。教育资金稳定性是指教育需求方在人力资本积累不同阶段教育投入资金的保障程度。稳定性是一个程度指标,而连续性是一个时间维度指标,两者共同决定了不同教育需求资金的满足程度。在上文中曾提到关于人力资本存量与人力资本增量的概念划分。目前,在人力资本存量积累阶段,社会教育需求相比个人教育需求,社会教育需求在教育资金需求度和满足度中起到了绝对作用,而个人教育需求需要服从于社会教育需求的指引。目前我国采取九年制义务教育,部分地区甚至将义务教育范围扩大到了学前,这些现象充分印证了在人力资本存量积累期,教育资金的稳定性是毋庸置疑的。

随着人力资本存量积累期的结束,多数教育需求个体逐步进入人力资本增量积累期,此时个人教育需求将逐渐取代社会教育需求,教育总体需求向多样化转变,同时教育需要也逐渐被释放出来。人力资本积累与教育周期的弹性是边际递增的,意味着人力资本积累程度的增长速度随着教育连续性的增加呈几何倍数的增长趋势。教育的连续性既是一个时间指标，同时也是一个教育积累程度的衡量指标。具有高人力资本净值的个体才存在教育连续性的可能性。随着个人教育需求的不断延伸，教育资金需求稳定度也会随之下降。由国家和家庭所能承担的教育资金供给量占教育资金需求量的比重也在逐步降低。

学生教育融资连续性是基于教育连续性要求提出的。对比发达西方国家，教育连续性在教育资金需求中扮演了最为重要的角色。各国高等教育入学率是教育连续性的重要参考指标之一。各国高等教育入学率的上升也有共同的背景，即全球化的速度推进。从图 2-4 可以看出，全球高等教育升学率逐年提升，从侧面反映出教育连续性对于人力资本积累产生的重要影响。

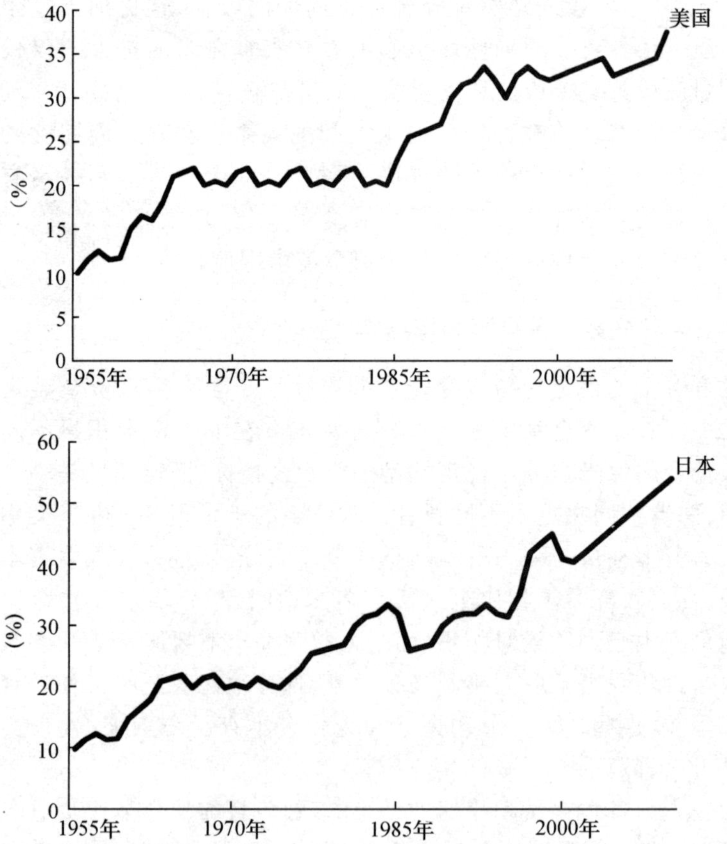

图 2-4 美日近 50 年升学率变化情况

参见西方发达国家的升学率，本小节选取了 1985 年至 2010 年我国各级各类学生在校人数进行分析。高中升学率的计算公式为当期大学生在校人数增加额与上期高中毕业生人数之比。同理,初中升学率的计算公式为当期高等中学人数增加额与上期初中毕业生人数之比。从图 2-5 可以看出,我国高中升学率自 1985 年起大幅度提高,近年来更是达到了 90% 左右,这说明教育连续性程度逐步提升,教育资金需求量也会相应提高。相比高中升学率,初中升学率处于平稳向上状态,这说明我国九年制义务教育的成效是明显的。换而言之,初中升学率不足 50% 说明仍然存在大量的学生因失去国家教育政策的支持而失去完成教育的机会,教育资金需求大于教育资金供给的现象。

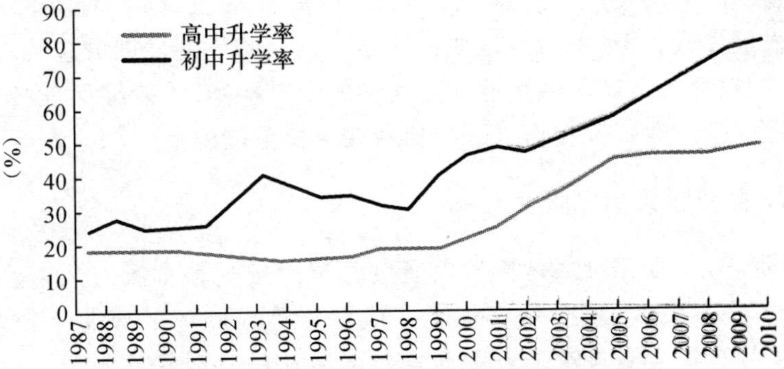

图 2-5　1985—2010 年我国普通中学升学率

教育连续性既是一个时间维度指标,同时也是一个质量指标。对于具备实现教育连续性的教育需求方个体,不仅教育周期的预期有所提高,教育质量要求的预期也在逐步提高。

随着教育过程和教育效果衡量的加速市场化的趋势,个人需求逐步挤占社会需求在人力资本存量时期的地位。更多教育需求个体在中学、小学甚至在学前教育期间直接选择了个人教育需求。凡是市场化产物的效益都会被市场所不断扩大,就好像房地产市场一样,起初房地产对于民众只扮演了家庭必需品的角色,房屋商品化之后,房屋变成了一种商品或一种投资产品,许多人以一种投机心态而非投资心态炒作房地产,使其偏离了其正常的价值。个人教育需求也有这样的趋势,由市场化引致个人教育需求膨胀随之引起的教育资金稳定性的下降,是一种非良性的结果。

因此,教育资金的稳定性与连续性在人力资本积累阶段必须处于一种动态平衡的状态,才能够促使人力资本积累较快较好地成长。当然它们所形成的平衡状态也要受到许多外在因素的影响:比如地区发展状况、家庭结构等。

目前,根据我国地区发展情况,东部沿海大部分地区经济发展速度较快,教育保障体系相对完善,几乎所有学生都能够顺利完成九年制义务教育,甚至本科教育。在保障教育投入的情况下的教育产出也保证了东部沿海地区经济快速持续地发展。东部沿海地区已经逐步形成了经济发展带动教育发展,教育发展支持经济持续发展的良性循环体系。相比东部沿海地区,我国其他地区尤其是西部地区经济相对不发达直接导致教育需求稳定性欠缺,学生基本教育需求无法获得保障。据调查,部分地区平均教育年限不超过九年,说明欠发达地区教育投入的不足直接影响了一个地区的学生的教育需求。对比东部沿海地区"经济带动教育,教育支持经济发展"的发展模式,其他部分地区则陷入了越落后越不能发展的尴尬境地。

保持教育资金需求稳定性和连续性的动态平衡,才能够保证教育产业的正常发展,使教育资金需求缺口保持在可控范围内。

四、融资积累的风险性

融资积累的风险性,是指学生通过融资而接受教育具有风险性,一旦人力资本积累失败,就会在客观上造成融资难以归还的风险。传统观念中,学生教育资金需求对于家庭而言并不涉及风险与收益问题,更多地主要体现在父母对于子女的养育义务。随着教育需求程度的提高,家庭已经逐步从量入为出的教育消费投入理念向量出为入的投资教育投入理念转化。如何正确衡量教育投入的风险性成为教育资金需求重要参考标准。学生融资积累的风险依据风险来源的不同可分为学生人力资本积累的固有风险和个体的道德风险。与公司融资一样,学生融资同样会受到外部客观市场和经济环境的影响,同时,学生人力资本积累是一个漫长的知识积累过程,因而客观上存在学生个体教育意愿和选择失误致使人力资本产出收益难以实现预期结果的风险。

上市风险是指学生在成功完成人力资本积累后,由于市场环境等客观原因,学生积累的人力资本在实现价值过程中遭遇找工作的失败或者不如意等情形而导致人力资本无法实现价值转化的可能性。上市风险对于学生教育融资是一种系统性风险,根据资本定价理论,系统性风险是无法通过资源合理配置进行分摊的。而现有的融资体系下,市场风险承担者是学生、家庭和国家,企业并没有承担由于市场风险带来的教育投入风险。作为教育成果最大的受益人之一,社会企业在面对市场风险引致教育融资风险的情形下采取了逃避的策略。经济环境好,社会企业主动承担了教育投入分担者的角色，经济环境恶化时，社会企业如“墙头草”及时回避其所需要承担的教育投入风险。因此，学生教育融资风险分担体系结构性缺陷会直接影响教育需求方融资意愿。风险分担体系的健全有利于学生教育融资。

除了学生上市风险外，学生教育融资也会受国家宏观调整的影响较大，即所谓的政策风险。教育产业作为国家各项产业中最重要且最基础的一部分，是其他产业发展的根本。在政策不确定条件下，相比于其他产业，针对教育产业的投入更容易受政策影响。早在2007年金融危机之后，由于受金融危机的影响，美国等西方发达国家的学校都不同程度地提高了教育学费、学杂费等费用，严重抑制了学生教育需求。从侧面反映出，政策调整风险会对教育需求，乃至教育产业产生重大影响。

道德风险是进行学生教育融资的最大主观风险。与明星、运动员和社会名流相比，学生进行教育融资后，不具有可量化的人力资本积累，也不具有像社会名流那样丰富的正面记录。作为投资方，难以判断和衡量学生道德风险的发生概率，同时由于学生教育融资的分散性较高，投资方也难以管理和控制其投资本金的风险。除此之外，教育需求方以自身所积累人力资本未来可能产生的现金流作为抵押进行资金融通也存在无抵押偿还所带来的风险。以个人信用作为担保进行融资的模式虽然已在明星、运动员以及社会名流等群体中逐步实施，但无抵押的融资行为仍然会带给投资者投入本金无担保的风险。明星、运动员投资模式已经逐渐被市场所接受和认可，而作为学生个体，缺乏有效的信用评价体系（或人力资本评价体系）极大地限制了学生基于人力资本进行教育融资的需求。

教育意愿风险是不能排除学生主观上故意拖延还款或者不还款行为的可能性，因为人的利己性会驱使个人在不会付出很大代价的前提下有动机去违约。而且，学生在工作之后会主观上隐藏工作信息，尽可能避免暴露自己真实的收入状况，如此让投资方误认为学生的还款能力很弱而施以较小的还款压力。

非理性教育融资风险是教育需求方只考虑自我教育需要、单方面的学生教育融资需求。由于社会对于人力资本的要求越来越高，教育需求方进行教育决策时会受更多社会环境、学生群体等因素影响。教育决策过程在受诸多外部因素的影响时，可能会使得教育需求方形成非理性的教育决策。

学生教育融资的风险性会直接或间接地影响学生教育融资意愿，进而影响其教育需求。合理控制和分摊教育融资风险是市场化教育融资实现以及提升教育资金需求满足度的前提条件。

五、融资的信用性

传统的信用概念是指能够履行诺言而取得的信任，简而言之，信用就是我们过去履行承诺正面记录的集合。从经济层面来看，信用融资泛指在商品交换或者其他经济活动中，授信方在充分信任授信人能够实现其承诺的基础上，用契约关系向授信人放贷，并保障自己的本金能够回流和增值的价值运动。在传统信用融资理论当中隐含了两个前提假设：(1) 信用是过去形成的，是一个先验事件；(2) 具备完善的信用评价体系，以一个相对完备、可信、市场程度较高的信用评价体系作为支撑。基于上述两点前提假设，授信方才有可能以信用担保的形式将资金出借给授信方。

（一）教育融资授信主体异化

传统的、以资助学生为目的教育信用融资长期存在授信主体异化现象。所谓授信主体异化是指在信用契约中获得授信人出借资金的一方与信用担保方是非同一主体的现象。由于教育具有正的外部性，因而在学生教育资金构成中存在众多教育利益相关方为其进行信用担保。例如国家助学贷款，助学贷款从表面上看是银行作为授信方以信用贷款的形式向授信人（即学生）进行教育资金融通的行为，但实质上，助学贷款却是政府以国家信用为担保，财政收入作为利息保障进行的学生教育借贷行为。除此之外，直系或旁系的代际关系间进行教育借贷行为也主要以家庭信用作为担保。

传统学生教育融资授信主体异化现象虽然有效地实现了由国家、学校或家庭承担教育融资信用，但授信主体异化也使得学生作为教育参与方在进行教育决策时会受到更多的、来自外部环境的局限，进而失去教育决策独立性。例如，国家助学贷款只能在符合特定条件和环境下才能获取教育融资，且适用范围有限；学校科研经费的分派也会受到学校“品牌歧视”所带来的教育资助差异化；而家庭也会受限于家庭经济条件和背景而获得有限的信用融资额度，进而只能在有限范围内实现个人教育需求。

（二）授信主体与用信主体同一化

在现实社会中，母公司以自身信用或经营成果为子公司或项目进行信用担保是一种常态，但是偿债主体却是以其经营现金流或项目（公司）自由现金流作为偿债的主要来源。从静态来看，银行与公司之间形成了一种债性关系；而从动态来看，由于母公司担保的存在，在子公司（项目）发展进程中,母公司与子公司实质上形成了一种股性的投资关系。母公司实际上承担了子公司的所有风险,同时也间接享受了其子公司所获得的收益。而根据近几年担保业发展报告,我国担保机构(包括母公司担保)的平均代偿率也仅为1%左右,这也就能证明类股性的信贷行为不仅实现了项目的发展,同时项目的自由现金流也实现了为母公司盈利的结果。进而,这一结果也充分证明了以未来现金流作为偿债来源而形成的信用融资关系是可行的。

而作为教育需求方的学生而言,是否能够通过可观的、可估计的未来现金流为“信用”而获得信用融资呢?传统学生教育信用融资主要依据国家、学校或家庭过去形成的信用作为参考进行学生教育资金借贷的做法已经无法满足日益增长的学生教育需求资金量。因而,要实现学生信用融资的前提条件就是融资授信主体由国家或家庭信用转回由学生未来现金流承担,实现授信主体回归用信主体。

而要实现授信和用信主体同一化需要具备特定的环境和条件。过去传统教育融资体系目前相对稳定,但其主要体现了计划经济特征。因而,教育融资制度环境由计划经济模式向市场经济模式转变是学生融资实现的前提。在此前提下,教育出资方需要将教育授信方未来获得的现金流作为抵押以替代原有以过往信用进行教育融出,从而实现学生教育融资主体回归“本源”的学生教育融资行为。

目前,授信和用信主体同一化的信用融资已经逐步在多个产业领域的信用融资中得以实现,而项目融资在融资信用性方面的特性可以为鉴。

成功项目积累是公司向更大、更强的方向发展的保障。传统的企业以其自身的资信能力为项目融资进行担保的资金融通方式已经不能满足市场的需求。目前,新兴的项目融资投资方看重的不是项目所属公司的资信能力,而更看重项目本身的经济强度以及未来发展潜力,即项目投产(或运营)后所产生的现金流,并以此作为投资回报的资金来源。这种项目融资方式的实现打破了担保融资的垄断地位,实现了以信用为保障进行的资金融通的方式。信用融资途径的多元化也进一步证明了授信和用信主体同一化是信用融资的重要前提条件,是实现学生信用融资的基础。

(三) 学生融资的信用性特征

在实现学生信用融资的前提条件下,学生信用融资与其他类型的信用融资的基本特征仍存在一定的差异性。对不同信用融资特征对比有利于在现有信用融资体系下实现学生信用融资。目前,在理论或实践方面都鲜有针对以学生个体信用作担保而实施的教育需求融资行为的研究,在实践中也鲜有这方面的事实。也就是说,以学生未来现金流作为教育资金需求融资担保不仅缺乏理论依据,也缺乏实践依据。

从表 2-1 中可以看出,学生融资信用性特征与社会名流、公司项目信用融资性特征的主要差异在于:(1) 基于信用的传统定义,学生个体信用融资缺乏有足够信服力的证据证明学生信用的可信度。信用是由过去事项所形成的,而学生信用融资却是以未来可能形成的成果作为信用担保的基础,反映出以学生信用为主体融资的独特性;(2) 缺乏完备的人力资本评价体系,与学生主体相比,社会名流可以通过其财富、社会地位等社会所认可的方面证明其价值和实力而获得信用,而公司项目则可通过其过往优良的项目运营业绩以及项目对于公司发展的贡献度,或者以项目管理绩效对其价值进行衡量和评判,而对于学生而言却缺乏一个相对完善、可量化的人力资本评价体系,无法通过一种市场通用价值标准对教育成果进行测评。因此,人力资本评价体系的完善有利于投资者合理预期学生未来现金流净现值,进而推动学生价值的可量化。

表 2-1　学生、社会名人、项目等融资主体信用状况对比

信用融资主体	学生	社会名流	公司项目
资金需求量	不确定	确定	基本确定
投资集中度	集中度低	集中度高	集中度较高
可信度	较低	高	较高
信用评价体系	无	较为完善	非常完善
可预期投资收益	较难预期	较难预期	较难预期
投资回收期	很长	较长	较短
资金渴求度	强	适中	较强
资产担保情况	无担保	无担保	无担保

学生信用融资的另一大特征即是信用融资实际资金需求不确定性较大。基于结果进行倒推,学生信用融资要实现的人力资本积累最大化的结果,根据调研结果,如图 2-6 所示,分成制的实现有助于教育融资主体整体人力资本积累周期的增长,但教育意愿差异却并没有因此而有所减少,进而导致个体资金需求会存在显著差异,资金总量难以合理估计。而社会名流和项目融资由于其有明确的投资期和收益期,资金投入和回收相对容易预测,投入资金的安全性也相对更有保障性。

学生信用融资客观存在的风险性是不容忽视的,但学生信用融资的优

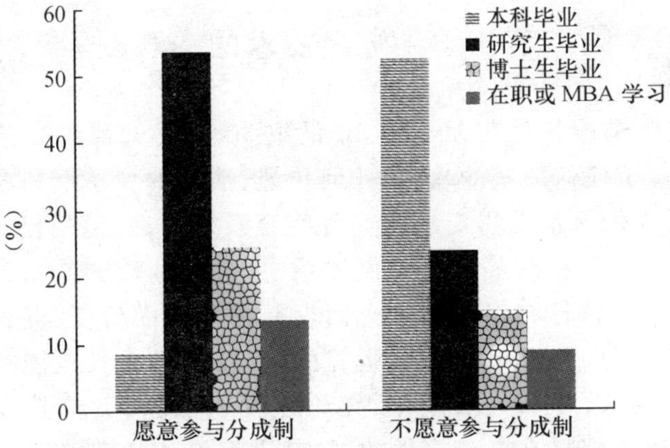

图 2-6　分成制不同参与意愿下教育预期对比

势也不可忽视。随着受教育主体人力资本边际积累增长速度不断提升，由此带来的教育收益是项目投资所不可比拟的。如图 2-7 所示，参与分成制的教育主体的信用意识和道德水平会随着教育程度的提高而相应提高，愿意并保证分红的参与主体占比超过 85%。可以预见，这一比率会随着社会信用性不断提高而提高。由此，教育收益总量会随着单位量提高以及回收期的稳定性增强而更具保障性。

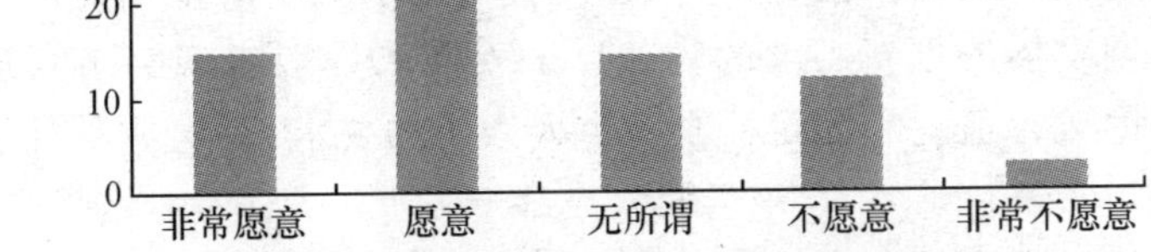

图 2-7　参与分成制主体工资支付投资意愿度

从教育融资结构上来看，学生教育信用融资是传统教育融资方式的有效补充，能够满足教育资金需求方的资金需求量。而随着教育高端化、高层化的发展趋势，在可见的将来，以学生人力资本进行信用融资能够成为一种切实有效的教育资金融通方式。

第二节 学生资金需求的主观因素

哈佛大学前校长洛韦尔早在20世纪30年代就曾说过:"大学存在的时间,超过了任何形式的政府,任何传统、法律的变革和科学思想。因为它满足了人们永恒的需要。"在高等教育系统中,满足受教育者的个人需求很重要,一是在高等教育价值体系中,最为基础的是高等教育的个人价值,高等教育具有促进个人全面发展的多方面价值:促进个人发展知识能力的价值,促进个人文明素养的价值,促进个人改变社会地位的价值;二是高等教育私人收益率,无论在哪个国家,无论其经济状况如何,其高等教育都存在着较高的收益率,并且基本上都高于其社会收益率。在此情形下,个人就必须出于对未来知识、技能、收入、社会地位的预期在各种需求中进行选择,并具备相对应的获取高端教育机会的支付能力。在现代社会中,主观教育意愿的实现程度在某种程度上决定着个人未来所从事的职业、收入、生活状况和个性,因此主观教育需求在人的各种需求中占据重要地位。

一、边际教育需求增长的必然性

如前文所述,教育需求可分为社会需求和个人需求。教育的社会需求不是个人需求的简单叠加,但与个人需求相辅相成、相互影响,是复合转化的有机体。根据历史经验,教育社会需求与个人需求之间的复合与转化对教育发展起着至关重要的作用,是扩大教育需求量和教育资金需求,促成教育发展的内在因素。教育的社会需求主要是因社会形态更替而变化或消失的社会性一般性需求,包括承担发掘与传承文明的基本需求和继往开来促进文明发展的创新需求的责任。个人需求一般表现为个人通过接受更高层级的教育适应和满足社会对个人素质的要求,其实质是社会需求的衍生需要。

教育资金需求抑制的演变过程也是伴随着教育社会需求和个人教育需求的分化而逐步产生的。首先,个人需求是社会需求的个人化,是社会需求的直接组成部分;其次,部分个人需求只有通过教育所赋予的创新品质与技能,才能够转化为经济驱动力和社会生产力,形成潜在的、未来的社会需求,成为高等教育个人需求的间接致因。不同历史阶段的教育社会需求和教育个人需求以不同方式进行复合和转化。

回溯历史,不论是中国封建社会传统的科举制度,还是西方的贵族式、家族式教育，学生的求学意愿主要体现为被动选择的过程，实质上并不是个人需求，而体现出的是社会需求。在我国传统教育体制下，教育主要显示出了教育社会需求的定向性与强制性。同样在西方传统式贵族教育体系下，教育需求是社会需求的一种，而在早前教育资源极度匮乏的年代，教育也仅仅是一个奢侈品。

随着教育资源不断丰富，教育个人需求的意愿不断显示出来，个人教育需求的自主性也逐步得以实现。教育发展的演进路径实现了从专属定制产品到大众化产品，再到差异化产品的过渡。基于学生个体角度，教育需求也在教育资源不断丰富的过程中得到满足。历史演化路径告诉我们，教育意愿很难被独立刻画，却是一个时代的标志。总体而言，学生教育意愿的体现受到国家、社会经济组织、家庭三方面意愿的影响，可以综合归纳为四个特征：(1) 非均质的双重需求，即个人教育需求和上述三方教育需求在决定教育意愿中不能处于同样一个水平；(2) 人类历史发展过程中，教育需求的双重性是根据自身所处环境不同而变换的；(3) 教育需要双重性在三方外部力量的作用下也在不断调整和改进；(4) 教育需求一般也会在某个基本限度上随经济社会发展的变化而发生着改变。

当教育个人需求逐渐在与教育社会需求的博弈中占据主导地位后就会引发出一个困境。要实现更多的教育个人需求就必然会使得教育资金需求量提高，在外源融资有限的情况下，教育需求方真实的教育需求受到抑制。教育作为一种投资行为，与一般投资的概念有所不同。投资方根据被投资项目(者)未来盈利能力来判断项目的可投资性，因此投资行为是否能够实现取决于项目本身的盈利能力以及项目规划完成程度。在项目风险中，项目完成风险往往高于项目运作中其他风险项，被视为投资本金回收的基本保障，但其不具有强制性。一旦投资人认为项目不具有可完成性或盈利性就会停止投资行为，控制投资风险敞口。而对于教育投资或人力资本积累，教育需求方一旦进入了人力资本积累阶段，就不能因为投资人意愿的改变而被强行终止。学生教育机会的中止会直接影响学生真实教育需求的体现。因此教育是一个不可逆且不可重复的过程，在满足教育资金需求的情况下，学生能够完成其真实的教育需求。

从教育需求方的角度，教育的个人需求已经逐步占据了主导地位。在个人教育需求占据主动地位的时代，学生对于教育需求满足度要求逐渐提高已成为一种必然。另一方面，长时间以来在社会需求占据主导地位的情况下，基本形成了金融抑制下的教育资金供给体系。

二、教育产出市场预期的改善

教育产出是指通过教育服务的过程而带来的产出。如果将教育视为一个产业,除了国家,学校和学生都是教育产出的缔造者。前者在现有诸多研究中被许多学者视作投融资主体,但以学校为主体的投资其实质不是投资:或是捐助或捐赠,或是财政转移支付。与企业不同,学校作为教育服务的提供者虽然会产生盈利,但不会随着市场环境预期变化而调整,其不具有盈利的特性。而对于学生教育产出就有所不同。学生通过教育实现人力资本转化的过程是完全市场化的。在学生需求和学生教育产出已经与市场接轨的情况下,教育的投入就不仅仅要考虑其自身意愿,同时也要考虑市场环境的变化。学生教育需求层次实质上是一个"双选"的产物。学生在进行教育选择时需要进行有效的理性预期:(1) 学生教育需求层次高低的预期;(2) 相应的教育投入是否能够回收并产生盈利的预期。而作为教育资金主要提供者,尤其是家庭,更是抱着"望子成龙"、"望女成凤"的心态进行"填鸭式"教育投入。

随着经济的不断发展,学生和家庭在家庭式义务型教育投入的理念也在逐渐转变。但仅有理念的转变是不足以维持和保证学生的教育需求的。在教育成本回收预期思想实践方面主要反映在现行的两种教育资金需求方案中:(1) 学生贷款计划的实施,为有能力而又不愿意对自己进行投资的贫困学生提供一个"借贷之门",使其不至于因一时缺乏资金而无法上学,而可以在自己有了收入或家庭经济能力有了好转时再支付高等教育的成本。学生贷款也常被认为是既具效率又公平的一种方案。(2) 为没有能力支付高等教育成本的学生提供奖学金、助学金或其他类型的资助。如果提供学生资助的效用与降低学费的效用是一样的,为支付能力相对较低的学生提供上述类型资助,意味着这些学生教育资金需求的纯价格和纯成本的下降,通过这样的方式可以提高学生的教育需求意愿,即所谓的入学率,从而弥补由学费支付能力不足造成的无法接受高等教育等负面影响。

如图 2-8 所示,当学费从 C_1 提升到 C_2 水平时,家庭收入水平或教育支付能力高和低两组学生入学率的降幅分别为 P_3P_4 和 P_2P_4。此时如果为家庭收入水平或付费能力低的学生提供资助并使他们的高等教育需求曲线由 Poor 上升到 Poor1 的水平,如果他们的入学率与家庭收入水平或付费能力高的学生相同,由 P_2 上升到 P_3 的水平,那么,由费用所造成的负面影响可以部分消除。如果学生对资助的反应与对学费的反应虽然方向不同但在数量上相同,那么,把家庭收入水平或付费能力低的学生的教育需求(入学率)由 P_2 提升到 P_3 的水平所需要的资源,可以根据学生与家庭收入水平或教育支付能力高的学生高等教育需求价格弹性的差异进行估计。基于上述描述,可以判断贫困学生对于教育成本的回收预期与教育资金需求之间的关系。

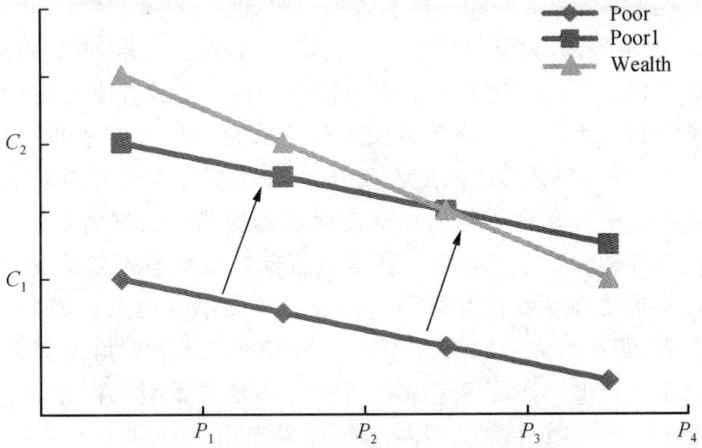

图 2-8　教育资金需求解决途径效果与教育投入

但基于理性人的角度,本小节需要从三个方面为后文论证做出一定的假设:(1) 学生的高等教育需求只是对单一的纯价格进行反应,认定对学费和一系列其他资助投资形式的反应程度是相同的;(2) 认为满足学生资金需求即能够消除教育资金缺失对家庭收入水平有限或教育支付能力低的学生所造成的消极影响,从而改善其教育需求;(3) 传统上纯价格被定义为学费减教育需求资金补足的数额,据此发展出来的标准化价格系数可以用来评价财政、教育金融资助(支持体系)措施的效果。

在以上三个假设的基础上,本小节将讨论教育投入盈利预期、个人高等教育投资收益率。学生和家庭放弃其他投资机会而在高等教育方面投资,归根结底是为了获得更高的经济收益或其他收益。如果高等教育投资的收益率较高,人们对高等教育的需求就会增大;如果收益率较低,人们对高等教育的兴趣就会下降;如果收益率为零,甚至为负值,许多人就会放弃求学机会而选择在其他地方进行投资。事实上,高等教育投资收益率目前还无法精确评估,但是不同研究主体对此却有一个大致的评估。个人接受高等教育需要支付一定的教育成本,可以进一步区分为直接教育成本和间接教育成本。直接教育成本是指个人为了接受教育而直接支付的费用,一般包括学杂费、书本费、住宿费、生活费和交通费等。间接教育成本是指个人为了接受教育而必须放弃的就业收入,即个人机会成本。间接教育成本

由于每个人的具体情况不同而有所区别,可以用以下公式计算得出:

$$\sum_{i=1}^{n}\left[\sum_{j=1}^{m}(P_{ij}\cdot Y_{ij}\cdot A_{ij})\right]$$

公式中 P_{ij} 为个人第 i 年第 j 个具体行业就业的概率,Y_{ij} 为第 i 年个人放弃第 j 个具体行业就业的一年收入的百分比,A_{ij} 为第 i 年第 j 个行业的人均收入,n 为年限,m 为概率项数。间接成本大小按初等、中等和高等教育依次递增。国家法律规定义务教育阶段不允许个人放弃学业而就业,因此机会成本可以视为零。高等教育投资与追求利益最大愿望的一般经济投资一样,个人高等教育投资预期收益越大,个人的高等教育需求就会越高。高等教育的预期收益具体包括接受高等教育所带来的额外收入和其他收益。个人高等教育成本具体包括高等教育预期报酬率的高低,这种收益正是体现在未来受高等教育者所得工资及收益高于其他条件相同但未受过高等教育者,驱动人们形成对高等教育的需求。从个人角度讲,这是在社会福利化水平较低的国度里造成高等教育需求的最直接因素。在世界大多数国家中,高等教育阶段的高等教育成本由社会和个人共同承担,虽然高等教育成本很高,但毕业后个人的收入是和作为生产率标志的高等教育水平密切相关的,高等教育水平越高,个人一生追加收入的机会也就越多。

综上推论,受教育群体,尤其是教育资金缺乏的群体获得足够的教育资源时,学生个体的教育决策就不会受到教育成本等外部环境的影响,社会教育教育产出总量将会获得明显改善,从而进一步减少由于教育资金短缺使个人教育产出差异化而形成的个体收益差异化结果。

三、自我潜能预期的提升

自我潜能预期可以根据“能进能出”原则细分为两个层次的叠加:(1)人力资本积累程度的预期,即能够学多少的问题;(2)实现人力资本价值转化的预期,即能够赚多少的问题。

人力资本积累程度的预期取决于学生在某方面的个人天赋能力①的预期。随着人力资本积累途径增多,不同学生所具备的天赋能力可以在不同的领域有效地实现。在同样的投入下,在某方面具有天赋的学生比不具有天赋能力的学生可以获得更好的产出效果。改革开放初期,受到专业设

① 本小节将个人天赋能力定义为针对某一特定的东西或领域的特殊天生执念而使其可以在同样经验甚至没有经验的情况下以快于其他人的速度成长起来,且具有独一性、特殊性。

置口径过窄和计划经济体制下强调专业对口原则的限制，教育需求方的个人天赋能力受到了抑制。随着国家经济规模的扩大和产业门类的增多，为了满足经济和社会发展对各类专业人才日益增长的需求，高校设置的专业门类也急剧上升，极大地满足了教育需求方不同学科的需求。目前我国本科专业门类已经达到了三百余个，学科门类的丰富大大提升了学生实现人力资本的途径，同时改变了定向教育对于学生的束缚。

在多样化、大口径的教育基础上必须具有相应的职业化与之配套。计划经济体制下人才定向培养、定向使用的模式已经逐步退化，取而代之的是市场化下的竞争模式。学生需要基于对自身潜能的判断对职业做出选择和尝试。创新产业的不断发展以及人民生活水平的提高对各种人力资本的需求时时刻刻都在改变。一个产业的诞生实质上都是人类自我人力资本开拓的一次标志。远古时代从猎兽捕鱼到圈养籽种，产生了农民；从手工劳动到工厂机械化生产，产生了技术工人；从珠算到计算机，产生了计算机工程师；从木偶剧到电影，产生了演员和导演；动画片和娱乐节目的产生都缔造了无数画家和演艺家……产业的多样化发展已经引导着具有各种天赋的人实践着自己的理想和能力。实现产业创新和发展正是教育和人类实现自我潜能共同作用的结果。

如图 2-9 所示，在不同经济资源和社会资源共同作用下，教育需求方通过实现教育需求，完成职业选择并最终形成教育收益的过程。在经济资源和社会资源稀缺的情况下，教育需求方难以实现教育需求的自主性，学生难以实现自我教育预期。完成高等教育的学生在市场环境下能够进行合理的职业选择和人力资本实现，在真正意义上实现教育收益。随着经济资源和社会资源的丰富，学生的自我预期不断提高，最终达到理想的教育收益。

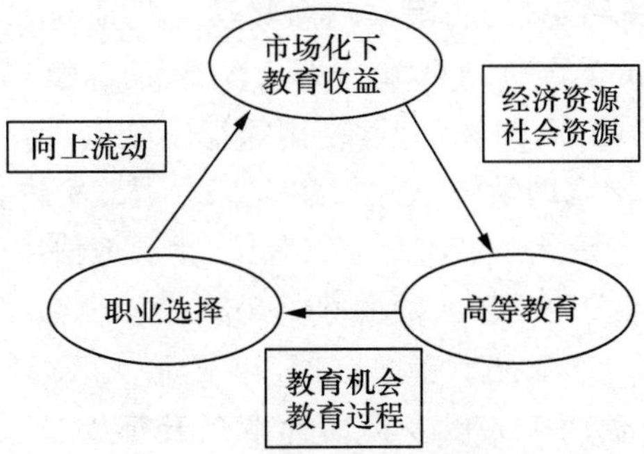

图 2-9　自我预期实现过程

第三节　学生资金供给的特征

学生教育资金抑制问题是一个需求与供给两方的问题。社会经济的进步促使教育资金需求程度不断扩大,教育资金多样化需求也不断复杂化。而目前我国教育融资体系尚不完善,不能够填补教育需要与教育资金需求之间所存在的缺口。政府出资、教育捐赠、家庭支持仍然是教育资金的主要来源。而教育缺口的不断放大是否应该归咎于上述三方的不作为呢?

一、财政支出与学生教育资金短缺

党的十六大以来,尤其是《教育规划纲要》颁布以来,我国家庭经济困难学生资助政策体系不断建立健全,教育公平性不断显现。相继出台的政策资助范围不断扩大,资助标准不断提高:国家教育资助的覆盖范围从小学直至大学,资助标准根据不同教育阶段都有较大提升:一是从 2009 年至 2011 年,小学阶段资助标准从每人每年 500 元提高到每人每年 1 000 元;初中阶段从 750 元提高到 1 250 元;二是提高了普通高校国家助学金资助标准。自 2010 年秋季学期起,普通高校国家助学金资助标准由每人每年 2 000 元提高到 3 000 元。

截至 2011 年年末,普通高校学生资助金额突破 500 亿元,共资助全国普通高校学生 4 170.14 万人次,资助金额首次达 500.64 亿元,比上年增加 92.74 亿元,增长 22.74%。包括:(1) 奖学金奖励 738.56 万人次,金额 110.2 亿元,比上年增加 1.52 亿元,增幅 1.4%。其中,国家奖学金奖励 49 993 名学生,金额约 4 亿元;国家励志奖学金奖励 66.09 万名学生,金额 33.05 亿元。(2) 助学金资助 665.25 万人次,资助金额 152.13 亿元,比上年增加 27.75 亿元,增幅 22.31%。其中,国家助学金资助学生 456 万人,金额 131.04 亿元。(3) 国家助学贷款发放 242.53 万人,发放金额 136.46 亿元,比上年增加 22.89 亿元,增幅 20.15%。其中,生源地信用助学贷款发放人数 169.67 万人,占当年发放贷款人数的 69.96%;发放金额 97.03 亿元,占当年发放贷款金额的 71.11%,比上年增加 25.33 亿元,增长 35.33%。

教育资助的覆盖面扩大以及资助标准提升都能显示出政策对教育产业投入重视程度的提高。2011 年,国家财政资金投入 691.15 亿元,占资助总金额比例 70.08%,比上年增加 60.54 亿元,增长 9.6%。其中,中央财政资金 395.12 亿元,占比 57.17%;地方财政资金 296.03 亿元,占比

42.83%。国家助学贷款，学校从事业收入中提取资金，企事业单位、社会团体及个人捐助等其他资金共295.04亿元，占资助总金额比例29.92%，是学生资助资金的重要组成部分。

政府对教育投入的努力程度在国际上通常用财政教育支出占总支出的比重来衡量。从2004年到2010年，我国公共财政教育支出从4000多亿元增加到超过万亿元的规模，财政教育支出占总支出的比重从14.9%提高到20%，这一比重已经高于世界上大多数国家。实际上，2010年2月28日，财政部副部长丁学东在国新办新闻发布会上就曾表示，中国财政教育支出占总支出的比重已高于世界上大多数国家，教育支出按比重算已成我国当前财政支出第一大项。

另一方面，从2004年到2012年，我国财政性教育经费保持了年均23.7%的增长速度，财政性教育经费支出占GDP的比重也从2.79%提高到4%，实现了世界教育水平基础线。根据最新数据分析，我国教育财政经费占财政支出的比例在国际水平中属于偏高状态。因此，从财政支持角度来看，财政支持力度远高于我国GDP增长速度，国家教育投入对教育资金支持完全符合国际标准，同时也从侧面反映出，财政性教育经费支出虽然达到世界平均水平，但教育资金短缺问题仍然存在。而这样的教育资金短缺问题并不是通过提升财政性教育支出就能够迎刃而解的。

不论是国家宏观政策的制定，还是地方政府的具体实施都反映出资金向教育倾斜的趋势。政策的主要目的是保证整体教育资金基本需求，是以教育社会整体需求为前提进行政策扶持，很难达到实现每一个教育需求者的个人教育需要。随着社会对于学生个人素质要求的提高，由教育质量提升所引发的教育资金紧缺的问题就不可避免。国家政策以及政府实施情况基本能够满足多数教育需求者的教育基础需要或者教育社会需求，同时政府也基本完成了其对教育应担负的责任。而政府政策扶植和资助自身也存在许多不可避免的问题。教育资源配给公平性，教育资金使用有效性，教育资金盲目投放、无效投放等问题都不能通过政策制定本身解决。由此可知，在资金总量达到一定程度的基础上，单纯依靠政府手段调剂公共教育资金是难以解除教育资金短缺问题的。

二、教育捐赠与学生教育资金短缺

教育捐赠作为一项公益性事业理应受到社会各方面的支持和帮助，即社会性转移支付，是教育转移支付类资金的重要来源之一。而从教育资金捐赠主体看，主要有海内外校友、知名企业、友好人士和社会公众等；从捐赠资金的用途看，主要用于建造建筑物、购置图书及仪器设备、提供奖学奖教金、资助经济困难学生，或者用于其他的教学及科研活动。实际上，社会捐赠已经成为高等学校向社会募集资金的重要渠道。

案例一

13 所大学进入中国大学校友捐赠“亿元俱乐部”

中国校友会网还公布了最新的 2013 年中国大学校友捐赠排行榜。校友是大学最杰出的产品、最得意的佳作、最自豪的财富；“校友捐赠”是欧美世界著名大学的常态，是对大学教育成果的重要检验，已成为评价世界一流大学和检验校长执行力的重要标准。统计显示，1990 年以来，中国校友会网大学研究团队调查到的中国大学校友捐赠金额合计 73.82 亿元；2012 年新增校友捐赠近 15 亿元，比往年有大幅增加，其中单笔捐赠 1 000 万元以上 37 笔，上亿元捐赠有 3 笔。从各校累计接收的校友捐赠总额来看，全国共有北京大学、清华大学和中国人民大学等 13 所大学进入中国大学校友捐赠“亿元俱乐部”。

北京大学蝉联中国大学校友捐赠三项纪录，人大超越浙大跃居全国第三

榜单显示，1990 年以来，北京大学累计接收的校友捐赠总额最多，高达 12.48 亿元，雄踞中国校友会网 2013 中国大学校友捐赠排行榜榜首，继续保持中国大学校友捐赠总额最高纪录，同时保持着大学校友个人累计捐赠和单笔捐赠最高纪录。清华大学校友累计捐赠 11.45 亿元，名列第二；中国人民大学校友捐赠 5.85 亿元，超越浙江大学升至第三；浙江大学校友累计捐赠 5.79 亿元，下降一位列第四；南京大学累计获校友 5.18 亿元捐赠，上升至第五；华南理工大学校友累计捐赠 2.72 亿元，名列第六；武汉大学校友累计捐赠 2.69 亿元，下降两位列第七；厦门大学校友累计捐赠 1.98 亿元，名列第八；华中科技大学校友累计捐赠 1.64 亿元，首次进入十强，列第九；中南大学校友累计捐赠 1.26 亿元，位居第十。

位居 2013 年中国大学捐赠校友榜前列的校友大多是“福布斯”、“胡润”和“新财富”等中国富豪榜上榜富豪企业家。对比分析中国校友会网“2013 年中国造富大学排行榜”和“2013 年中国大学校友捐赠排行榜”上榜大学情况发现，北京大学、清华大学、中国人民大学、浙江大学和南京大学等校之所以能取得数额如此巨大的校友捐赠，主要原因在于学校较强的“造富能力”与校友的“创富能力”。报告负责人、中国校友会网总监赵德国指出，大学的“造富能力”与校友“创富能力”直接影响大学“校友捐赠额”，亿万富豪企业家校友成为中国大学校友捐赠主力军，是富豪企业家创造财富进而反哺社会的重要体现，更体现了富豪企业家对母校的感恩之心和感激之情。

其中，1990 年以来，北京大学校友、中坤投资集团黄怒波累计向母校捐赠 10.14 亿元，以绝对的优势蝉联中国校友会网 2013 年中国大学捐赠校友榜榜首，卫冕“中国大学最慷慨校友”称号。南京大学校友、天地实业杨休累计向母校捐赠 4.12 亿元，名列第二；步步高的段永平累计向母校浙江大学和中国人民大学捐赠 4.49 亿元，名列第三，其中向浙江大学捐赠 2.48 亿元，向中国人民大学捐赠 2.01 亿元；清华大学校友池宇峰和徐航等，合计向清华大学捐赠 2.19 亿元，居第四；中国人民大学校友、重阳投资裘国根累计向母校捐赠 2.01 亿元，跃居第五。

从教育捐赠的性质来看，教育捐赠可被视为获得成功的学生对于学校和社会的一种回馈，因而，所形成的捐赠关系存在着除捐赠基本属性之外的诸多前提条件。从受捐赠对象来看，名牌大学或“创富”能力强的大学具备先天性优势，容易使教育捐赠形成马太效应①。

从表 2-2 所反映的情况看，除位于黑龙江、湖北、四川、陕西、湖南等地的 6 所大学外，其余排名靠前的“创富”大学都位于发达地区，学生的创富能力也极大地影响学校受捐赠的金额。

表 2-2　2013 年中国造富大学排行榜

名次	学校名称	所在地区	类型	2013 年大学排名	富豪企业家
1	清华大学	北京	理工	2	94
2	北京大学	北京	综合	1	89
3	浙江大学	浙江	综合	4	73
4	复旦大学	上海	综合	3	48
5	中国人民大学	北京	综合	12	31
6	中山大学	广东	综合	7	28
7	上海交通大学	上海	综合	5	25
8	华南理工大学	广东	理工	27	24
9	南京大学	江苏	综合	6	22
10	武汉大学	湖北	综合	9	21
11	华中科技大学	湖北	理工	11	16

① 马太效应（Matthew Effect），是指好的愈好，坏的愈坏，多的愈多，少的愈少的一种现象。

（续表）

名次	学校名称	所在地区	类型	2013 年大学排名	富豪企业家
12	哈尔滨工业大学	黑龙江	理工	17	15
	浙江工业大学	浙江	理工	98	15
14	四川大学	四川	综合	13	14
	北京理工大学	北京	理工	34	14
16	西安交通大学	陕西	综合	18	13
	中南大学	湖南	综合	19	13
	暨南大学	广东	综合	69	13
	深圳大学	广东	综合	117	13

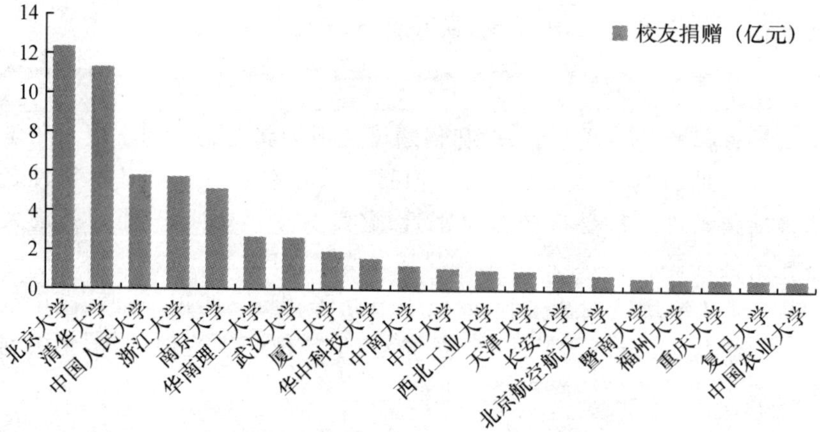

图 2-10　中国校友会网 2013 年中国大学校友捐赠排行榜 20 强

由中国校友会网统计出的 2013 年中国大学校友捐赠排行榜 20 强（图 2-10）就能看出，排名第一的北京大学，截至 2013 年获得校友捐赠超过 12 亿元，而排名第 20 位的中国农业大学获得校友捐赠不足亿元。不同学校之间校友捐赠金额的差距直接反映出教育捐赠的马太效应，这种差距能够直接反映出我国教育资源分布的不均，同时，此种现象也无法缩短学校与学校之间的差距，更无法缓和教育资金短缺的问题。

教育捐赠的无强制性，表现为社会捐助资金量不稳定，并直接导致资金使用效率降低。第一，在资金流不稳定的情况下，资金在各部门流通成本加大。同时，当社会捐助者盲目捐款时，单独一笔资金的管理费用也会增大。第二，一些捐赠企业往往要求受资助的贫困学生在媒体上发表公开感谢信，这无疑会对受资学生的自尊心造成打击，从而对其在校学习产生影响。第三，对资金使用进行监督成为难题，使得资金规模缩小。2011 年 6 月，“郭美美事件”爆发，一时间中国红十字会遭到了网民的猛烈抨击，大家质疑的焦点集中在社会捐款的去向问题上，即社会捐款被谁用了。与此类似，社会各界对教育的捐款也存在如何监督的问题。由于规范的捐助监督制度还没有在教育领域建立，因此这部分资金的使用效率很难保证。

由于教育资金捐赠的内涵性质中带有强烈的个人感情因素和自愿因素，不可能强制执行；再者，不同国家有不同国情和不同文化背景，对于教育捐赠的看法更有不同，目前中国教育捐赠尚处于发展阶段，与发达国家教育捐款规模相比虽尚有差距，但不同国家不具有可比性。

教育捐赠的无偿性、非交易性、非行政性、自主决策性、社会目的性等基本性质已经限定其对于资金缺口填补的效能，加之教育捐赠在具体实施过程中普遍反映出不同地区非平衡性以及捐赠使用效率等问题，因而即使其对相关教育组织或个人教育资金短缺起到一定的缓解作用，但无法从根本上解决学生个体教育资金短缺的问题。

三、家庭投入与学生教育资金短缺

家庭资金供给是学生最主要的教育资金筹资渠道之一。家庭教育资金主要来源于家族内部的资金，其中包括：(1) 学生的直系亲属资金供给；(2) 学生的旁系亲属资金供给。伴随着教育机会大众化和市场化理念的逐渐深入，学生与家庭或与家族内部成员之间的关系以及家庭内部结构也在悄然发生着变化，同时也促使家庭教育供给资金的性质出现了分化现象。家庭教育供给资金性质的变化也进一步加剧了教育资金短缺现象。

(一) 血缘资金供给体系的不稳定性

学生与家庭的教育资金供给关系与血缘关系密切相关。显然，学生与家庭之间所形成的资金供求关系是一种非市场关系，其主要依托于血缘关系所形成的资金供求关系。血缘是家庭或家族内部所形成的一种特殊的信用关系，其表现形式是多样化的。例如，家族成员之间的借贷关系无需任何实质性的担保或抵押品；家庭之间成员形成资金借贷行为并不是以利益最大化为目的。由此可以判定由血缘关系所形成的资金供求关系是一种“亦债亦股”关系。

所谓的股性关系是资金出让方以获取资金受让方未来创造的收益为目的所形成的投资关系，相对应地，债性关系是指资金出让方以回收出让本金和利息为目的所形成的债务关系。在血缘关系的作用下，教育需求方与资金出让方所形成的资金供求关系与两者之间血缘关系的亲疏远近密切相关。在我国传统文化理念下，父母负担子女的教育资金供给行为是天经地义的，与所形成的“养子防老”的观念相得益彰，而其实质上暗含了两者之间存在股性关系这一事实。除此之外，兄弟姐妹之间在教育资金供给有限的情况下，具备相对劣势潜质的一方将教育资金与教育机会让渡给处于相对优势潜质一方的现象也反映出其股性关系。因而，直系亲属之间所形成的资金供求关系往往是股性关系。相对应地，旁系亲属之间所形成的教育资金供求关系多是债性关系。古语云"一人得道，鸡犬升天"虽然也反映出家庭内部教育收益共享的意境，但在教育需求方人力资本积累过程中，旁系亲属难以与直系亲属一样与教育需求方形成教育投资关系，即股性关系。

由于制度或其他外部因素的影响，家庭以及家庭内部结构和关系密切程度发生了变化，进而使得家庭所供给的教育资金性质发生一定转变：(1) 受到计划生育制度的影响，随着时间的推移，独生子女的数量急速增长，由于缺乏兄弟姊妹，家族内部直系亲属关系网络会相对单一化，由此，可能存在的家庭股性教育资金供给链条会相对单一，股性资金的份额会相对弱化。(2) 不同地区对于教育投入存在着迥异的习惯、文化及意识，对教育的重视程度也相去甚远。例如，在我国部分北方地区以及江浙部分沿海地区存在子女共养的习俗，子女共养的习俗反映出该地区对于下一代培养的重视程度。

综上不难看出，基于血缘关系的教育资金供给体系已经逐渐显现出由股性关系向债性关系发展的趋势，并且存在极大的不确定性。

（二）家庭教育选择下的资金短缺

在2011年发布的《社会心态蓝皮书》中提到："当代中国人生活形态变化的背后有着强大的生活动力，并呈现一个相对稳定的多元化格局。其中主要的九个生活动力依强度渐次排序为：一是子女发展期望；二是个人利益追求；三是追求家庭幸福；四是追求人际优势；五是追求一生平安；六是尽力做好本分；七是实现自我价值；八是为社会作贡献；九是追求生活情趣。"子女发展期望排在首位反映出家庭"望子成龙"的迫切愿望。根据国家权威机构统计发布，当前在义务教育阶段，城市家庭每年在子女教育方面支出的平均费用为8 754.4元，其中，子女就读小学的家庭平均为8 749.1元，子女就读初中的家庭平均为8 765.5元。在调查的家庭中，有36.6%的家庭平均每年教育支出在9 000元以上，甚至有2.8%的家庭的子女教育支出超过30 000元。在一些家庭教育支出平均水平较高的城市中，家庭在子女教育支出上存在显著的两极分化，即低支出水平段的家庭虽然支出总额较低但占家庭可支配收入比率偏高，而高水平段的家庭支出总额极高但占家庭可支配收入比率偏低。虽然家庭收入存在明显差异，但家庭对于孩子教育支出意愿却并未因此降低,反而总体上能够反映出部分家庭对于教育的无条件支持力度。

以学生用于教育的直接开支总额占家庭年收入的比例来表示家庭承担学生教育经费的程度,对比几个国家的现状可以得出以下结论:我国教育支持占家庭收入的比率处于上升趋势,达到了家庭直接支出的40%左右。在教育经费支出绝对值和相对值都在上升的情况下,家庭对学生教育经费的供给已经达到了尽力而为的程度。就目前现状而言,家庭对于学生教育支出的支持已经达到了峰值。

另外随着市场竞争力的提升,家庭教育资金供给需要满足更加多样化的教育资金需求。

案例二

据中国青少年研究中心家庭教育研究所发布的我国义务教育阶段城市家庭教育支出状况最新报告显示,扩展性教育支出中的辅导培训费用被家长认为是"花得最值"。扩展教育支出是指基本教育之外的家教支出、补课费、各种开发智力的培训班支出、课外书籍费用、各种与求学有关的辅导班费用等。调研发现,扩展性教育支出是当前家庭教育支出的主要部分,年平均费用为5 862.8元,占家庭教育总支出的一半以上。从扩展性教育支出的具体内容来看,76.0%的家庭有课外辅导或培训(含家教)的支出,年平均费用为3 820.2元,约占全部扩展性教育支出的65.2%,年最高费用为80 001.0元。第二是(带)子女观看演出、参观旅游的费用,66.6%的家庭有此项教育支出,平均费用为1 496.3元,约占全部扩展性教育支出的25.5%,年最高费用为60 000元。此外,89.0%的家庭都有课外读物的费用,但花费不多,年平均费用为546.3元。上述几项具体的教育支出内容,在小学阶段与初中阶段没有明显差异。调查显示,超过90%的家庭认为扩展性教育支出"花得最值"。其中,48.2%的家庭认为课外辅导培训的费用花得最值,32.5%的家庭认为给子女购买课外读物的费用花得最值,12.2%的家长认为花费最值的是带子女观看演出、参观旅游。相比之下,仅5.8%的家庭认为选择性教育支出花得最值。

在如此多样的教育资金需求面前,以家庭为主的教育资金供给方式已经不堪重负。从上述调查中可以看出,就是在如此困难的情况下,家庭依然愿意为自己孩子的未来“埋单”。但事实证明,家庭对于孩子教育过度的、非理性的投资可能不一定能够换回家庭所期望的回报,反而会适得其反。

我国义务教育阶段城市家庭教育支出状况最新报告显示,教育市场的快速发展,已经逐步弱化了学生个体选择功能。市场化诱导下的教育需求实际上扩大了教育资金需求量。教育需求的盲目性逐渐体现出来。

根据相关数据,当前城市家庭每年在子女教育方面支出的平均费用为8 754.4 元,其中,用于扩展性支出年平均费用为5 862.8 元,约占家庭教育总支出的67%,而扩展性教育支出主要是指家教支出、补课费、各种开发智力的培训班支出、课外书籍费用、各种与求学有关的辅导班费用等。其中,76.0%的家庭有课外辅导或培训(含家教)的支出,年平均费用为3 820.2 元,约占全部扩展性教育支出的65.2%。这些都是由教育市场提供的。其中,同时参加两个课外班的占38%,参加三个课外班的占16.7%,竟然有18.7%的学生同时参加了四个或四个以上的课外班。

综上,教育经费不足现象是一个不争的事实,国家、社会甚至家庭都需要对这个问题担负起应有的责任。如果将教育看作一个产业或者一个服务业,教育从古到今逐步实现了从“奢侈品”向“消费品”转化的过程,逐步变成公众的“必需品”。教育需求也在社会不断进步过程中不断被放大以及被高端化。教育甚至有重新被塑造成金字塔顶端产业的趋势。

国家、社会和家庭都对教育从资金、资源、人力等各方面向教育产业倾斜,但效果却不甚理想,这不禁发人深省。

第三章 教育金融抑制的外部致因状况

学生资金需求难以由现有资金供给方式满足造成了缺口,这却不足以表明教育金融存在抑制。只有当在学生融资过程中,其通过金融手段获得教育资金不足,或是金融方式筹集的资金同其他手段相比相差悬殊时,才导致了所谓的教育金融抑制。

学生在不同阶段的一系列求学行为决定了其教育资金的需求量,本章定义除学生自身以外的引起教育资金供给水平变化的因素为外部因素。教育金融抑制的直接表现是学生教育资金需求难以弥补,即存在资金缺口(见图 3-1)。在深刻分析了学生资金的需求状况的基础上,再继续探究现有教育资金的供给情形。通过展现各种教育资金供给方式对于弥补教育资金缺口的作用,试图探究这些供给方式的绩效表现,同时印证是否存在教育金融抑制的情形。如果存在,又可以通过何种潜在的金融手段缓解这种现象。

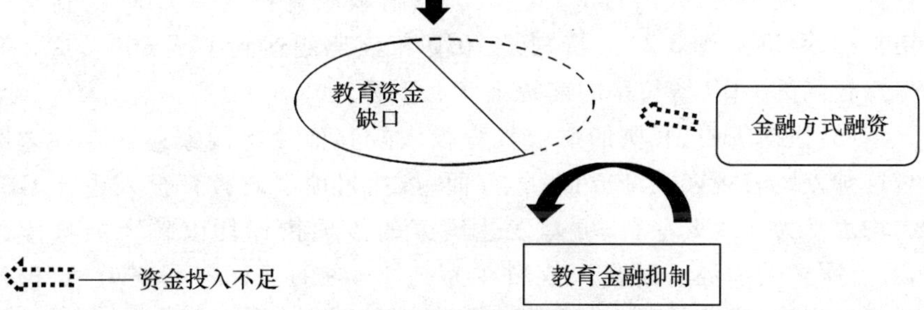

图 3-1 教育金融抑制致因图

针对外部因素的考察,一是非教育金融制度因素,与此相对的是教育金融制度因素。存在于非教育金融制度因素下的教育资金供给来源是:国家财政教育供给、公益教育资金供给以及家庭教育资金供给;发展较为完善的教育贷款制度以及简要的类教育基金制度则属于教育金融制度的范畴。在此分类的基础上,我们将分别探究这五类资金供给的总体状况、现实情形以及可能的发展趋势,并进一步分析教育资金的需求与以上外源教育资金供给的对比结果如何,从而得出相应的结论。

第一节 国家财政教育供给

教育对于一个国家具有正的外部效应,国家为此负担成本是理所应当的。整体上我国财政教育供给一直保持了上升的趋势,为满足国民的教育需求进行了持续有力的支持。然而,同教育发达国家相比,以及出于对人口因素的考虑,总量投入上是否仍稍显不足?如此力度的资金投入究竟如何配置、使用,是否真正作用到了学生身上?投入到学生身上的资金又是否能够满足其教育需求?

一、我国财政教育供给的总体不足

公共教育经费,又称财政性教育经费,它是对政府投入教育事业费用的总称,是一国教育发展的重要保证。我国公共教育经费来源主要包括四项:预算内教育经费、各级政府征收用于教育的税费、企业办学经费、学校社会收入中用于教育的经费。在这四种经费来源中,预算内教育经费来源于政府拨款,也就是之前提及的国家财政教育支出,它一直是公共教育经费的绝对主体。一直以来,依照国际惯例,一国的财政教育投入占该国国民生产总值(GDP)的比例是作为衡量教育投入以及潜在教育竞争力的主要指标。追溯历史,我国自2000年以来,财政教育投入占GDP的比例保持增长的趋势(见图3-2)。特别是2010年该比例达到了3.66%,这在我国保持较高的GDP增长率的前提下实属不易。

然而,横向来看,我国的财政教育投入较其他发达国家还是存在差距的。这种差距表现在两个方面:一方面,虽然目前财政教育投入占比GDP的平均水平为4.0%左右,可是发达国家的该项指标均以较大的幅度超前,具有明显的优势。而我国依旧在为赶超4%的目标不断努力中,仅从这项指标来看,我国的财政教育投入仍显不足。

另一方面,我国财政教育支出的总量即使已经创历史新高,以2009年

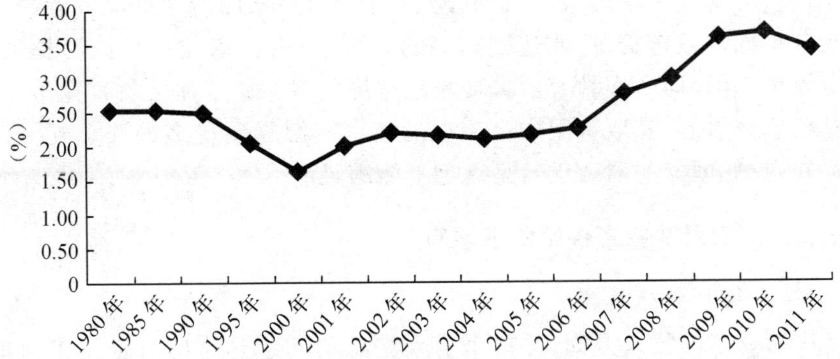

图 3-2　我国财政教育支出占 GDP 比例

资料来源:2010 中国教育经费统计年鉴,2011 中国统计年鉴,国家统计局网站。

的可得数据为例,中国的人均公共教育支出仅为 47 美元,美国则为 2 684 美元,是中国的 63.9 倍。如果考虑到人口的因素,这里以人均 GDP 来比较,中国人均公共教育支出仅为人均 GDP 收入的 0.82%,美国为 6.10%,是中国的 7.44 倍。日本为 4.28%,韩国为 3.01%。俄罗斯为 1.87%,是中国的 2.28 倍。巴西为 2.29%,是中国的 2.79 倍。所以中国不仅与发达国家有较大差距,即使在"金砖四国"中,中国的教育投入也排在末位,如表 3-1 所示。

表 3-1　主要发达国家与"金砖四国"的教育投入情况

国家	人均公共教育支出(美元)	公共教育支出占 GDP 的百分比(%)	国民生产总值(百万美元)	人均 GDP(美元)
美国	2 684	6.20	13 453	43 987
法国	2 161	6.11	1 997	32 382
英国	2 100	5.61	2 064	33 908
德国	1 422	4.00	2 729	33 175
日本	1 392	3.91	4 167	32 609
韩国	726	4.41	1 169	24 119
俄罗斯	267	3.90	2 020	14 208
巴西	216	4.51	1 786	9 431
印度	24	2.90	2 978	2 592
中国	42	2.41	6 786	5 136

资料来源:凤凰网(http://edu.ifeng.com/news/201002/0221_6978_1550955.shtml)。

综上所述,我国国家财政教育供给保持持续的增加是不争的事实,可是总体上仍然存在不足。此外,如果将人口基数的因素考虑在内,加剧了我国同世界其他发达国家在人均公共教育支出方面的差距，也就意味着，要想获得同等教育资源，或达到同等的教育水平，国家能够为国民提供的教育资金有限，即个人教育需求带来的经济负担加重。加之教育竞争在当今社会愈演愈烈，获取有限的高层次的教育资源需要更多的资金支持，可想而知，仅凭国家的财政供给是远远不能满足的。

二、国家财政教育供给的不均衡

（一）城乡间的差异

国家财政的投入方面，另一个引人注意的问题是这些资金用于何地、用于谁。继续深究，这些经费如何配置，为什么要如此安排，带来的结果如何等都是近几年学者，甚至诸多民众关注的焦点。从本章的研究点出发，这里主要关注其配置的结果是否合理，切入点是资金的配比是否均衡。经研究发现，国家财政拨给的教育经费并不均衡，当然仅从教育经费的配比上不能得出这样的结论，所以引入相对数，特别是引入人均占比是十分必要的。

就基础教育投入而言，从国家财政性教育经费在城乡初级中学之间的分配来看，2000 年，城镇初级中学共获得财政性教育经费 222.49 亿元，占当年全国初级中学财政性教育经费的 48.45%；农村初级中学获得的经费为 236.73 亿元，占全国初级中学财政性教育经费的 51.55%。2006 年，城镇初级中学共获得财政性教育经费 595.80 亿元，占当年全国初级中学财政性教育经费的 46.16%；农村初级中学获得的经费为 694.90 亿元，占全国初级中学财政性教育经费的 53.84%。从百分比来看，农村初级中学所占的份额有所上升；从绝对数看，以 2000 年为基数，在 6 年时间内农村初级中学获得的教育经费比城镇初级中学获得的数额要多 85 亿元。

另一方面，在财政性教育经费当中，预算内教育经费是其中的主要组成部分，是由中央、地方各级财政或上级主管部门在年度内安排，并计划拨到教育部门和其他部门主办的各级各类学校、教育事业单位，列入国家预算内支出科目的教育经费，能够充分反映出政府对教育的投入情况。从 2000 年至 2006 年，预算内教育经费增长迅速。城镇初级中学由 156.84 亿元增长到 514.10 亿元，年均增长率为 21.88%；农村初级中学由 191.77 亿元增长到 652.95 亿元，年均增长率为 22.65%。从百分比看，截止到 2006 年，农村初级中学获得的预算内教育经费比例为 55.95%，城镇 44.05%，与 2000 年相比，农村初级中学所占的份额有所上升。从绝对数来看，在 6 年内农村初级中学比城镇初级中学获得的预算内教育经费多 76.92 亿元。

从财政性教育经费以及预算内教育经费的变化来看，国家对农村教育的投入在逐渐加大，但是在投入的结构上还存在一些问题。2000 年，农村初级中学的在校生人数与城镇初级中学的在校生人数之比在 1.25∶1(其中还不包括农村的失学儿童)，而当年与之对应的财政性教育经费之比为 1.06∶1，预算内教育经费之比为 1.22∶1，显然经费的投入结构存在问题，教育经费的分配与学生数之间还没有达成一致。2006 年全国初级中学的生均教育经费为 2 669.49 元，其中农村初级中学生均教育经费仅达到 2 190.33 元，与全国整体水平相差 479.16 元，可以推出农村与城市的差距应该更大，资金的分配还没有实现最优。

(二) 财政投入在校际、专业间的差异

国家财政在教育方面的投入，特别是高等教育方面倾向于向重点院校、重点学科进行投入，一是由于重点院校、重点学科的建设本身需要更多的财力物力支持以便扩大生源和影响力，二是由于教育需求方对于优秀资源的向往和不断追求使得国家财政供给的资金大量用于重点院校、优势学科的建设。

由于我国是“穷国办大教育”，教育资源短缺致使教育投入不足，在高等教育的资源配置中，政府居于主导地位，它所采取的分配形式，直接影响高等院校以及其学生的资金支持。我国从 20 世纪 90 年代开始，在高等教育资源配置中采取了向重点高校倾斜的政策，建设“211 工程”、“985 工程”，目的是扶持一批部属重点大学提高其国际竞争力，因此政府对名牌高校、重点大学进行大量的财政投入。相比之下，普通高校、成人高校却倍受冷落，这样在高等教育资源配置中形成了穷则愈穷、富则愈富的马太效应，有加剧高等教育不公平性的可能。据不完全统计，在 1998—2007 年间，不同类属高校之间的财政结构出现分化，表现为中央管理高校和地方管理高校生均支出和预算内生均支出差距呈扩大之势。中央高等教育财政在省域非均衡配置，中央财政主要投向中央直属院校和竞争性项目。按东、中、西部地区划分的政府公共财政投入的比例为 1.84∶1∶1.29，生均社会投入比值为 2.23∶1∶0.68，呈现“东高、西低、中塌陷”的财政投入格局①，并且一些省份的划转院校公共财政拨款持续下降。

加之由于教育资源分布不均，高校的空间布局也存在因资源集聚而集中的现象，比如重点、名牌高校多集中在中心城市和教育经济发达省份，东部地区、发达省份的考生能够凭借地域优势，享有充足、优质的高等教育资

① 胡耀宗．不同类属高校财政差异分析[J]．中国高教研究，2011(11)

源以及雄厚的资金来源，这些因素都加剧了高校、专业间的可获资金差异。

三、教育经费财政配置机制的缺陷

有学者针对教育筹资机制的结构进行了深刻的剖析，其中教育财政资金供给同时具有直接、间接机制①，同时表明直接供给资金给学生（如奖助学金和补贴）在资金的传递过程中也具有较强的间接性。② 不可否认，我国的初等教育水平在间接资金的作用下得以提升，然而进入21世纪，随着全球人才竞争环境的形成，我国高精尖技术和人才的相对匮乏使得国人开始思考如何提高我国高等教育水平。从投入产出成正比的角度来看，追加在高等教育的财政投入势必会起到更好的效果。但是就目前来看，我国财政预算中对于高等教育投入增速并不如预期的那么显著，这种资金的配置存在投入阶段的缺陷。除此之外，由于间接资金占比巨大和直接供给机制间接性的双重作用，学生的可支配资金数量极为有限，这里也称之为配置缺陷。

配置缺陷之一，从表3-2中可以看出，以2009年的财政教育投入为基准，2010年的普通高等学校的教育事业费增长情况并不乐观，普通中学的教育事业费增长率是其1.6倍。在所有类别的学校中，高等教育的教育事业费增长也是最缓慢的。

表3-2　各级教育生均公共财政预算教育事业费增长情况　（单位：元）

学校类别	2009年	2010年	增长率（%）
普通小学	3 357.92	4 012.51	19.49
普通初中	4 331.62	5 213.91	20.37
普通高中	3 757.60	4 509.54	20.01
中等职业学校	4 262.52	4 842.45	13.61
普通高等学校	8 542.30	9 589.73	12.26

资料来源：2011年教育经费执行情况统计。

再者，表3-3反映的公用经费的增长率也仅为普通高中对应增长率的一半，中等职业学校的经费增长率是其近1.8倍。综合两者来看，国家财政教育供给中，对于高等教育学校的投入稍显薄弱。而高等教育阶段的教

① 直接机制：指财政部门通过教育机构将教育资金按照某种规则直接拨给学生的机制；与直接教育财政机制相对应的是间接性教育财政机制，是指国家财政部门通过为学校或者其科教人员提供转移支付资金从而间接使学生受益。

② 窦尔翔，李飒（2009）．教育筹资机制：结构、效应与趋势［J］．改革与战略，2009（9）：78—83

育资金需求相对较大,因此从人力资本积累期资金需求的视角来看,资金的投入与使用是不匹配的,这是财政教育经费配置的缺陷之一。

表 3-3　各级教育生均公共财政预算公用经费增长情况　（单位:元）

学校类别	2009 年	2010 年	增长率(%)
普通小学	743.7	929.89	25.04
普通初中	1 161.98	1 414.33	21.72
普通高中	831.59	1 071.78	28.88
中等职业学校	1 164.43	1 468.03	26.07
普通高等学校	3 802.49	4 362.73	14.73

资料来源:2011 年教育经费执行情况统计。

严格来说,虽然上述两表的绝对数据反映出教育阶段越高,生均的供给经费就越高。可是,从供给经费的用途加以考虑,高校的教师、人员薪资、教学设备以及校园维护等费用均远远高于普通的中小学。从资金的边际效用来考虑,投入到普通中小学的效用高于投入高校的效用,因此高等院校教育资源的改善需要更多的资金投入,从而才更有利于学生进行人力资本积累。

配置缺陷之二,由于资金有限,受资助的学生数量也寥寥可数,如诸多院校的国家奖学金有获奖人数只能占高等院校在校人数 5% 的限制,助学金的为 10%—20% 的在校人数占比限制等,真正属于学生可自由支配的资金很少。这样所导致的结果,从个体的角度来说,从国家财政教育供给渠道获取可用于满足自身教育需求的资金十分有限,需要更大程度地依赖其他渠道,并且主要依赖于家庭教育资金供给,特别是接受高等教育的学生,其资金来源均主要来自家庭的支持。

北京大学教育金融学会 2012 年暑期调研中,针对在校大学生、研究生及博士生采取抽样调查的方法,发放调研问卷 673 份,其中有效问卷 661 份,针对“在高等教育过程中家庭给予的资金占总教育资金供给的比例如何”得到如表 3-4 所示的统计结果。根据调研结果,我们可以得出以下结论:抽样调查中,近 50% 的高等院校学生在接受高等教育时的费用 80% 以上均由家庭承担,家庭提供资金占总教育资金供给的比例达 50% 以上的学生近 74% 。并且,通过问卷,我们发现,选择家庭资金占比较低的被调查者多为博士生及部分研究生,其受教育期间的基本花费由奖助学金支持,而绝大多数本科生的教育资金则由家庭提供。综合来看,就目前而言,我国高等教育阶段学生的教育花费较大程度依赖于家庭的结论得证。

表 3-4　家庭提供教育资金的占比情况

家庭提供资金占总教育资金供给的比例	频数	频率
0%	58	8.77%
20%以下	61	9.23%
20%—40%	56	8.47%
40%—60%	70	10.59%
60%—80%	87	13.16%
80%以上	329	49.77%
总计	661	100.00%

众所周知，我国一直致力于改善初等教育的基础条件，因此对于基础教育的投入力度也是最大的。然而，即使国家财政予以大力的经费支持，全国范围内多数小学、中学均存在不同程度的收费上升趋势，使得该阶段的学生家庭经济负担也因此加重。那么究竟出于什么原因使得学校（特别是一些中小学）设置繁杂的收费项目来增加学校的收入呢？这种行为并非单位行为这么简单，而是由教育资源紧缺、分配不均造成的，即出自教育系统自身。进一步来看，则是由于国家财政供给不足以提供较为丰富、均等化的教育资源所导致的。从受访的一些学生及家长处可以了解到，当前“择校热”愈演愈烈，而“择校热”产生的根本原因就在于国家教育经费的投入依然难以改变教育资源的非均等化局面。由于优秀教育资源可以供给的人数有限，很多重点学校却既要吸收优质生源，同时又要照顾来自各方面的关系生源，为了满足更多的学生则需要进行教育资源的积累和再建设，于是就产生了高收费现象，比如近些年出现的“择校费”。由于生源的不断扩大，导致学校班级和每班人数不断增加，学校为解决经费困难问题，就通过向学生摊派来缓解办学经费的困难，比如借读费、插班费、赞助费、补课费、特长生费、饮水费、空调费等。再者，由于经费有限，一些非重点地区或学校的师资力量薄弱，软硬件等改造还不到位。他们为了寻找解决之道，也会尝试向学生收取一定的费用改善自身的环境，比如高薪聘请教师、购买设备创建“尖子班”等。这些行为会直接加重学生家庭的经济负担，使得原本财政教育投入“还之于民”的本质被模糊。换言之，学生的教育资金需求增加，并且增加量几乎完全由家庭资金供给填补。如果家庭供给无法满足，又没有充分的金融资金可以用来满足这个缺口，就产生了我们所谓的教育抑制情形。

当然，教育经费的主体主要是学校而非学生，那么给其的资金有限也未尝不可理解。但是如果教育经费投入在学生的可支配份额上采取更为灵活恰当的分配方式或许能对上述的教育金融抑制现象起到一定的缓解作用。

第二节　公益教育资金的供给状况

教育经费的组成除了国家财政教育拨款之外，还有民办学校办学经费、社会捐赠经费、事业收入和其他教育经费。其中，国家财政教育供给主要作用于义务教育等中等水平教育阶段，而社会捐赠经费则更多地投入于高等教育阶段，从而减轻国家和家庭在这个阶段的负担。需要指出的是，因为捐赠本身是具有公益性质的，是不计投资回报的，并且捐赠经费本身多以教育基金会的形式进行管理和运营，由基金会所管理资金产生的收益也用于教育事业。[①] 基于此，公益教育资金的"资金池"的规模及其增长的持续性，能够表明其资金供给能力的状况。在如此供给环境下，从学生的角度出发，考虑公益教育资金供给对其缓解资金缺口的作用如何，以此判断是否存在抑制的可能。

一、公益教育"资金池"缩水趋势

公益教育资金实质上即为教育社会捐赠经费，那么其捐赠金额就是"资金池"的规模。自国内高等院校开始扩招，国家财政教育拨款就受到了前所未有的压力，因此国内教育经费的筹集开始转向多渠道模式发展，特别是高等院校的经费筹集在一定程度上依赖社会捐赠经费，许多高校也开始借鉴国外高校解决经费紧张的途径——成立高校教育捐赠基金会。暨南大学最先于 1986 年在香港注册成立了教育基金会，安徽大学也于 1988 年成立了校董会，之后浙江大学、北京大学、清华大学、上海交通大学等相继成立了教育基金会。截至 2011 年，国内注册的高校教育基金会有 200 多家，高校教育基金会已初具规模，然而同国外的教育基金会相比，由于捐赠渠道单一、基金管理效率低下以及政策法规不完善等原因，其规模难以扩大，并且有些捐赠行为难以持续。因此，公益教育资金"资金池"有缩水的危险。

从整体上看，根据教育经费统计年鉴整理得出的数据可知（见图 3-3），教育社会捐赠经费的金额呈现出起伏的态势，特别是 2006 年的数据

① 这里提出的公益教育资金主要是区别于本章第五节中具有投资性质的教育基金，其实质则是涵盖了用于教育的来自社会团体、企业、个人等的公益性捐赠。

创下了历史新低。这种波动起伏的态势更为强烈地反映在社会捐赠经费的变化率曲线上。从图中我们发现，一些年份的经费增长甚至为负，2003年的增长率竟然低至－17.82%，并且负增长持续到2006年，“资金池”的缩水幅度可见一斑。虽然接下来几年又保持正的增长率，教育社会捐赠金额也在稳步回升，可是公益教育基金的规模依然呈现出不稳定的特征。

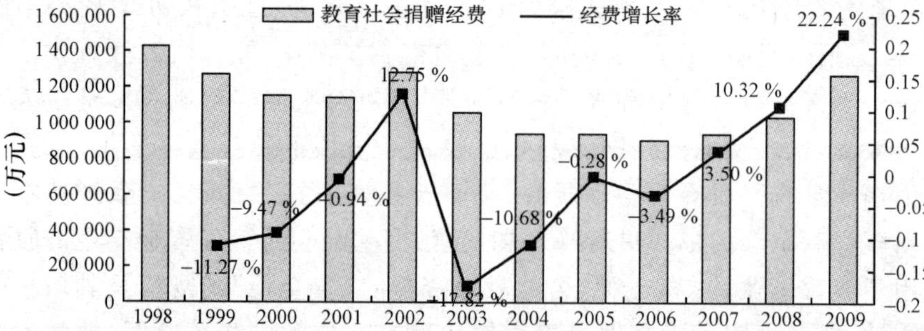

图3-3 1998—2009年教育社会捐赠经费金额及增长率变化

资料来源：2010中国教育经费统计年鉴。

另一方面，这种缩水能够从社会捐赠经费占教育总经费的比例变化上得以反映。图3-4展示了我国1998—2009年该比例的折线图，明显呈现出下滑的趋势，并且近些年这项比率维持在1%的水平，远远低于美国10%的水平。当然美国的公益性教育基金发展已久，不能简单地进行横向比较来凸显我国总量的不足，可是纵向展开的逐渐下滑的占比数据却能够表明我国公益教育资金规模缩减的趋势。

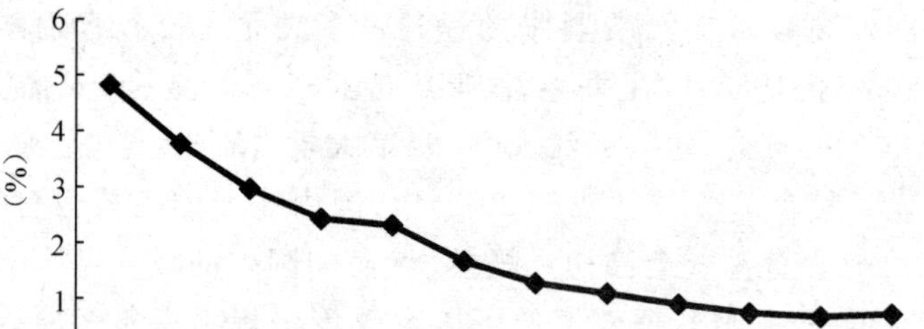

图3-4 1998—2009年教育社会捐赠经费占比

资料来源：2010中国教育经费统计年鉴。

二、公益教育资金成长潜力一般

判断公益教育资金的供给能力不能仅依靠现有的资金规模状况，还要依据更多的信息去判断“资金池”的潜在成长性如何，因为潜在的成长性才能确定其是否具有持续的供给能力。这里，我们判断的主要依据是公益教育资金的“扩源”可能、投资回报等运营状况方面的表现。

（一）“扩源”状况良莠不齐

我国捐赠的形式原本单一受限，公益教育资金的主要受惠者——高校，接受的捐赠多为现金，资金也通常被直接用于某一用途，如奖助学金、奖教基金、学科发展基金、基础设施建设基金等。然而近些年其接受捐赠的形式和用途呈现日趋多样化的特点，捐赠的用途多样主要是由于捐赠者的意愿多元，其中最有代表性的为浙江大学校友段永平及其夫人，中国人民大学校友刘昕向各自的母校捐赠的贷学金和配比基金，以及北京大学校友黄怒波向母校捐赠的地产（详情见本章案例一）。除地产捐赠之外，目前高校基金会接受的捐赠还包括上市公司的股票捐赠、尚未上市的公司的股权捐赠以及遗产、债券捐赠等，捐赠形式正趋向多元。此外，现金捐赠的手段除过去的邮局汇款、支票和电汇外，还发展出网上在线捐赠、银行卡定额自动代扣捐赠、刷卡消费捐赠等。捐赠主体也由原来的海外华侨等扩展为慈善基金会、校友、企业等。

整体来看，我国公益教育资金，特别是高校基金会的“扩源”状况良好，具备一定的成长潜力。具体考虑高校的基金会发展是否均衡，其目的在于帮助了解不同高校的学生面临的这些公益教育资金供给的区别，从而得知其面临的抑制情形、资金缺口的差异化。表3-5是2013年中国大学校友捐赠的排行榜，这里只截取了部分的高校，可是足以表明高校间基金会潜在成长性的差距。其中，北京大学以近12.5亿元的捐赠金额问鼎，并且前十名的高校表现均十分抢眼，与后面的高校捐赠额拉开差距。同样位于北京地区的北京交通大学，排名虽适中，接受的捐赠金额仅为1 070万元，差距之大令人咋舌。

表3-5　2013中国大学校友捐赠排行榜（部分）

名次	学校名称	所在地区	校友捐赠（万元）	名次	学校名称	所在地区	校友捐赠（万元）
1	北京大学	北京	124 800	34	西安交通大学	陕西	2 910
2	清华大学	北京	114 500	35	四川大学	四川	2 906
3	中国人民大学	北京	58 500	38	南京航空航天大学	江苏	2 730
4	浙江大学	浙江	57 900	41	华东师范大学	上海	2 415
5	南京大学	江苏	51 800	45	河南农业大学	河南	1 945
6	华南理工大学	广东	27 200	50	浙江工商大学	浙江	1 600

（续表）

名次	学校名称	所在地区	校友捐赠（万元）	名次	学校名称	所在地区	校友捐赠（万元）
8	厦门大学	福建	19 800	53	湖南大学	湖南	1 550
12	西北工业大学	陕西	10 400	55	合肥工业大学	安徽	1 510
13	天津大学	天津	10 100	59	西北大学	陕西	1 365
17	福州大学	福建	6 267	64	北京交通大学	北京	1 070
22	中央财经大学	北京	4 805	74	浙江工业大学	浙江	970
25	东南大学	江苏	4 187	83	景德镇陶瓷学院	江西	585
31	深圳大学	广东	3 500	95	南京中医药大学	江苏	496
32	东北大学	辽宁	3 100	100	上海电力学院	上海	370

资料来源:2013 中国大学校友捐赠排行榜 100 强,http://edu. sina. com. cn/gaokao/2013-01-09/1019368469. shtml。

从图 3-5 中,我们能够更为清晰地看出高校间的差距。基于此,可以得出结论,虽然公益教育资金的“扩源”机会增加帮助其扩大整体的规模,然而,对于高校而言,“扩源”的表现并不均衡,可以说,绝大多数高校的表现并不尽如人意,因此其潜在的成长性令人担忧。

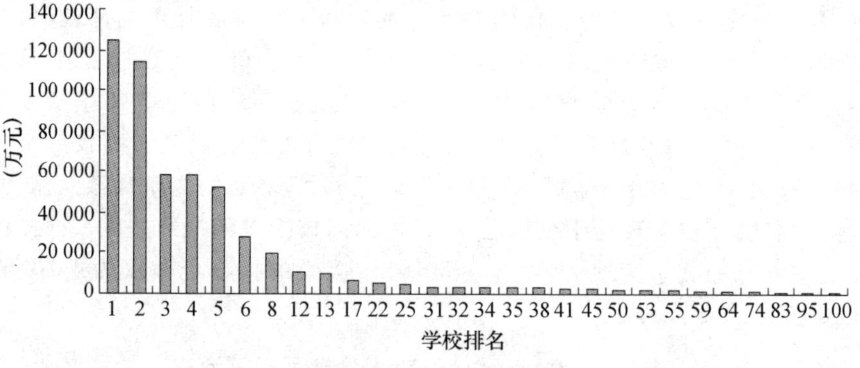

图 3-5　高校捐赠金额与排名

资料来源:2013 中国大学校友捐赠排行榜 100 强,http://edu. sina. com. cn/gaokao/2013-01-09/1019368469. shtml。

此外,同国际上优秀的大学基金会相比,我国高校的基金会发展实力表现一般,从表 3-6 中便可窥见一斑。

表 3-6　2011 美国高校捐助排行榜(前十名)

排名	学校	捐赠金额(万美元)	增长率	人均资金拥有量(美元)	本科每年人均费用(美元)
1	哈佛大学	3 172 808.0	15.10%	1 510 861	52 652
2	耶鲁大学	1 937 400.0	16.30%	1 631 495	52 700
3	得克萨斯大学	1 714 864.9	22.00%	335 511	32 594
4	普林斯顿大学	1 710 950.8	18.90%	2 177 059	54 780
5	斯坦福大学	1 650 260.6	19.10%	827 406	52 860
6	麻省理工学院	971 262.8	16.80%	891 558	40 460
7	密歇根大学	783 475.2	19.40%	183 415	25 204
8	哥伦比亚大学	778 957.8	19.50%	276 021	59 208
9	西北大学	718 274.5	20.80%	354 109	40 223
10	得克萨斯农工大学	699 951.7	22.00%	140 381	19 035

资料来源:四川广播电视台转自中国新闻网,http://news.sctv.com/jyxw/201204/t20120401_1090118.shtml。

以高校基金会发展的典范国家美国为例,2011 年资金实力排名第一的哈佛大学接受的捐助金额高达 317 亿美元,并且披露的数据还显示,以其 2011 年秋季入学人数为基数,人均的资金拥有量为 1 510 861 美元,相比之下,每名学生 2011—2012 学年的学费和住宿费的费用总和则不值一提。当然,如此庞大的捐助金额绝大多数也是用于改善校内的基础设施条件,直接给付学生的资金也是有限的,这点无可厚非。然而,考虑到中美高校间捐助金额的悬殊差距,加之中国高校的在校生人数远超过美国的高校生人数,我们更是可以体会到国内的公益性教育资金对于直接改善学生的教育资金缺口现状实在是杯水车薪。

案例一

捐赠形式和用途日趋多元的高校基金会

2006 年,段永平、刘昕夫妇联合丁磊向浙江大学捐赠 4 000 万美元,其中段永平夫妇捐赠 3 000 万美元,丁磊捐赠 1 000 万美元。这笔捐赠不仅数额巨大,而且用途新颖。段永平夫妇捐赠的 3 000 万美元中,1 400 万美元用于设立浙江大学心平自立贷学金,1 000 万美元与丁磊捐赠的 1 000 万美元一起设立浙江大学等额配比基金。浙江大学心平自立贷学金与其他捐赠不同,其申请手续简单但是有归还资金要求。申请人只需填表并经家长或法定监护人签字同意交至学院即可获得该贷学金，而毕业后必须归还贷学金本金和贷学金使用费。贷学金最迟可在离校十年内还清，发放日起五年内还款，按一年定期存款利率计算使用费，超过则按五年定期存款利率计算。浙江大学等额配比基金则第一次把国外配比基金的概念引进中国，即学校每筹集1元，段永平、丁磊配1元（即凡有人在浙江大学投入一笔钱，不管用于哪一方面，等额捐赠基金中就会抽出相同数量的钱，同时投入浙大。不管对方捐多少，基金单笔支出不超过100万美元，时间跨度为10年）。

2010年，段永平、刘昕夫妇再次捐赠3 000万美元，用于支持中国人民大学的发展。其中1 530万美元用于设立中国人民大学等额配比基金，1 000万美元设立中国人民大学心平贷学金和中国人民大学心平留学贷学金。

2008年，黄怒波向北京大学捐赠价值1亿元的地产用于设立北京大学中坤教育基金。该地产作为北京大学教育基金会永久性基金，其基金收益，即对该地产经营管理取得的收益，用于支持北京大学人文学科教学科研的发展。在投资环境还不很稳定和不很规范，特别是高校基金投资能力相对比较薄弱的情况下，地产基金是高校基金保值、增值的最优选择之一。

（二）管理运营水平欠佳

就目前我国存在的教育基金会而言，有些高校的基金会运营水平良好。浙江大学竺可桢教育基金会通过四五年间的运作收益已达300万元。① 北京邮电大学通过专门的投资运作机构，也取得过25%年回报率的佳绩。清华大学、上海交通大学、浙江大学基金会都通过国债、委托证券公司进行资产投资管理、校内虚拟结算中心运作等方式获得了较好收益。②

然而，众多高校中除了北京邮电大学、浙江大学等高校基金会聘请了专门人员和机构进行基金运作外，大部分高校基金会并不十分重视基金运作，因而管理效率较低。其管理模式以行政管理型为主，因此不能完全适应市场需求。加之投资规模较小，方式也较单一，甚至只限于银行存款收益，没有充分利用资本增值的特点，运作收益不明显，从而整体的运营水平不佳。而国外高校基金会通过专业化的管理和运作，年资金收益率约在

① 黄书孟，张美凤，俞锋华等. 高校基金会的研究和探索：浙江大学竺可桢教育基金会的实践经验总结[J]. 中国高教研究，2001(10)：30—31

② 言梓瑞. 中美高校教育基金会比较研究及启示[J]. 世界教育信息，2007(10)：53—56

10%以上，甚至能达到20%—30%，有效地实现了基金的保值和增值。

例如，2007年，哈佛大学在高达12亿美元的投资收入中，经营性的捐赠收入就占到80%以上，为10亿美元，并成为哈佛大学最大的收入来源，占总运营收入的30%以上，较1997年的21%的比例有大幅增长。2008年的金融危机使得美国经济遭受了重创，市场的惨淡并没有影响哈佛大学基金的运作，哈佛大学基金投资仍以8.6%的收益率稳步增长，哈佛大学基金资产总值同比上年增长20亿美元。① 耶鲁大学捐赠基金的投资回报每年递增17%，2002年的捐赠基金总额是1982年的14倍。伯克利大学有22亿美元的投资。南加州大学有超过37亿美元的投资。这些成就的取得缘于高校中基金会的审慎灵活的资金分布策略，以及非同一般的行为管理和坚挺的资本市场回报。此外，高校审计机构还对资金运作的结果进行审核以确保保值和增值。

相比之下，我国大学基金会无论是规模还是作用发挥都很有限，由于管理机制不健全，也使高校教育捐赠资金的管理与运营总体处于低水平阶段。由于基金会的问题，除了少数院校，多数高校教育捐赠资金未能做到自身保值、增值，扩大资金的规模。因此，我们认为国内的公益性教育资金的成长潜力一般，或者说想要突破则面临来自多方面的巨大的挑战。进而，其是否存在持续的供给能力也值得商榷。

三、资金直接作用对象有限

根据《中央级普通高校捐赠收入财政配比资金管理暂行办法》，高校要将配比资金纳入预算，严格管理，统筹使用，优先用于资助家庭经济困难学生、支持毕业生就业、开展教学科研活动等支出，不得用于偿还债务、发放教职工工资和津补贴、日常办公经费等。② 可见，公益性教育资金有一部分资金是直接流向学生的。正如财政教育支出的功效一样，公益教育资金的部分用于构建校舍、添置设备等，间接作用于学生。在这样的配置下，究竟有多少学生可以直接获得资金来满足自己的教育需求呢？据统计，目前，清华大学设立的奖学金超过100种，包括特等奖学金（每人每年10 000元）、综合奖学金、10余种单项奖学金及新生奖学金（最高额为每人每年

---

① Harvard University Financial Report Fiscal Year 2008[EB/OL]. http://vpf-web.harvard.edu/annualfinancial/2009-4-16

② 《中央级普通高校捐赠收入财政配比资金管理暂行办法》。

5 000 元）。目前，约超过 1/3 的在校生可以获奖。① 百余项奖学金中，除了少数学校、学院自己设置的之外，其他多数为教育基金会提供和设置的。

然而，并非其他高校都和清华、北大这样的名校一样能够以较大的基金会项目奖学金覆盖率给予学生资金。名校获得的捐赠资助远远多于其他院校，进而奖学金覆盖率高也在情理之中。反观其他院校，以北京理工大学为例，其基金会成立于 2010 年 1 月 11 日，根据《北京理工大学教育基金会 2010 年度工作报告》数据资料，在 2010—2011 年度，该基金会的各项目支出比例如图 3-6 所示。其中，奖学基金是用于奖励品学兼优、富有创新的本科生及研究生，为优秀学生提供生活保障，树立品学兼优、富有创新的榜样，自 2010 年起每年学校评比一次，按时发放。也就是说，直接流向学生的资金在本年度公益教育资金总支出中的占比为 12%，较大的资金则间接作用于学生，无法直接用于弥补学生的资金缺口。

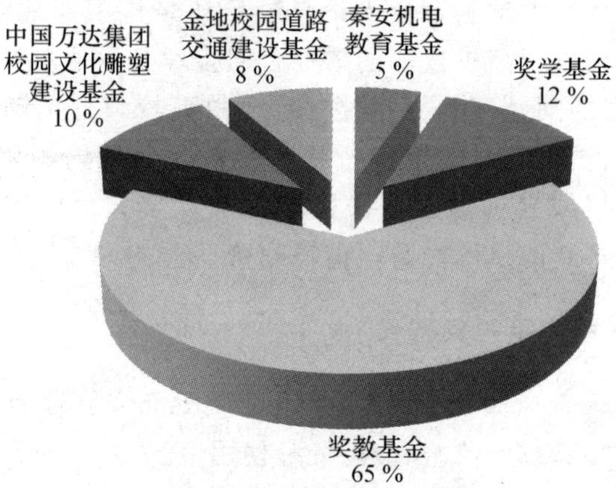

图 3-6 北京理工大学基金会各项目支出比例

资料来源：北京理工大学教育基金会 2010 年度工作报告。

再者，学生直接获赠资金多以奖学金的形式，然而名额的限制使得评比奖学金的条件较为严苛，要求成绩优秀、素质优良，甚至需要一技之长，比如重大活动比赛获奖等。这些条件可能会把一些目前发展受限可是很有潜力的学生拒之门外，影响其获取教育资金，最终造成资金短缺的结果。以董氏东方奖学金为例，捐赠方首先会选择较为优秀的院校，高校会选择目前表现优秀的有限数量学生。这样一来，同样具有教育需求的学生却面

① 资料来源：http://gaokao.chsi.com.cn/sch/schoolInfo--schId-3,categoryId-36682,mindex-9.dhtml。

临不同的资金供给状况:一方面资质稍显平庸的学生资金缺口难以满足,另一方面加剧了教育欠发达地区的教育金融抑制程度。

案例二

董氏东方奖学金简介

项目名称:董氏东方奖学金(Tung OOCL Scholarship)

捐赠方:香港董氏慈善基金会(The Tung Foundation)

东方海外货柜航运有限公司(Orient Overseas Container Line Ltd.)

东方海外是全球最具规模的集装箱运输和物流服务供应商之一。以人为本、以客为尊、以质量求优异、社会责任是公司的四种核心价值观。东方海外和董氏基金会每年为中国大学生以及全球员工的子女提供 40 万美元的奖学金。该基金会多年以来还一直是中国舟山航海学校的赞助者。

自 1995 年开始,东方海外和董氏基金会向北京大学捐资设立"董氏东方奖学金",还曾经连续多年设立"董氏东方海外研究奖学金"。

年度奖励金额: 325 000 元人民币

奖励资助对象:本科生和硕士生研究生

奖励资助名额: 65 人

奖励资助额度:每人每年 5 000 元人民币

通过上述介绍,我们不难发现捐赠方香港董氏慈善基金会对于受赠方的选择存在甄别环节,据相关资料的不完全统计,具有该奖项的学校有北京大学、清华大学、复旦大学、南京大学等少数重点院校,并且,各校的获奖人数基本为 65 名。结合两者来看,一项奖学金的覆盖率是十分有限的。

第三节　家庭教育资金供给的状况

家庭教育资金供给是所有供给来源中唯一的全部资金直接提供给学生的,除了尽可能满足其接受教育所需要的支出外,还为其成长提供了重要的生活保障。近年来,随着国内外对教育的关注度提升,越来越多的中国家庭不吝于在培养孩子上支出大量的时间、精力和金钱。父母对孩子寄予厚望,因此除了子女自身的教育需求外,父母的期许很大程度上影响了孩子对于自身价值的判断,特别是在一些贫困地区,通过知识改变命运的意愿强烈,因此孩子的教育需求有被扩大化的趋势。总体上教育需求的膨胀却凸显出我国公共教育资源不足的缺陷,因此拥有教育资源的教育培训市场得以产业化升级,教育产业具有较大的发展和利润空间。如此一来,为子女接受这些技能培训、素质培养产生的成本又几乎全部落到了父母的头上,家庭教育支出进一步增长,往复循环,如图 3-7 所示。

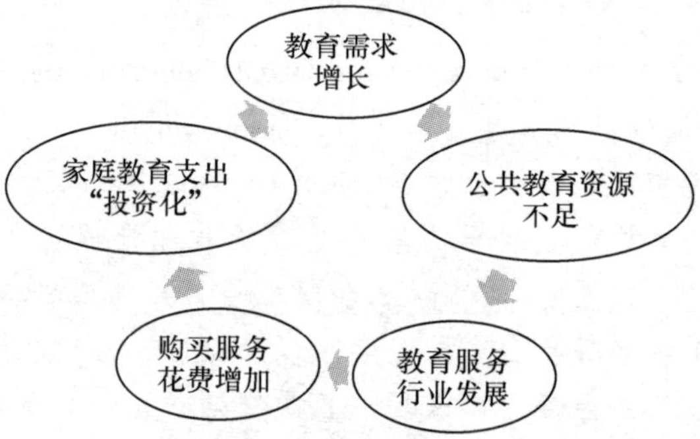

图 3-7 家庭教育支出"投资化"循环图

尽管从整体来看,我国家庭教育资金的供给呈增长状态,但是通过对比仍然发现,不同地区、省市的家庭资金供给水平相差甚远,呈现不均衡的局面。此外,由于每个家庭都具备个性化的家庭教育文化,因此整体上扬的支出比例背后,在资金供给模式上依然呈现出特有的一面,从而影响学生可得的教育基金。因此本节在阐述家庭教育资金供给整体水平的前提下,一方面揭示地区间的不平衡现象,另一方面,抽象出几类资金供给模式用以表述不同模式对学生资金缺口的影响,即对教育金融抑制的影响。

一、家庭教育资金供给现状分解

家庭教育资金的供给现状可以从两个方面进行考察:一是家庭教育的绝对值增长状况,二是教育支出占总消费的比例如何。由于教育竞争的加剧,家庭对于孩子接受教育付出的意愿程度增强,实际支出也呈上升趋势。以全国平均支出水平为例,城镇家庭每年人均教育支出从 1995 年的 165.7 元增长至 2010 年的 661.34 元,15 年内增长了近 3 倍,且上升的走势明显。这是与现如今的教育环境的变化紧密相关的:个人技能的培养不仅限于对学校课程的学习,而且更多地结合课外的专业培训;高等教育不再是唯一的选择,职业教育、专业教育扩招,渐渐从只重视学校阶段的教育投资到接受终身教育投资。如此一来,诸多因素抬升教育成本使得家庭教育支出上升的趋势成为必然；再者，由于将教育视为对子女未来的投资这一观念日渐深入人心，使得父母有更强烈的意愿加大对其接受教育的支出，从而加剧了家庭教育资金的增长趋势。

然而，在总体资金供给水平提高的背后，通过对我国现实情况的了解，经济、教育发展不平衡的现状导致了省市间、城镇与农村之间家庭教育支出的差距，进而对不同地区学生的教育资金缺口影响程度不同。

（一）省市间家庭教育支出的差异

首先，从2010年各地区城镇居民家庭平均每人全年教育支出的绝对值来看，全国的平均支出水平为661.34元，仅北京、上海、浙江等地以较大的幅度超越平均线，而大部分的省份均低于这一水平。举例来看，最高为上海的人均教育支出，1 167.89元，而最低的则为西藏地区，198.22元，仅为前者的17%，为全国平均水平的30%左右，差距之大可见一斑。然而，人均教育支出水平同当地的教育水平、教育成本息息相关，如果只考虑绝对值难免有失偏颇。

其次，从家庭教育支出占总消费支出的比例来看（如图3-8中的曲折线所示）。其中，全国的平均占比水平为4.91%，整体而言，各省市曲线的波动幅度小于绝对值，从中可以看出位于平均水平上下的省市数基本持平。比例最高的为浙江的6.91%，最低的为西藏地区的2.05%，上海为5.03%。如此一来，无论是绝对值还是相对值，都能一定程度地表现出不同省市间的家庭教育资金供给水平不一，不平衡的状态尽显。很显然，这一水平受当地的经济发展水平影响最大。

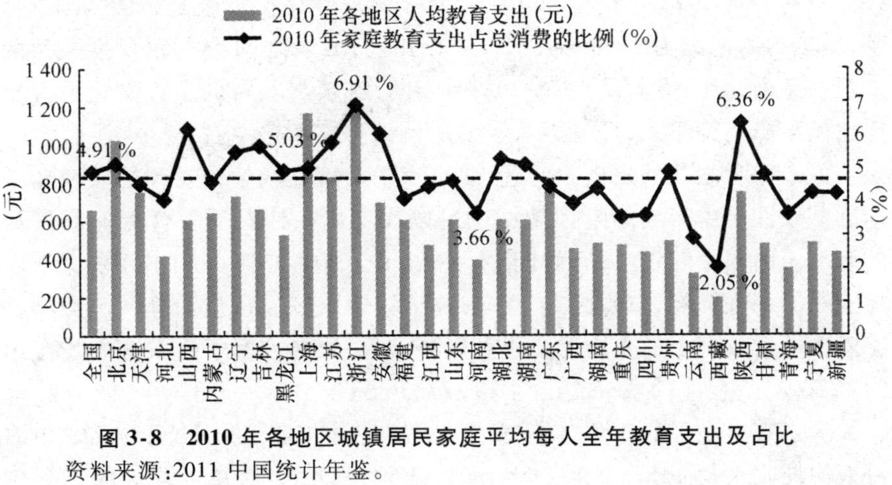

图3-8　2010年各地区城镇居民家庭平均每人全年教育支出及占比

资料来源：2011中国统计年鉴。

最后，从家庭教育支出的绝对值增长状况来看地区间供给状况的差异。图 3-9 列举了 1995—2010 年全国城镇平均人均教育支出以及北京、黑龙江和云南同一指标的变化状况，从中不难看出，像北京这样的发达地区人均家庭教育支出水平的增长趋势线远远高于图中的其他地区，虽然也呈现出一定的曲折，可并没改变不同省市间家庭教育资金供给水平层次不齐的局面。

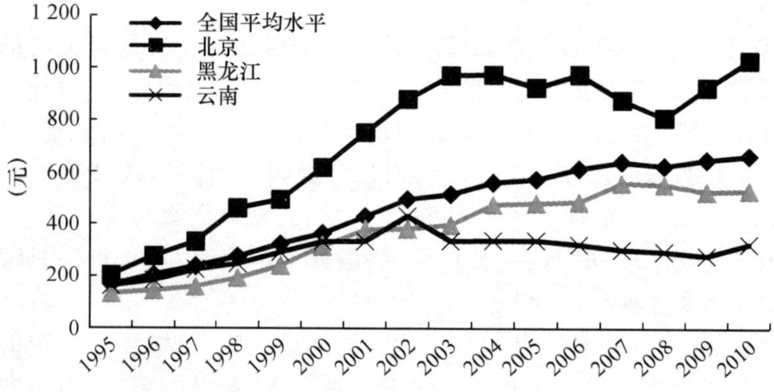

图 3-9 各地区城镇居民家庭平均每人全年教育支出

资料来源：1996—2011 中国统计年鉴。

（二）城乡间家庭教育支出的差异

以城镇和农村来看，城镇与农村的家庭教育资金供给水平相差悬殊（见图 3-10）。相对而言，城镇各年之间，个人教育服务支出涨幅并不必然快于农村。与 1978 年相比，2001 年农村个人教育投资额是 1978 年的 35 倍，城镇的增幅约为 1978 年的 13 倍。并且，城乡之间个人教育投入额的差距在逐渐缩小，尤其是 1978—1992 年间，城镇与农村的个人文化教育支出比例下降幅度很大，并且近几年的比例保持在 4 倍左右。

关于两者之间的支出差问题，北京大学教育金融学会发起的教育金融抑制基础调研中得到的统计数据也足以表明。在针对受教育者家庭发放的 671 份的调查问卷中，有效问卷为 662 份，其中 38%（252 份）来源于农村家庭的调查问卷，62%（410 份）来源于城镇家庭。通过计算两个类型的家庭在子女教育上的支出均值得到以下结果：农村家庭子女教育平均支出为 12 975 元，相应的城市支出为 20 377.56 元。

除了支出水平的差距之外，根据《中国统计年鉴》数据显示，1978 年农村人均纯收入是 145.33 元，2001 年为 3 696.23 元，城镇人均纯收入分别为 476.29 元和 18 169.58 元；从 1978 年到 2001 年，城镇人均收入增长 38

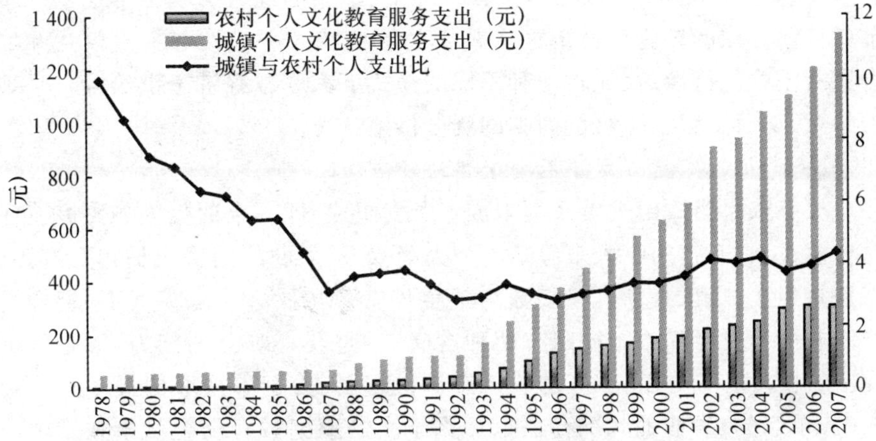

图 3-10　城镇与农村个人教育支出金额及比例

资料来源：历年中国统计年鉴。

倍，农村人均收入增长却仅有 25 倍（当然和农村基数较低有关）。从两组数据的反差，我们得到以下结论：农村个人教育服务支出的快速增长，总体上是建立在个人收入涨幅较低的基础上的，农村个人教育服务支出要比城镇个人教育服务支出在家庭收入中占有更多的份额，从而证实了农村家庭对人力资本培养的负担更重，农村比城镇家庭更易因教致贫，这也是当今农村子女比城市子女辍学率高的主要原因。

2006 年零点调查公司对全国 4 128 名城乡居民进行的随机调查显示：2004—2005 年农村家庭每年用在子女身上的教育花费虽不到城市家庭的一半，但占家庭总收入的比重却是最高的——已达到 32.6%。对比前两年的同题调查，农村家庭单个子女教育支出年增长率已连续两年超过 20%。而 2004 年农村全国农村居民人均纯收入实际增长仅为 6.8%，这是 1997 年以来农村家庭子女教育支出增长最快的一年，农村家庭的教育支出已经数倍于收入超前增长。

综上所得，总体上中国家庭教育投资支出随经济的发展而不断增长，并且近些年城乡家庭教育投资性支出均增长加速，可是两者间却依然存在差距。再者，由于城乡家庭教育投资负担程度不同，以及受收入差距、地区经济政策等因素影响，城镇与农村家庭教育支出间的差距有再次被拉大的趋势。

二、不同家庭模式下教育资金的供给特点

家庭教育资金供给呈现多重的特点主要是在家庭模式、“家庭的文化

资本”①差异、家庭收入以及整个教育环境、形态的综合影响下形成的。本节就目前存在的较为广泛的两种传统的家庭模式——核心家庭模式和综合家庭模式进行探讨，比较两种不同的模式下家庭教育资金供给各自呈现的特点，从而了解学生可能面临的资金供给状况。

（一）核心家庭模式下的资金供给特点

核心家庭模式由夫妻及其未成年子女组成，即一个两代人的家庭。在这种模式下，家庭的收入来源基本为夫妻双方，家庭的消费成员相对有限，特别是现在城镇的家庭，又多数为独生子女。在核心家庭模式下，资金的控制方仅为夫妻双方。控制有两种含义：一是获得资金的能力，二是资金支出的权力。一方面，家庭的收入来源，通过人力资本换取的最多只有两人（有单亲的、失业的状况存在），那么子女的家庭教育资金供给在其中小学阶段几乎完全依赖于家庭的收入。另一方面，由于家庭内人口数少，因此基本的生活费用、医疗费用也相对于综合模式的家庭总量要更少。如果父母双方有固定的经济来源，收入相对稳定，那么对孩子教育的投入基本可以负担。

在前文中我们也分析过，近几年的人均家庭教育支出的增长趋势明显，那么，家庭在子女教育的问题上更加重视是毋庸置疑的。但是，更多的教育需求却导致了有些家庭难以负荷的教育成本，更有甚者，为了子女能够接受教育，或为了接受更好的教育，借钱、卖房、卖血来筹集资金。从教育需求者的角度考虑，其资金供给虽然得以保障，可是造成了家庭其他人员的利益受损就是不合理的，即使是出于家长的真心本意，也是不理智的。

相较于综合模式的家庭，核心家庭的教育资金供给模式较为简单明晰，教育需求者资金获取的主要影响因素来自家庭的收入以及父母的意愿。

（二）综合家庭模式下的资金供给特点

综合家庭模式，亦称为扩展家庭模式，即包含了三代或更多代的成员

① 家庭的文化资本包括家庭所在社区特征、父母的教育文化水平、父母的特质、家庭规模、学生个人基本特征、个人职业背景等。总体上看，文化资本对家庭教育资金供给行为的影响有如下几个方面：城市家庭对教育投资时间会比农村家庭更长（多数城市家庭教育投资已经从婴幼儿时期就开始着手了）；学校集中的地区，家庭对教育的攀比氛围更浓，家庭对教育投资热情会更高涨，比如北京海淀区比朝阳、大兴等地区教育资源更集中，学习氛围更浓厚；教育投资价值取向积极与取向消极的家庭相比，价值取向积极的家庭，即使受经济条件所限，也会想方设法创造条件去获得良好教育的机会；个人的偏好（包括个人教育支出数额的意愿）、品格、认知能力、个人对教育回报的预期及职业背景不同等，会对个人及家庭的教育选择有决定性影响。参见：陈曙红．中国中间阶层教育与成就动机[M]．北京：中国大百科全书出版社，2007：80

的家庭群体，家庭的资金控制方不再局限于家庭的中坚力量（中年一代），每一个家庭成员对于家庭的收入都有支出权，但获取资金的能力成员则有限。关于该模式特点对于教育需求方获得资金的影响也可一分为二：如果家庭收入固定，家庭成员越多，而资金控制方人数有限（如无工作能力成员：适龄儿童、无劳动能力的老年人较多），人均的可支配收入就越少，如此一来，子女的教育资金供给水平受限；然而，如果家庭中长辈比较多，且均具备一定的赚取收入能力的话，可能会提供给未成年子女更多的教育经费，比如有些祖父母和其他亲人愿意资助孩子的教育，教育资金相对较多，则有利于满足其教育需求。

农村地区的家庭多以综合模式存在，并且，多子女的情况居多，因此这里以典型的农村家庭为例来描述该模式下教育需求方的资金供给特点和影响因素。同核心家庭模式一样，家庭收入、人员数量都影响子女的教育供给水平。然而特殊的是，子女的性别、数量、排行等也成为重要的影响因素。

余艳炯（2009）采取计量回归的方法，以江苏省四村为例，横向比较了不同子女性别结构家庭的教育投资，结果显示"多性别子女"的二孩家庭内部男孩的教育性别优势相对"单一性别子女"家庭间男孩的教育性别优势更显著；但子女数越多，后者的教育性别优势，即获得较多的教育资金的可能性越大，将超过前者。

另外，根据吴永波（2007）自 2006 年 8 月 22 日到 9 月 7 日，针对巴南、涪陵、大足、丰都、巫山等重庆五个区县进行的调查走访，在关于农村家庭子女上学问题上，结果显示，在农村贫困家庭的子女中，失学情况严重，未上学的比例随排行增高，老大未上学的比例为 2.9%，老二未上学的比例是 6.6%，老三未上学的比例升至 14.3%。可见，教育资金有限是导致这一结果的直接原因。同时表明，子女在家庭中的排行对于教育资金的获取也存在一定的影响。

随着教育的发展，家庭模式对子女教育消费支出的影响还将持续，然而长远来看，这种影响将得到淡化。无论是何种类型的家庭，面临未来人才竞争的挑战，家庭都会在能力范围之内加大对子女教育消费支出的力度。所以，家庭收入的不均衡、贫富两极化的加剧会影响家庭教育资金的供给水平。教育需求者若想通过自己的能力改变现状和命运，除了有限的家庭支持外，也需要更多的外部资金筹集渠道。

结合国内家庭教育资金的供给现状来看，家庭教育资金在总量上呈上升趋势，同时其投入时期也持续加长。然而，对比其需求来看，这部分资金的增长幅度却不能满足教育需求的增长。可以说,在越来越多的人心目中,除了家庭的生活开支外,大部分都会用于孩子的教育,特别是一般的工薪阶层家庭。从这个角度来看,现有的家庭供给的特点是,无论是核心家庭模式,还是综合家庭模式下的教育需求方都是在家庭有限资金的限制下进行教育选择的,因而并不能充分表现出其教育需求。两种模式相比,特别是在广大的农村地区,后者家庭的教育需求者可能面临更大的资金缺口,甚至连基本教育需求都难以满足。

第四节 教育助学贷款制度

教育助学贷款制度是针对普通高校在校学生设立的一项金融性制度,通过借助教育贷款,学生可以向银行申请一定的资金来弥补在校期间各项费用的不足。这项教育金融制度背后,有着深刻的发放机制,并且由于合约主体的变化而发生细微的改变。教育贷款由银行发放,学生为借款人,发放机制即为一般贷款的申请、审批、发放的基本程序,然而学生信用抵押贷款具有较高的风险,且助学贷款为无息贷款,所以随着机制内部参与的主体发生变化——政府、高校、家庭、保险机构等的加入,发放机制也随之改变。

针对上述不断革新的发放机制,形成了目前我国主要的四种贷款形式:国家助学贷款;生源地信用助学贷款;高校利用国家财政资金对学生办理的无息借款;一般性商业助学贷款。其中,国家助学贷款资助力度和规模最大,是助学贷款的主要内容。并且,相对于其他贷款形式,国家助学贷款针对的群体是普通高校贫困家庭学生,除了政策性倾斜以外,借款学生不需要办理贷款担保或抵押,但需要承诺按期还款,并承担相关法律责任。近几年,生源地信用助学贷款由于以学生和家庭的信用结合作担保,在有效还款方面表现出的优势更受银行的青睐,进而贷款规模日趋增大。2012 年 8 月 8 日,国家开发银行新增助学贷款突破 120 亿元。表 3-7 为两种主要贷款形式的对比,从中不难看出,国家助学贷款的申请对象更为广泛,在担保方式、申请条件上更为简化,学生还款的利息也相对较少。

表 3-7 生源地信用助学贷款与国家助学贷款的比较

	生源地信用助学贷款	国家助学贷款
申请对象	已经开通生源地助学贷款省市的家庭经济困难学生	国内全日制普通本、专科生(含高职生),研究生和第二学士学位学生
额度	小于6 000元/人、年,为1 000到6 000之间的整数,原则上用于学生在校期间的学费和住宿费	小于6 000元/人、年,具体额度视学校、学生情况而定
期限	小于14年	小于10年
利率	中国人民银行公布的人民币贷款基准利率,在校期间,利息由财政全额贴息;毕业后贷款利息由其自行承担	中国人民银行规定的同期限贷款基准利率,不上浮
担保方式	学生及其家长之一组成生源地贷款共同借款人;担保人或有效资产抵押、信用户评定等证明	信用的方式

当然,从中也可以看出两者的共同点,即其主要的资助对象还是贫困家庭的大学生。究竟这些贷款是否能够满足我国目前家庭贫困大学生教育资金的需求呢?再者,就目前而言,我国各地区的助学贷款供给是否均衡,是否与当地的经济、教育发展相适应?最后,助学贷款的资助对象是否有些狭隘,因而对于那些不满足申请条件的学生有失公平?综合来看,在教育助学贷款制度发挥巨大作用的今天,其供给能力依然有多方面的不足,并受到多方面的限制。

一、教育贷款存在缺口

据了解,目前在校大学生贷款的刚性需求巨大,因而和有限的贷款发放量相比,教育贷款存在缺口。据教育部数据统计,2010年普通本、专科生人数已达到2 231.8万人,硕士生人数近128万人。根据《2010年全国学生资助政策执行情况》,2010年国家助学贷款发放209.1万人,发放金额113.57亿元,占资助总额的27.84%,比2009年增加20亿元,增幅21.37%。此外,乐观估计的话,主要由国家开发银行主导的生源地信用贷款预计2012年的资助学生数为198万①,那么受资助的学生占本、专科生总人数的比率仅为18.24%,而据下文对于贫困生的实际占比通常高于20%来看,教育资金需求未能满足,因此存在一定程度的教育金融抑制。图3-11是根据自2004年6月至2006年6月底获得助学贷款的人数占总

① 资料来源:国家开发银行助学贷款信息网,http://www.csls.cdb.com.cn/page.do?targetPage=/portal/Index.jsp。

在校人数的比例绘制，从中可以看出，除了少数经济欠发达地区的覆盖率超过20%以外，其余大多数省份的比率均较低。

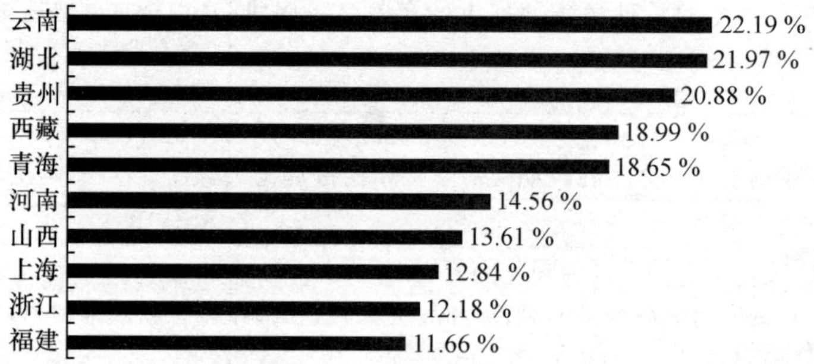

图 3-11 获得贷款的在校生数占在校生总数的比例排在前十位的省/直辖市

资料来源：中华网新闻，《教育部指出：国家助学贷款在规模上发展不平衡》，http://news.china.com/zh_cn/news100/11038989/20060726/13493973.html。

从发放数量上看，2000年，我国普通本、专科在校大学生为556万人，而到2010年，在校生人数已经增长到2 231万人，这10年间扩招了1 665万大学生。由全国普通高校家庭经济困难学生情况①可知，2009年，全国普通高校在校生总人数2 285.15万人，其中，家庭经济困难学生人数527万人，占全部在校生总人数的23.06%；家庭经济特别困难学生人数166.1万人，占全部在校生总人数的7.27%。平均起见，这里保守估计家庭贫困的学生占全部在校生的比例为20%，以2007年为例，约有近370万贫困生。如果教育助学贷款工作开展顺利，仅2007年就应该有370万人申请到贷款，按每人每年获得6 000元贷款计算，当年的贷款发放量应为222亿元左右。然而，从1999年开展助学贷款到2008年6月底，银行累计审批了377.4万高校贫困学生的助学贷款，累计审批金额为354.3亿元，全国获贷学生占在校生总数的平均比例达到11.2%。仅2007年一年的222亿元，相较于十年间累计审批的354.3亿元；仅一年的370万贫困生，相较于十年间累计审批的377.4万贫困生，可见国家助学贷款发放量难以满足广大学生的需求。即使加上近年发展良好的生源地信用贷款的放贷量，这个缺口依然难以填补。

与实际供给水平相比，究竟存在多少潜在的需求，我们可以通过采用一般比率的预测方法进行估计，从而可以判断贷款缺口是否存在。表3-8

① 2009年全国普通高校资助政策执行情况，http://edu.people.com.cn/GB/8216/200762/12529391.html。

是2000年以来教育助学贷款的需求数量估计,从中可以看出,实际供给水平难以满足巨大的需求,因而存在缺口。

表3-8　教育助学贷款需求数量

年份	在校生人数(万)	贫困生人数(万)	助学贷款的需求数量(亿元)
2000	556.1	111.22	66.732
2001	719.1	143.82	86.292
2002	903.4	180.68	108.408
2003	1108.6	221.72	133.032
2004	1333.5	266.70	160.020
2005	1561.8	312.36	187.416
2006	1738.8	347.76	208.656
2007	1884.9	376.98	226.188
2008	2021.0	404.20	242.520
2009	2144.7	428.94	257.364
2010	2231.8	446.36	267.816

注:在校生人数(本、专科生,不包括研究生)数据来源于国家统计局,贫困生人数是以20%的比例计算,助学贷款需求数量是按照每人每年6000元计算。

二、贷款发放的不平衡性

整体看来,教育助学贷款发放的非均衡性体现在以下几方面:地区间的不平衡、高校间的不平衡以及专业间的不平衡。

(一) 地区间的不平衡

从全国范围看,中部、东部沿海经济发达地区的教育助学贷款发展较快,而西部一些经济欠发达地区的相关业务则进展缓慢。例如上海、北京、天津这些地区银行审批国家助学贷款人数占申请人数的比例分别为76%、65%和90%,而在广西,该比例只有9%左右。再者,同一省内的国家助学贷款业务的发展及资助力度也存在较大的差异。以江苏省为例,由于部分地区的高校仍未能与经办银行签订贷款合作协议,加之部分已签订协议的高校贷款发放进度迟缓,最终造成省内的高校国家助学贷款工作进展不平衡。

即使是近几年发展迅速的生源地信用助学贷款业务在规模、省份覆盖率上也仍有不足。据悉,目前已开办生源地信用助学贷款的省份有:甘肃、重庆、湖北、江苏、陕西、安徽、福建、广西、海南、河北、湖南、青海、四川、江西、内蒙古、北京、新疆(昌吉回族自治州玛纳斯县、呼图壁县)、云南、宁夏、陕西等20多个省份,但并非所有省份。而已开展的省份也并非所有县

(市、区)均开展此项任务,这种非均衡性得以体现。

(二)高校及专业间的不平衡

中央部属院校和各省的地方院校在国家助学贷款的投入分配上也存在着一定比例的不合理。从学校方面来看,教育部部属高校,尤其是一些名牌大学获得国家助学贷款的份额较多,而地方高校则获得较少。地方高校申请贷款学生是部属高校申请贷款学生人数的2.5倍,实际发放贷款金额仅为部属高校的1.6倍,而从实际支付的贴息金额来看,两者几乎没有太大的差别。

此外,国家助学贷款在投入的专业结构上不均衡。一些名校、综合类院校、学生就业状况好的院校较容易获得助学贷款,而农、林、石油、矿业、师范、航海类等院校,助学贷款的实际发生额非常低。热门专业学生所获贷款较多,一般专业和冷门专业学生所获贷款较少,这些情况也容易理解,名牌大学、热门专业的学生就业前景好,预期收入高,还款能力自然也高,而一般院校、冷门专业的学生就业前景不好,还款能力差一些,银行出于降低还款风险的考虑,更愿意帮助前者融资。

根据罗朴尚、宋映泉、魏建国(2011)收集的一个针对某省本科学生的17%简单随机抽样的样本所反映的数据,在调研涉及的41所本科院校中,一本院校12所,二本院校15所,三本院校14所。在8521名样本学生中,有502名进入军事院校无法接受调研。在剩下的8019名学生中,有7197名参加了调研,550名没有在被录取学校报到,23名在大四之前辍学,40名拒绝参加调研,209名无法找到。因此,这个数据很好地代表了在高三年级考入某省非军事本科院校的本省学生。其中,通过上述数据,整理得到表3-9用以反映获得助学贷款的学生比例在院校、文理专业之间的差别。

表3-9 获得助学贷款的学生比例和人均资助额度

	理科	文科	总计
一本	17%	9%	15%
	5232元	4905元	5205元
二本	8%	7%	8%
	5177元	4704元	5039元
三本	1%	1%	1%
	5150元	5250元	5200元
总计	10%	6%	9%
	5209元	4770元	5127元

资料来源:中国现行高校学生资助政策评估,2008年某省数据。

整体来看,约有9%的学生可获得助学贷款。纵向来看,不同级别的院校学生的获贷率差异较大,其中一本、二本和三本院校分别为15%、8%和1%(见图3-12);从专业角度看,理科学生的10%也优于文科学生6%的比例(见图3-13)。绝对值上,学生获得的贷款额度基本都是一样的,因为相关政策规定了范围。

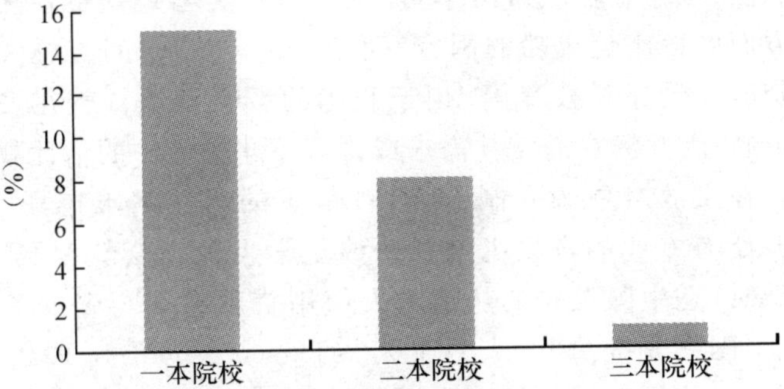

图3-12　获得助学贷款的学生比例(院校)

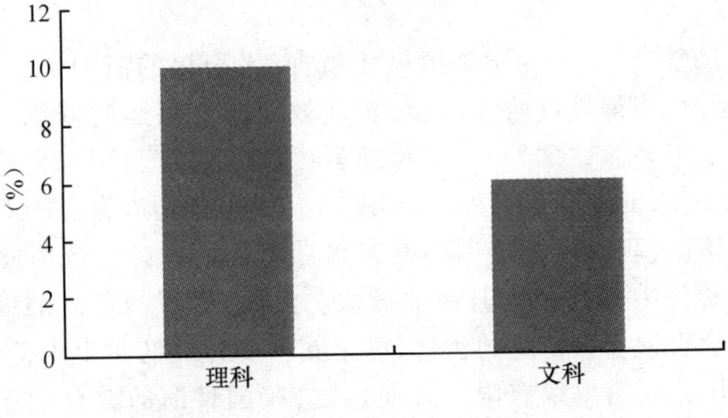

图3-13　获得助学贷款的学生比例(专业)

三、贷款发放对象的限制

由于教育助学贷款的受众人群多为家庭经济困难的在校大学生,因此具有政策性支持的教育金融制度是少数人可以利用以弥补教育资金不足的金融手段。然而,随着高校扩招,学费上涨非常明显,目前在一线城市大学生每年的学费负担已经在5 000元以上,二线城市的大学生学费也在4 000元以上。而且随着经济的发展,高校后勤社会化、产业化、CPI的自然增长等因素也使学生的生活成本急速上升。对于非贫困家庭的普通学生,上大学的成本也是家庭一项较重的负担。据2008年针对全国11个省的109所高校有贷款记录的100 000名在校本专科生进行的调查,从79所高校71 818份有效回收问卷的反馈来看,62%的学生认为身边有经济困难的同学没有提出贷款申请;51%的学生认为申请贷款未获贷的原因是指标不够。[①] 另外,就外国经验来看,一些家庭不困难的学生,出于自立的和经济独立的想法,也愿意贷款缴纳学费、生活费。美国是一个在实行大学生助学贷款方面做得比较成功的国家,而全美有65.7%的在校大学生依靠国家助学贷款接受高等教育。[②] 由于我国的教育助学贷款在发放对象上存在一定限制,因此潜在的贷款需求或许远不止前文中的估计数。

由于存在发放对象的限制,而教育信贷的潜在需求市场是存在的,近几年也开始有专业的贷款机构开始涉足学生教育贷款领域。其中,宜信(CreditEase)是中国领先的从事个人信用贷款咨询与管理的专业性服务机构,在中国率先推出“个人对个人”(Person to Person,P2P)的信用贷款服务平台,为信用良好但缺少资金的大学生、工薪阶层、小企业主提供个人小额信用贷款,帮助他们实现教育培训、电脑数码、装修、旅游等各类消费需求。

宜信“助学贷”主要为学生提供无抵押、无担保的信用贷款,帮助学生解决资金压力,获得教育培训机会,实现教育改变命运的梦想。其运营模式得益于“小额贷款之父”——尤努斯教授(孟加拉国)引导创建的格莱珉银行填补了国家助学贷款以外的市场空白,深得学历教育、IT培训、语言培训、艺术类培训、职业技能培训等教育培训机构的青睐。也因此,宜信“助学贷”又被称作中国教育培训助学贷款。然而,尽管同普通的助学贷款相比,这种助学贷款存在特定的优势,可是其主要针对的学生人群偏于职业、技术教育,因此覆盖率很有限。总而言之,我国目前的教育助学贷款的发放对象依然存在限制,具有一定的申请门槛。

四、贷款回收状况堪忧

除了上述提到的助学贷款发放的现状外,另外值得关注的是助学贷款的回收状况如何,因为只有在良好的回收状况下才有可能形成金融机构在国家支持下有效、稳定的教育资金供给。然而就近些年诸多学生违约事件,银行等金融机构披露的一些助学贷款的违约率来看,这项贷款的回收

① 沈红.学生财政资助的政治与社会效应[Z].全国教育经济学会2008年年会论文,2008(10)

② Student Loans[EB/OL].http://www.finaid.org/loans

状况是令人担忧的。由于存在省份、高校间违约率的差异，且没有全国范围内大面积的相关调研统计数据，这里仅以个别省份、高校的调研数据为佐证，从而对于整体贷款回收状况进行理性的判断和估计。

据报道，截至2008年5月31日，安徽省农行的助学贷款不良金额已达5 000多万。其中，2004年以前的老机制国家助学贷款都已经进入还款期，不良金额3 300多万元，不良率30%。省中行主要承担省内部属高校科大、工大的助学贷款，截至2008年5月，不良贷款金额也已超过1 000万元。实行新机制后，安徽省三年多来累计发放助学贷款已经超过7亿元，但不良贷款金额也数目庞大，如果加上工行、建行此前在老机制下造成的不良贷款，安徽省助学贷款的不良金额估计超过1亿元。

国家助学贷款逾期余额和逾期账户数居高不下，户均逾期余额也较高。从绝对数来看，2008—2010年，安徽省各季国家助学贷款逾期余额和逾期账户数均居高不下（见图3-14）。三年间，国家助学贷款年均逾期余额为8 430.41万元，国家助学贷款年均逾期账户数为15 356个，户均逾期余额高达5 489.98元，现状不容乐观。

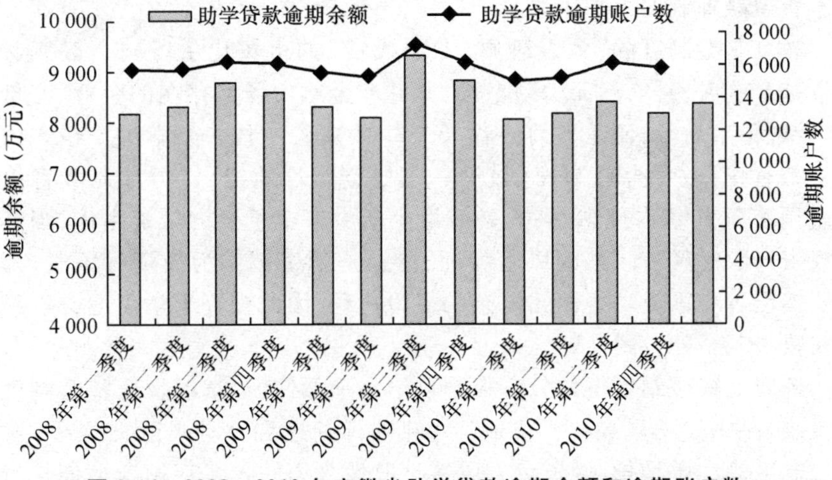

图3-14　2008—2010年安徽省助学贷款逾期余额和逾期账户数

高校方面，在针对四川省成都地区的西华大学助学贷款违约情况的实际调查中发现，从2000年该大学开始实行国家助学贷款，几年来，毕业学生还贷违约率在30%左右。如此高的违约率与学生对于助学贷款的认识有直接关系：调查中，12%的贷款学生认为国家助学贷款是一种对学生的变相补助，是不用还款的；17.6%的贷款学生认为国家助学贷款既不需要抵押也不需要担保，对于还款能拖就拖，到最后国家一定会免单的。因而综合来看,我国的教育助学贷款虽然得到了一定程度的发展,可是贷款回收的状况并不乐观。

第五节　教育基金制度

本节所要介绍的教育基金制度是具有投资性质的纯粹市场化的金融制度,属于教育金融制度因素的范畴。然而规范来讲,这种制度是隐性存在的,它并不像教育贷款制度已经具备显著的制度特征以及较成熟的资金供给模式。目前,由于存在一些已经发生的经济行为、合约等能够表明其具有符合教育基金制度的内涵和基本特征,因此这里说明该制度是隐性存在的。既然不是普遍存在的一种学生教育融资手段,这里为什么要提及呢?因为,已有的市场经济行为表明,教育基金制度是一种相对公益性教育资金而言更具潜力的融资方式,是比教育贷款制度更为灵活的学生融资手段,这是由教育基金制度的基本特征和供给模式决定的。从这个意义上说,这种制度是为学生搭建了潜在的教育资金供给平台,因此也被列为影响教育金融抑制的外部因素。

教育基金制度的"集合理财、专业投资"的市场化手段同一般意义的投资基金制度一样,然而,其投资对象并非金融市场上存在的企业、有价证券、金融衍生品等,而是教育金融市场中的融资主体——学生。在本团队上一部著作《教育金融制度创新》一书中创新性地提出"分成制教育投资基金制度",其基本理念是:人是经济生活中一个重要的融资主体,当其作为投资对象时具有较强的风险特征,特别是学生被作为投资对象时,其人力资本能否积累成功要面临复杂的风险过程,因此投资于学生适合以私募股权投资基金的方式。

若要观察该制度下的教育资金供给水平如何,本章以教育基金制度的狭义表现——"明星经纪人机制"为例进行阐述和评估。除此之外,这种基金制度的实质是投、融资双方以签订股性合约的方式互相满足各自对资金的要求,是一种纯市场化的金融运作,因此同样要面临市场化制度失灵的缺点。如在纯粹基金制度下,学生有可能遭遇被基金管理公司"敲竹杠"或者"过度干预"的问题,在后面的例证分析中便得以证实。

一、教育基金制度的刻画

据北京大学教育金融团队(2012)的研究结果,投资基金制度的产生使得投资人在资金筹集、风险承担方面的困境得以缓解,并且投、融资双方交易的股性合约具有“风险共担、收益共享”的特征，有效控制了投资方面临的“道德风险”问题。教育基金制度同样具有这个内涵，其特殊之处在于，通过发行基金受益凭证所募集的资金交由专业投资管理机构运作，并且资金资产专门投资于学生受教育产业，以期学生人力资本价值提高而获取应有的投资收益和资本增值。接下来，将主要从教育基金制度的基本特征和资金供给模式两方面进行刻画。

（一）基本特征

首先，该制度下募集的资金投资方向仅限于教育领域，专门用于学生甄别、教育培养、就业培训等方面，所采用的投资体制是集众多的分散资金于一体，同时采用专家经营、专业化管理。设立的目的在于积聚社会的闲散资金，通过风险分散化的管理帮助形成规模较大的教育基金，促进教育基金制度本身的发展，更重要的是帮助更多的学生满足自身的教育需求，挖掘自己的潜力并成功进行人力资本积累。

其次，教育基金的投资主体是自然人（教育需求方），其教育资金的直接投资收益是从教育需求方人力资本积累完成后的薪酬收入中以一定的比例提取的。这里需要指出的是，虽然现在存在一些教育专业投资基金，募集的资金也是用于教育领域，可投资主体并不是学生，而是一些教育培训机构。比如“大西部创业投资股份有限公司”这只基金投资于中国的教育培训机构，最终的目的是实现教育机构的上市。

最后，基金管理人除了具备一般基金公司有效投资运作资金的能力之外，还需兼备专业的教育资源整合能力。教育基金制度下的基金管理人能够将教育领域中的优质资源汇集到公司内部，对学生进行专业的甄别，并为被选为投资对象的教育需求方设计适合市场需求与个人发展的教育培养方案，最后在完成人力资本积累后包装推向市场，实现人才的成功上市，最大化地实现其增值服务。

（二）教育基金的资金供给模式

教育基金制度的资金供给模式可以通过制度下的资金链更好地观察和理解。参与基金制度主体为：基金投资人、基金投资主体（教育需求方）和基金管理人。如图 3-15 所示，基金投资人从基金管理人处购得基金份额投资于学生，基金管理人将来自各方的投资聚集从而形成资金池，经过合理的分配，将资金有效地给予被选择出来的教育需求方，满足其需求，同时实现投资者对学生的投资行为。与此同时，教育基金制度搭建的资金供给平台得以实现，其资金供给模式也反映出“金融”的本质，即对稀缺资源进行跨期有效的配置。

图 3-15 教育基金制度下资金链

相较于资金供给,基金管理人针对教育需求方的甄别机制也十分重要,完善合理的甄别方法才能挑选出尽可能多符合标准的基金投资主体,否则投资方的收益难以保证,进而教育基金的规模也难以扩大甚至会萎缩。因此显性化教育基金制度之前,仍有很多的准备工作需要斟酌和安排,即使在一定范围内开展试点工作,目前也仅能够为很有限的学生提供资金支持。对于缓解目前的教育资金供给困境而言,教育基金制度是具有巨大潜力的举措,然而仍需要较长时间的制度完善以及相应法律法规的建设。

二、一种广义教育基金制度:明星经纪人制度

上一本书《教育金融制度创新》中对于明星经纪人制度的发展、沿革以及种类都进行了较为详尽的剖析,并且分析了该制度下的“分成制模式”。正是基于上述研究基础,教育基金制度的雏形才得以显现,具体来说,明星经纪人制度下的分成模式奠定了教育基金制度以人为投资主体的基础,并且投资基金的盈利模式也得益于此。

(一) 广义制度下的雏形案例

在经纪人制度下,主体包括艺人(也包括体育明星)与其经纪人。艺人有新晋艺人和明星之分,经纪公司对其服务也存在区别:前者主要倾向于培训、包装、打造、宣传和拓展工作以提高其知名度,而后者则需要更深层次的全方位维护,使其具有扩大和提升知名度的空间。如此一来,经纪人需要具备职业素养(文体方面)、沟通技巧以及管理、解决问题的能力,才能够帮助艺人谋出路,帮助经纪公司盈利。具备如此素质的经纪人使得从艺人的收益中分成成为可能。随着全球娱乐行业的发展,培养明星呈现产业化态势,一些经纪公司看到了栽培艺人的巨大利润空间,于是加大了在培训阶段的资金投入,以期在日后从其演艺收入中收回。分成制的盈利模式得以在全球的演艺公司内拓展。

以韩国 SM 娱乐有限公司(S. M. Entertainment)为例,其在亚洲有“造星工厂”之称,旗下的诸多艺人都是亚洲甚至世界炙手可热的明星。2000 年 4 月,SM 公司登记注册了 KOSDAQ,发行股票,成为韩国第一个娱乐文

化股份公司。“S. M. 青少年 Best 选拔大会”是进入 SM 最直接、最正规的方式，分设部门很多（如歌唱、舞蹈等），在海外如美国、中国、日本均设有赛点，以便更全面地吸收人才。被选拔之后成为 SM 公司的培训生，要先签订的是演艺生合约（这时只每月给付基本的生活费），在正式出道时会再以个人名义（注意，是个人名义而不是所在组合名义）签订一份为期 5 年的演艺合约，利益所得一般为公司：个人 = 7∶3。但这里的收益是说专辑的收益，周边产品如代言和其他活动等收益归公司所有。5 年合约到期时，艺人与公司洽谈续约条件。一般公司想留下的人，会出很高的续约金，而其待遇也会随之改变。当然，在培训期间，公司会提供全方位的训练服务，包括语言、音乐、舞蹈，甚至会资助美容整容的费用。艺人出道之后，SM 公司会利用其在娱乐行业广泛的人脉、专业的管理团队（造型、音乐班底、舞蹈班底）帮助艺人开展力度极大的包装和宣传，为艺人赢得赚取更多收入的机会，进而从中按合约中约定的比例抽取报酬。

培训生和经纪公司间签订的合约及后者提供的增值服务体现了需求方的培养模式以及投资方的盈利模式，这两种模式是分成制模式的体现，也和教育基金制度的供给模式不谋而合。相对于演艺培训生，教育基金制度下的投资主体更为广泛，即教育需求方。

另外一个典型的经纪人制度拓展案例是美国 NBA 职业联盟俱乐部制度。具有分成制性质的合约依然体现在其经纪人制度上，NBA 规定无论任何人只要缴纳 1 000 美元注册费，同时在 NBA 球员中又至少有一个代理球员即可成为 NBA 注册经纪人。经纪人收入不超过球员合同工资的 4%，实际上既保证了经纪人的收入，又保证了球员的利益不受经纪人损害。姚明与其第一个经纪人的合同约定姚明要付给经纪人姚明工资的 33%，这份合同就因违反 NBA 规定而作废。

而该雏形具有的拓展意义表现在 NBA 联赛经营体制由俱乐部（Club）和联盟（Association）双重构成以及两者间的委托代理关系：各俱乐部是以营利为目的的独立法人，是公司；而联盟是一个非营利性的商业组织，联赛现在有 29 个俱乐部参加。联盟负责组织、推广、经营赛事，处理俱乐部之间的公共事务。但是，无论赚多少钱都是联盟成员——29 个俱乐部的，参加联盟的俱乐部共同为联盟支付管理费用和管理人员工资，仅此而已。联盟是一个严密的契约，这个契约规定了联盟和俱乐部双重经营体制。俱乐部的公共产品、公共事务必须完全交给联盟管理。其相关简约规定了涉及联盟一切有关人员（包括联盟、俱乐部、球员、球员工会、经纪人）的权利和义务，这是一切谈判的基础。按这个指引谈判，双方的余地非常有限，不可能漫天要价、坐地还钱,非常节约交易成本,也在一定程度上避免了“敲竹杠”问题。俱乐部经营范围:球票销售、场内广告(联盟规定广告位置和数量)、球衣广告(联盟规定位置和大小)、球衣等纪念品销售收入。俱乐部之间收入差距主要表现在:(1) 能否进季后赛;(2) 大牌球星的号召力,比如76人队艾弗森一人的球衣一年就销售20万件;(3) 球场广告费收入;等等。俱乐部在成为联盟成员后,必须缴纳一定数额的保证金给一个托管银行,是该体制内的保证金制度,用于支付俱乐部万一在解散、倒闭时尚未支付的球员工资、经纪人费用、场馆费用、拉拉队工资等,俱乐部股权的转让也要经联盟的批准。

NBA的这一整套联赛组织管理制度,是严密合理的:首先,将俱乐部的“私权利”和联赛的“公权利”切分得非常干净。俱乐部是联盟的主人,但是,将联赛的公共事务完全委托给联盟处理,联盟也不干预俱乐部的“私权利”范围内事务。其次,平衡了富有的俱乐部和贫穷的俱乐部之间的收益。联赛是由多个俱乐部组成的,如果俱乐部之间收益差距过大,那么,联赛将会呈现一边倒的局面,竞争性和观赏性将会变差,市场一定不会好。实行联盟总收入平均分配的制度,使俱乐部实力再弱,也有一个基本收入能雇请球员。但是,这也不意味着“大锅饭”,实力强、投入大的俱乐部收入多,实力弱、投入少的俱乐部收入相应少。体现了既有公平,又有竞争的精神。再次,联盟除了成员的利益外,没有自身的利益。联盟如果有自身利益就可能会出现和俱乐部争夺利益的倾向。按NBA的架构,联盟自身不是营利机构,没有自身利益,只代表成员利益。最后,保证金制度,合理防范了俱乐部经营风险可能会带给球员和其他人员的影响。俱乐部股权转让审查制度,也尽可能保证NBA能有最好的股东。

(二) 制度缺陷

正如前文所言,教育基金制度的运作采用的是纯市场化手段,因此会存在由于市场失灵带来的制度缺陷,如“敲竹杠”、过度干预等,并且这种缺陷已经从制度的狭义表现中表现出来。

仍以韩国的经纪公司为例,越是名气大、规模大的公司,从艺人收入中抽成的比例就高,而且韩国的培训生出道又多半是以组合的形式出现,所以分到他们手里的钱就十分有限。并且,在长达5—6年的培训时间里,公司支付的只有基本的生活费,成名后的长达5年里也要一直将收入的较高比例部分支付给经纪公司。据相关报道,韩国的艺人出唱片,如果销量不佳或者达不到经纪公司的要求,其有剥夺艺人唱片收入的权力。再者,艺人出道后无隐私的时期也长达几年,有的公司规定要定期检查艺人的手机等私人物品。有的公司为了获得高收益,加大艺人的工作量,导致其长时间缺乏正常的休息时间,更有甚者,在艺人受伤未痊愈的情况下要求其上台表演或外出节目等。近些年,诸多艺人与经纪公司就合约问题对簿公堂,可见合约中"敲竹杠"、过度干预的条款比比皆是,导致艺人不得已用法律来捍卫自己的权力。

即使是经营机制日趋完善的 NBA 联盟,也多少存在球员与俱乐部间、俱乐部同联盟间的博弈行为。例如"工资帽"制度和"奢侈税"制度的设立,一定程度上解决了球员因转会费过高或过低而与俱乐部滋生矛盾的问题。但是,需要说明的是,NBA 经营机制虽然通过多年实践中联盟与球员工会、俱乐部和联盟之间的不断博弈而日臻完善,许多其他体育组织也相继引入、效仿,可是其存在的合理性依然受到一定的质疑。

基于此,教育基金制度的缺陷也是难以回避的。要想较好地规避这些不合理现象,一方面,扮演"基金管理人"角色的专业基金管理公司要能够同时协调投融资双方的诉求、矛盾;另一方面,建立灵活有效的教育基金制度的前提是建设相应的政策体系以及法律法规。只有双管齐下,其教育资金供给的角色才能胜任,才能缓解目前我国教育资金供给不足的局面。

三、国内教育基金制度的实践与推广

探究我国广义教育基金制度的发展状况,首先可以从该制度的雏形——明星经纪人制度的发展进行考察。由于国内没有健全的披露制度,有关经纪公司以及经纪人的相关信息较难准确地获得,据《法制晚报》记者调查得知,中国现在的明星经纪人加起来也不过几百人。其中,规模比较大的华谊兄弟公司与橙天娱乐集团(国际)控股有限公司,各自也不过只有十几个经纪人。隶属经纪公司的经纪人再加上小部分零散的经纪人,总数不超过 1 000 人。

经纪人制度在国内的发展和国际上趋同,因为这是一种发展较为完备的制度体系。然而近几年在此基础上衍生出的具有分成性质的以及更加个性化的股性合约设计推进了广义教育基金制度的发展进程,使得针对学生筹资的股性合约生成具备了合理的可能性。以 2012 年火遍大江南北的综艺节目《中国好声音》为例,除了从学员中培养出数十位实力唱将外,其背后的盈利模式更是值得探寻。

据业内人士的调查和分析,不同于以往嘉宾按集收取劳务费的模式,制作单位将整个导师团队跟节目后期的市场开发捆绑在一起,没有单纯地一次性支付劳务报酬,而是把导师在这档节目当中的参与和投入作为他们的投资。具体来看,节目同中国移动进行合作,尝试进行音乐类的后期开发,把所有学员的现场演唱制作成彩铃,并提供给全国的手机用户下载。由于目前中国没有一个付费音乐的比较大的下载平台,彩铃是要求收费下载的,也属于音乐相关衍生产品。与此同时,学员的收入也跟其彩铃下载量(实际参与度)成正比。在超高的人气号召下,这种以参与者(导师、学员)实际参与、投入作为投资的收益分成模式,一方面,使得投资于"人"成为可能;另一方面,投资对象的实际付出与自己分得的收益成正比,投资者则以分成的方式同样从其收入中获利。当然,投资者除了提供必要的资金支持外,还利用自己的资源优势提供师资教学、各种教学设备以及平台供学员展示。

虽然,此类投资模式具有专业门槛——音乐等才能,可是不能忽略的是,同教育一样,专业化培训同样是在专业领域培养人才,教育基金制度的践行意义在于能够实现在更为宽广的教育领域实现精细化的培养人才方式的目标,并且使得热心于教育事业的投资者可以通过顺畅有效的途径进行公益的同时,更大地发挥资金的使用价值。如果学生能够以实际参与——学习并努力成才,而成为投资对象,一方面,他自己可以凭借自身获取资金;另一方面,在未来分成收益的激励下,积极地开展有利于自身的成才行为。因此,教育基金制度作为潜在的教育资金供给方式是具有很大潜力的,在日后教育的发展过程中,将会引起人们的重点关注。

综合整体的供给状况看来,国家财政教育供给、公益教育资金支持、家庭教育资金以及教育助学贷款,都很难在短时间内提高资金的供给总量来满足如此巨大的教育资金需求(见图 3-16)。

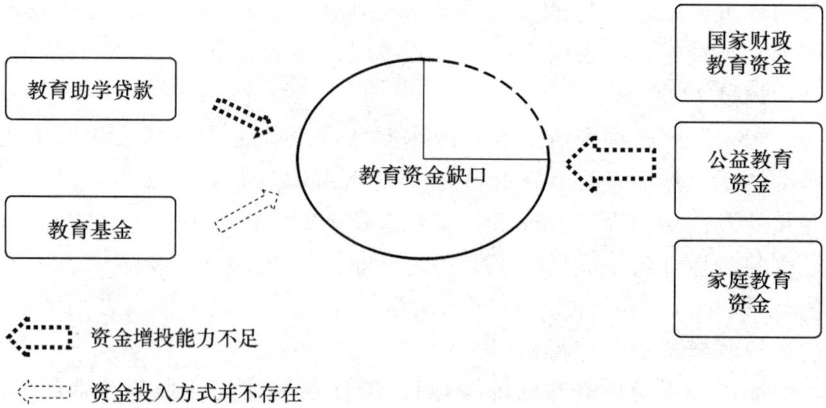

图 3-16　教育资金供给方式同教育金融抑制的关系

因而教育资金的缺口弥补需要更有力的教育金融制度来支持，也是教育金融抑制得以缓解的有效方式。如此一来，具有分成性质的股性教育资金融资方式是具有很大潜力的，也是具备一定实施可能的，这种教育资金融资方式日后无论是在研究还是实践领域都将是关注焦点。

第四章　教育金融抑制效应的考察

教育金融抑制造成的影响是广泛而深远的,从宏观层面到中观层面再到微观层面都能看到这种抑制状态所带来的效果。抑制产生的广泛行为效应从教育的源头波及教育受众本体,从政府、社会和银行再到学生和家庭,都受到教育金融抑制的冲击,对其行为造成了扭曲。教育金融抑制的存在一方面反映了资金供给的不足,在解决上要求供资主体能够提供更多的资金。巨大的资金需求对原有供资主体造成了压力,无论是国家、社会捐赠还是银行,在这种压力下或多或少地表现出"事不关己"的规避行为。另一方面,无法规避者——家长则表现出"砸锅卖铁供儿学"的自我牺牲行为,这种行为本身就是一种非自然状态的扭曲行为。而作为资金使用者的学生,在教育资金不足的情况下,不得不面临着辍学或者打工挣学费的命运。可以看出教育金融抑制对于教育相关方都造成了极大的负面影响,降低了教育的效率,影响了教育实施的有效性和持续性。

第一节　政府的行为效应考察

政府作为教育制度的供给者和监管者,在教育金融抑制现象出现时,其首当其冲受到社会的质疑。政府面对来自各方面的质疑时,往往会通过改变其行为来显示政府的作为。当然,这种作为如果有效并且对非教育领域带来相对较小的负面效果,我们可以认为该政府行为有益;然而往往政府的这种行为未能产生预期效果,甚至扭曲了本应该自然存在的市场规律,那么我们就需要对这种扭曲下的政府行为进行效应考察。当前教育缺口的产生已经促使政府有以下感受或做出了以下行为。

一、政府的道德负罪感

政府的道德负罪感贯穿于政府参与教育领域的始末,以当前时间为节点,往前推移是政府对已有教育支持的不自信和内疚,往后延展是对于未来所能推进教育支持的压力。所以政府的道德负罪感是政府在瞻前顾后中表现出两头紧张的状态。

政府的道德负罪感是由政府将教育视为一种纯公共品的观念所引致的。无论是在国内还是国外,大部分的国家将文化教育当作一项社会性公共服务事业在运作。这就会带来一个问题,教育这一个本质上链式的过程是否应该由国家包办,还是国家只应该以一个制度的提供者和监督者而存在。从我们国家当前的表现来看,我国政府是扮演了包办者的角色。

包办者的角色定位是政府道德负罪感的来源,作为公共权力机关,政府是作为组织人类生活的工具而存在的。政府只有通过提供充足优质的公共服务,才能证明自己存在的价值与合法性。既然提供了服务,就要对服务的进行状况负责,责任观念要求政府必须承担政治、行政、法律和道德责任,促进人民的利益与福利。教育领域出现了任何问题都是与政府有关的,政府都要为之负责,因此政府的道德负罪感是很容易被促发的。

教育金融抑制反映了教育资金供给不足的问题,教育资金供给不足的问题一旦被社会所关注,就会给人们带来这样的质疑热点:“是否是国家的教育财政支出不够”,“国家的教育财政支出有没有达到目标”等。在这样的情况下,国家的道德负罪感就被激发了,对于这些质疑,国家采取了如下的措施:2011 年 3 月 5 日,政府在十一届全国人大四次会议报告时提出,2012 年财政性教育经费支出占国内生产总值比重将达到 4%。政府的承诺行为在道德负罪感的驱使下行使出来,这种行为无论合理与否,只要群众做出良好反应,政府就要采取和执行。这既是对之前的行为不到位的反思,更是迫于未来教育发展的压力。

从公共政策角度来看,如果政府将教育定义为纯公共品或者公共性很强的半公共品,那么其对于教育领域做出的任何努力都应该是被肯定的,也就是说政府的道德负罪感促进了宏观层面对于教育的支撑,是一个正向行为。但是这种道德负罪感所依据的教育产品性质界定是错误的,教育产品本身所具有的是私人产品属性。这种私有性一方面是由教育消费的排他性①和竞争性②决定的:排他性表现在教育服务的提供主体——各类学校可以通过各种准入机制来使某一个或某一类人接受教育,并且这样做十分容易;同时拥挤产生了消费上的竞争性,具体表现在消费教育产品满足

① 排他性是指个人可以被排除在消费某种物品和服务的利益之外,当消费者为私人产品付钱购买之后,他人就不能享用此种商品和服务所带来的意义,排他性是私人物品的一个特征。

② 竞争性(rival)是指消费者的增加引起生产成本的增加,每多提供一件或一种私人物品,都要增加生产成本,因而竞争性是私人物品的一个特征。

程度——教学效果与教学班容量密切相关。班容量越大,教学效果越差。换句话说,每增加一个学生,就会使该教育产品的其他消费者的相对消费量减少,并且是边际递减的。私有性的另一个来源是人力资本积累的个人性,教育最基本的受波及人群是受教育个体,接受教育者在成功完成人力资本积累后先是有个人创造价值的行为,再带来社会利益创造,即个人素质的提高不仅使受教育者本身受益,同时还有一定的外部效益,通过受教育者外溢给了社会,提高了整个社会的劳动生产率和全民族的文化素质,弘扬了民族文化,提高了大众的民主意识,使得国家的政治制度得以在一个更好的环境中运行,促进了社会交流与经济发展等。因此,教育产品又具有一定的效益外溢性。

既然教育并非是一个纯公共品,而是一个私有性因素较强的产品。那么政府如此强烈的道德负罪感也就没有了依据,教育金融抑制给政府带来了过分沉重的社会心理负担。关于教育资金缺口的存在也并不是需要政府全部解决,个人作为教育的最大受益者应该为教育资金的筹集出最大的力,而不是等待政府的财政供给。同时,人力资本积累成功后带来的效益外溢性波及社会、企业和其他个人,这部分群体应该有责任和动力去参与教育过程,只要对他们的收益界定明晰,在个人的人力资本积累完成后再做利益分配,这样在全部可用相关资源的通力协助下,教育资金问题的解决远远要比单让背负道德负罪感的政府来解决要简单有效得多。因此我们可以对于政府提出的财政性教育经费支出占国内生产总值比重将达到4%的奋斗目标提出这样的疑问:如果政府实现了更高的指标,只能说明政府投入更多的资金,但是庞大的教育资金需求仍然不能满足的话,政府是不是永远背负沉重的道德负罪感?

二、政府对有关主体强制行为

宏观层面上,政府仅仅靠一己之力的教育财政支出是远远不能够弥补资金缺口的,在这样的情况下,政府就会寻找社会上的其他主体来提供教育支持,这些主体包括了社会捐赠、家庭和银行。在强制行为的选择上,对于社会捐赠和家庭,国家强制性的表现形式较为间接,力度也较为温和,但是对于银行,政府的强制性就比较直接和强力。在我国,银行这样一个有着公共服务性质的主体就被政府在政策上强制要求发放教育助学贷款。

政府为什么会选择银行作为政策上对于教育财政支出的支持?这是由我国四大商业银行的性质决定的。首先,我国的四大商业银行虽然已经股份制改革上市,但是由国家控股,即政府对于四大商业银行拥有政策上的控制权；其次，四大商业银行的存款放贷行为属于市场行为，经济效率很强，在中国的银行业市场占有绝对的引导地位，所以可借贷的资金量较大，可以完成巨大项目的借贷；最后，四大商业银行在全国分布广泛，适合全国性市场活动的进行。政府需要的正是一个自己可以控制引导的、能够在全国范围内提供巨额资金的市场主体，银行成为最佳选择。

银行对于发放教育助学贷款的态度从教育助学贷款制度开始实施就呈现得很明显，就是银行对于发放教育助学贷款是非常消极的，这是由银行经济行为的商业性和教育贷款的政策性相冲突所决定的。银行作为一个市场主体，在发放贷款的行为中追求收益回报率，而教育助学贷款的政策补贴性决定了银行不可能从这类贷款中要求过高的利息。同时，学生助学贷款是无抵押的信用贷款，所以国家助学贷款在处理申请、审核、发放、回收的手续上给银行带来很大的麻烦；最为重要的是，对于教育助学贷款中的违约不还款行为，银行是需要和国家一起承担风险的。对一个收入—风险如此不对称的教育助学贷款，银行当然是模糊消极对待。

在教育助学贷款推行无力的情况下，国家为了保证教育资金的来源和制度的有效执行，只有在政策上对银行采取强制行为，在1999年至今频繁发布政策文本来指导银行的教育助学贷款行为（见表4-1）。

表4-1 1999—2009年国家助学贷款政策

颁发时间	政策文本	颁发机构
1999.6.17	关于国家助学贷款的管理规定（试行）	国办发[1999]58号
1999.8.17	国家助学贷款管理操作规程（试行）	教财[1999]16号
2000.2.1	关于助学贷款管理的若干意见	国办发[2000]6号
2000.8.26	关于助学贷款管理的补充意见	国办发[2000]27号
2000.11.9	助学贷款呆坏账损失核销的规定	财金[2000]158号
2001.7.27	关于进一步推进国家助学贷款业务发展的通知	银发[2001]245号
2002.2.7	关于切实推进国家助学贷款有关问题的通知	银发[2002]38号
2002.5.31	教育部办公厅关于高等学校切实配合经办银行做好国家助学贷款工作的通知	教财厅[2002]2号
2002.9.4	教育部办公厅关于高等学校积极配合经办银行大力推进国家助学贷款工作的通知	教财厅[2002]4号
2003.8.8	中国人民银行关于下达2003年度国家助学贷款指导性贷款计划的通知	银发[2003]53号
2004.1.19	关于加强和改进国家助学贷款工作的通知	银发[2004]13号
2004.6.8	关于进一步完善国家助学贷款工作的若干意见	国办发[2004]51号

（续表）

颁发时间	政策文本	颁发机构
2004.6.23	关于进一步完善国家助学贷款工作的若干意见	教财[2004]14号
2004.6.28	国家助学贷款风险补偿专项资金管理办法	教财[2004]15号
2004.8.26	关于认真落实国家助学贷款新政策保证高校贫困新生顺利入学的通知	银发[2004]191号
2005.2.23	关于加快落实国家助学贷款新政策有关事宜的通知	银发[2005]47号
2006.9.1	高等学校毕业生国家助学贷款代偿资助暂行办法	财教[2006]133号
2007.5.13	国务院关于建立健全普通本科高校高等职业学校和中等职业学校家庭经济困难学生资助政策体系的意见	国发[2007]13号
2007.8.10	教育部财政部关于要求县级教育行政部门成立学生资助管理中心的紧急通知	教财[2007]14号
2007.8.13	财政部教育部国家开发银行关于在部分地区开展生源地信用助学贷款试点的通知	财教[2007]135号
2008.9.9	财政部、教育部、银监会关于大力开展生源地信用助学贷款的通知	国发[2008]196号
2009.3.11	财政部教育部关于印发《高等学校毕业生学费和国家助学贷款代偿暂行办法》的通知	财教[2009]15号

通过上表的政府强制干预国家助学贷款的行为，我们发现：政府过度依赖于行政手段，政府主要通过行政命令来确定经办银行，以行政力量推动银行放贷。这种强制银行主体发放贷款的行为是不利于教育融资长期发展的，扭曲了银行放贷的自由主动性，不可避免地造成银行与学生的关系紧张。总之，从现在助学贷款制度推行中，看出政府对银行主体的强制行为效果差强人意。

除了银行，政府对于其他有关主体的强制行为表现在社会捐赠中形成“强制捐赠”的恶劣风气，在心理上和行为上扭曲捐赠的自主性。对于很多处于经济困难的家庭，政府的教育关怀补助力度和实施范围不能直接波及，那么就需要这些家庭自行解决学生的教育资金问题，特别是在九年制义务教育之外的教育资金，多数家庭承担了大部分的资金压力，不得不说这是政府对于家庭间接的一种强制行为。

三、政府财政供给的租值消散效应

政府在其他主体供给的情况之下，自身的财政供给也会相应不断增加，从国家设置我国2012年财政教育支出占国民生产总值4%的目标到这一目标的实现,应该说国家的财政支出在不断增加。但是在国家在教育领域的财政支出与日俱增的背后,学生个体缺钱的实际状况并未得到明显的改观。那么教育财政支出量上的改变为何不能带来教育质上的变化?我们发现原因在于在教育金融抑制下,政府财政供给存在租值消散的现象。

(一) 租制消散理论

租值消散理论或租值耗散理论(The Theory of Rent Dissipation)是当代产权经济学的重要理论之一。租值消散理论的核心是,本来有价值的资源或财产,由于产权安排方面的原因,其价值(或租金)下降,乃至完全消失。

租值消散的租值,概念不是很严谨,它是指无主的、没有界定清楚为谁属的收入,在竞争下会消散,在边际上会下降为零。说是租值,是说有了权利界定或有了主人的会存在,但无主的会消散。在边际上消散为零,在边际之内可能还会存在,是因为竞争驱之不去,因而有了主人。举一个例子,在公海钓鱼,任何人都可以钓,我的时间成本与他人的一样,但我钓技超凡,这超凡的钓鱼收入不会被竞争者掠夺,不会消散,我于是成为钓鱼租值的拥有者,是那时间成本之上的收入的主人。然而,在边际上,因为公海没有业主,钓鱼不收费,在边际上我的时间成本等于钓鱼的边际产值,我的边际租值是零。

租值消散是一套理论,是从另一个角度看社会成本,同时又是从另一个角度看科斯定理。租值消散意味着本来有价值的资源或财产由于一些原因而价值下降或价值消失。从理论方面看,租值消散理论说明,权利没有清楚界定,是产生非专有收入的条件,也是租值消散的根源,因此,要消除租值消散,必须清楚地界定资源或财产收入的专有权利,从而更加清楚地揭示了权利的界定在现代市场经济中的重要作用。这表明,要维持资源或财产的价值,必须建立相应的专有产权制度。一般来说,任何有价值的资源,不论是国家所有,还是社团所有,或是个人所有,都要受一套专有权规则的约束,以规范使用者使用资源的方式和程度。由于权利的明确界定消除了非专有收入产生的根源,也就消除了人们对非专有收入争夺的机会,从而也就节省了寻找新的制度安排分配非专有收入的成本。因此,一个社会要减少资源的浪费,控制租值消散,必须明确界定资源或财产的收益权。

当然,租值消散理论只是从一个侧面讨论了权利界定与资源配置及有效利用的关系,它并不能说明所有的经济效率问题。在租值消散理论中,价格机制是成本最低的一种分配资源的机制(如一些学者认为的那样),这一论点在大多数情况下是成立的,但在一些情况下这一论点却夸大了价格机制的作用，正如科斯所指出的，价格机制本身是有代价的。因此，我们也可以认为，有时非价格机制解决资源配置问题可能更有效率，这实际上也是政府干预经济行为的合理性所在。

租值消散理论揭示了租值消散的原因及其后果，对于我们正确地理解产权安排在资源配置中的重要意义及作用机制，减少经济生活中的各种浪费，具有重要的启发意义。

（二）政府财政支出的租值消散效应

我国当前的教育财政制度存在一个严重的产权缺陷，那就是，财政教育支出资产的产权长期虚置。所以每个与教育相关的机构都想获得资金收入，由此造成了有成本的竞争过程，这一过程也就是租值消散过程。

从教育财政支出利用最充分的角度考虑，教育财政支出的产权所有者应该是接受教育的学生个体，即如果将教育财政支出最有效直接地按照某种方式分配给学生，用于学生的接受教育过程，那么租值消散为零，即不存在租值消散效应。按照这样的预期，占国民收入4%的教育财政支出能够在很大程度上缓解教育资金缺口状况。但是我国处在教育金融抑制状态，即在制度上教育财政支出的产权所有者定向并不直接是学生，而是教育服务部门，例如教育局、高校等，那么学生本应该是直接产权所有者却因为制度原因变成间接产权所有者，学生从政府财政支出中能够享受到的教育资金效益必须经过多层的教育机构传递下来，因此教育财政支出的产权模糊化、多层次化，所以造成租值消散效应不可避免。

图4-1就对无消散的教育财政支出效果和存在租值消散效应的效果进行了对比。

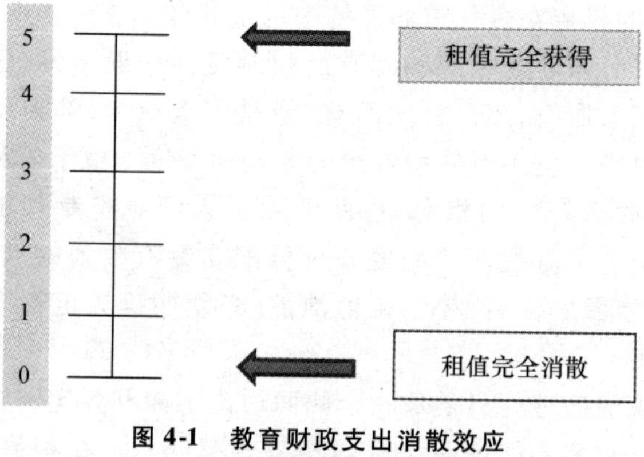

图4-1 教育财政支出消散效应

从图4-1可以看出，假设教育财政支出的完全充分利用所产生的效果为5的话，租值完全获得，即学生作为直接产权所有者，5的租值将全部获得;一旦出现教育财政支出的非直接行为,那么存在租值消散,使得最终的效果介于0和5之间。这种租值消散所导致的结果也非常明显:教育的发展存在着横向和纵向的不平衡。在横向上,东部地区的教育资源发展数量与增长速度远胜过西部地区,差距相差超过了一倍多;而西部地区的教育基础又远不如东部地区,教育资源在地域上分布极为不均,出现了教育领域的马太效应。在纵向上,对高等教育的投入不足,或者说偏重于对基础教育的投入。我们必须看到,由于高等教育与基础教育需要的教育成本不同,以及各地的经济发展水平、消费水平的差异等原因,不论是总的教育经费还是生均教育经费都只是从数字上反映了教育经费投入的现状,而教育经费投入的总量与结构是否存在着不合理还要从教育的现状来看:高等教育的市场化进程比较缓慢,同时高等教育的教育经费使用效率不高,教育产出率偏低。教育的产出率偏低反映了教育财政支出存在租值消散效应的直接后果,大笔的资金用于教育建设,但是资金未真切地用到学生的身上,未能直接地解决学生的教育资金缺乏问题。只要存在租值效应,那么教育财政支付尽管在数量上越来越多,但是教育质量的提升是有限而无力的。

(三)租值消散效应的验证:教育券兴衰史

教育券是指政府把原来直接投入公立学校的教育经费按照生均单位成本折算以后,以面额固定的有价证券(即教育券)的形式直接发放给家庭或学生,学生凭教育券自由选择政府所认可的学校(公立学校或私立学校)就读,不再受学区的限制,教育券可以冲抵全部或部分学费,学校凭收到的教育券到政府部门兑换教育经费,用于支付办学经费。

理想中的教育券是一种反映教育公平,提升教育效率,优化学生一教育资源配置的制度设计。可以从教育券的制度设计看出其是一种资源的重新配置体制,直接目的是提高教育效率,间接手段是财政资金公平化分配。效率体现在教育券使得学校处于被选择地位,为获得教育资金的支持,学校在竞争下有内在动力提高自身的教育质量;公平体现在教育券使得制度下的所有学生直接获得同量的资金,这种资金的获得并不因为学生的出身而有所差异。教育券制度的重心在于:首先,政府在某领域向某些特定人群提供资助时不影响该领域的市场化运作,这样可以保持其应有的灵活和效率;其次,政府所发出的资助可以直接到其资助对象手中去,这样可以最大限度地避免发放环节中可能存在的各种腐败现象和浪费。根据租值消散理论,产权越明晰,赋权越直接有效,那么公共品的消散程度越低。教育券将教育资源选择权赋予学生,将教育资金直接发放给学生家庭，因此可以说教育券是使得政府教育资金租值消散程度明显降低的一种方式。

教育券在中国的实行始于浙江长兴。2001 年，长兴县教育局出台了《关于使用“教育券”办法的通知》。该年九月，该县就读于民办学校义务教育阶段的新生和职业类学校的初中毕业生便分别领到了面额 500 元和 300 元的教育券，不仅促使民办学校进入良性发展轨道，使其生源有了明显增加，也使普通高中和职业类高中的比例在短期内达到 1∶1，职业学校的招生人数从 2000 年的 1 403 人增加到 2002 年的 3 306 人。当年，该县共向 1 800 名学生发放了约 65 万元的教育券，有限的和透明的教育投入收到了多方面的改革效果。2002 年，长兴县继续拓展教育券的其他用途，开始实行“贫困助学教育券”，对全县 361 名贫困生每学期发放面值 200 元（小学）和 300 元（初中）的教育券，使贫困学生的杂费得以免除。在全国率先解决了义务教育中主要的经费问题和诸多相关问题。2003 年 9 月，长兴县根据自己的实践经验和探索感受，在当地政府的持续支持下，又将教育券的发放推广到当地的两所普通高中，为当地早日实现高中普及奠定了重要的基础。这年，该县共发放三类教育券 592 张，总计金额 151 万元。

在长兴县的教育券试点取得成效后，从大理白族自治州、山西省的左权山区再到 2011 年的广东省的光明新区相继实施了教育券制度，缓解了政府公办学位不足，减少了家长的教育支出，增加了民办学校的财政补贴，促进了民办学校的发展。这些试点的成功反映了如果政府的教育财政支出能够更加直接化与公平化，那么教育效果会更加有效，租值消散程度能够进一步减少。

但是随着教育券的推进，据《21 世纪经济报道》的记者独家获悉，备受关注的教育券制度，如今已悄然淡出公众视线，尤其是在其始发地——浙江长兴，如今也只是 2% 普高学生的“扶贫券”。那么如此理想的一种政府教育资源配置制度为什么在短短的十年内从起源、繁荣发展，再走向衰弱呢？对此，我们采访了教育系统官员和教育专家，对于其中的原因他们都不约而同指向了宏观制度的顶层设计。最大的阻力，是因为与教师薪资、就近入学制度冲突，更与现有利益格局产生冲突；同时，对从教育部的利益格局到分税制的央地责权关系的影响，都还在加大。

我们已经从实际案例中得知，教育效率会通过教育资源的产权明晰化获得提高，但是在中国人口众多、地区分布广泛、社会格局分层的大背景下，实现大面积的教育权利明晰化和完全公平化在现阶段是难度很大的，因此我们需要从其他方面来考虑获得更多的教育资金。

第二节　社会捐赠的行为效应考察

教育领域的社会捐赠主要是指学生、学校获得社会各方包括法人实体、自然人等给予的捐赠，属于公益捐赠。其行为是捐赠人为了资助教育事业，自愿将其所拥有的财产赠予学生、学校处分或者管理使用的行为。

一、社会捐赠的本质

社会捐赠是一种集道德、法律和经济于一体的行为，但本质上是一种公益行为。公益行为最大的特质就是转移支付性。

转移支付（Transfer Payment），又称无偿支出，它主要是指各级政府之间为解决财政失衡而通过一定形式和途径转移财政资金的活动，是为补充公共物品而提供的一种无偿支出，是政府财政资金单方面的无偿转移，体现的是非市场性的分配关系，是二级分配的一种手段。教育捐赠本质上就是一种不求回报的支出，这种支出是社会为了平衡教育资源，弥补教育缺失而单方面的无偿财产转移，是对教育资金的二级分配，将社会中有公益心、责任感同时又有闲置资金的群体手中的资金再分配给教育领域中的需求方和实施方。

从转移支付性来看待社会捐赠是最理想的一种状态，事实上作为道德行为和经济行为的统一，捐赠行为也会产生成本和收益。但是必须指出的是它与商业行为中的成本与收益却有着本质的区别：商业行为的本质是追求利润的最大化，而捐赠行为则是通过一系列的规划、运作、管理，达到效用最大化，是一个单体最大化和共同体最大化的区别。一般来说，捐赠者不可能从捐赠行为中获取直接的货币形式的回报，但其对于捐赠行为会有一定的预期收益，这种预期收益主要体现在心理上的满足和社会影响力的扩大。这种预期收益如果保持在一定公益性引导的本质上，那么捐赠行为则是良性有效，并会获得社会的肯定与支持。

教育捐赠的途径主要有两种，一种途径是捐赠者将教育资金交由高校，由高校设立一定的发放方案，根据捐赠设立的规定挑选出获得捐赠的学生，在这个过程中学校担任提供学生信息、辅助甄别挑选的中间角色；另一种途径则是由捐赠者直接将捐赠资金交予学生，这种情况往往较少，在教育捐赠中占有较小的比例。

教育领域的社会捐赠在我国的教育资金供给中一直占有较小的比例，根据相关数据统计，总量一直在总供给的1%左右徘徊。这部分教育供给属于社会公益人士的自主行为，按道理应该是最为纯粹、最为稳定的教育供给源，同时也应该是最少受社会非议的行为。但是在教育金融抑制之下，教育领域中的社会捐赠本质被歪曲，主要表现为捐赠行为的趋交换现象和捐赠资金的夭折现象。

二、捐赠的趋交换现象

捐赠的趋交换现象其实是在捐赠者的内在动机与外在影响因素相互作用下形成的。内在动机就是捐赠者在捐赠行为中以期获得捐赠附带的利益，这些利益包括商业宣传、税收优惠等；而外在影响因素是公众媒体包括电视、广播、网络和报纸等，在捐赠行为的背后能够为捐赠行为起到舆论宣传的作用，促进了捐赠者利益获得的扩大化。

（一）捐赠者的行为期望

布劳[①]将存在于受赠者与捐赠者之间的交换关系称为“社会交换理论”。该理论强调人类行为中的心理因素，主张人类的一切行为都受到某种能够带来奖励和报酬的交换活动的支配，因此，人类一切社会活动都可以归结为一种交换，人们在社会交换中所结成的社会关系也是一种交换关系。教育捐赠的交换关系如图 4-2 所示。

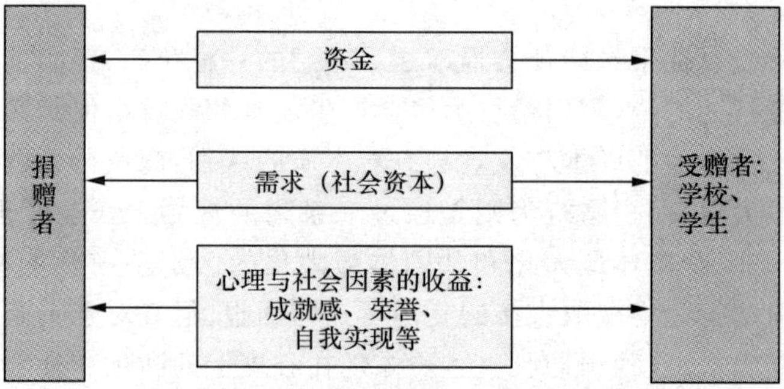

图 4-2　教育捐赠交换关系模式

从社会捐赠行为的初始定义理解，我们可以将捐赠者和受赠者之间的关系看成是一种非契约式的社会交换关系，它不同于商业行为中的交换，

① 美国社会学家。社会交换论的代表人物之一。1918 年 2 月 7 日生于维也纳，后移居美国。毕业于美国伊利诺伊州的艾姆赫斯特学院，获学士学位。1952 年在哥伦比亚大学获博士学位。曾先后任教于康奈尔大学、芝加哥大学、哥伦比亚大学。1973—1974 年任美国社会学协会主席，后任美国科学院院士和哥伦比亚大学社会学系主任。布劳主要从事社会学经验研究和理论建设工作，探讨社会结构、社会组织问题。著有《官僚组织动力学》、《社会生活中的交换与权力》、《美国职业结构》（合著）、《不平等和异质性——社会结构的原始理论》等。

受赠者在事前无法确定可以获得的捐赠,而捐赠者在给予前也无法确定他可能得到的回报。如果我们把社会捐赠也看作一种投资,那么这种投资的收益则是开放的,获得回报的期限也是不固定的,并且二者的交换行为是建立在相互信任的社会关系之上。

在这种交换行为中,捐赠者行为期望的不同决定了捐赠的性质也不相同,分为公益性和私利性两种,但是不管公益性还是私利性都能够带给捐赠者一定程度的效用。公益性的捐赠带给捐赠者的效应在于其大爱无私品质和热心公益习惯的体现,或者是某种反馈社会想法的实现,这种效用主要体现在精神层面,所以是一种心理合约;而私利性的捐赠带给捐赠者的效应在于捐赠行为所能带来的社会影响能够以物质形式反馈给捐赠者,因此是一种实利合约。

捐赠者在教育捐赠中获得的满足感的临界点可以从边际效用的角度去解释。在当期,大部分捐赠者处于生活富足的状态,部分财产给捐赠者带来的满足感较少。因为从经济学的角度讲边际效用递减,财富越多,那么一定量的财富增加给拥有者带来的满足感越低。这也可以从不在意资金理论①去解释,在教育慈善捐赠时,人们所捐的金额,肯定是其不在意资金,一般不可能是在意资金,既为在意,那他是舍不得捐的。所以捐赠量相对于捐赠者的资产总量往往是很小的,那么带给捐赠者的边际效用也是较小的。捐赠行为提供给捐助者一个跨领域或者跨期分配效用的机会:当期捐赠的这笔资金使得捐赠者失去的效用较小,但是捐赠之后,他如果获得的是当期的心理满足,则在精神领域实现效用转移,在精神领域由于这笔资金的捐赠获得的效用大于资金对于捐赠者的效用,那么对于捐赠者来说捐赠是获得更大效用的,整体的边际效用是大于零的;如果捐赠之后,被捐助者或者社会在一定时期之后对于捐赠者给予反馈,那么捐赠在时间领域实现效用转移,未来一定的时期这种捐赠行为给予捐赠者带来一定的效用,这种效用对于捐赠者来说也是大于当期因为捐赠资金而减少的效用,整体的边际效用仍然是大于零的。这也就是推进捐赠事业的行为期望,即捐赠不是简单的专业支付,而是领域或者时间上的效用增加。

---

① 当人们在购物时,自然要与商家讨价还价,双方磋商的部分,即购买者要求降低的额度或商家要求增加的额度,正是双方关注在意的部分,将其称之为在意资金(或在意价值)。在意资金的额度与交易的总金额有关。在交易中,还有一个部分,是双方均可让渡、忽略的部分,称其为不在意资金(或不在意价值)。比如购买 1 000 元价值的商品,买卖双方讨价的部分为百元单位,即一百元到数百元,一般不可能在元的单位上讨论,因为一元到数元的额度,相对交易的总金额 1 000 元来说,是可以忽略的,或者说将这部分无论划拨于谁,双方均不在意。故将双方重点争夺的部分称为在意资金,而将双方不在意的部分称为不在意资金。

（二）趋交换现象的矛盾分析

多元的兴趣与信任构成了教育社会捐赠筹集与开发的行动指导，但是如果捐赠的一方过分强调自己投入成本之后的收益回报，或者被捐赠者也过分关注自己给予捐赠者的社会宣传影响力度，那么捐赠中的转移支付性质的交换行为就会变成趋向商业性的交换性，即趋交换现象的产生。

趋交换现象带给捐赠行为很多行为上的矛盾，这些矛盾共同影响了社会捐赠的持续性和公正性：第一，带来了共同利益与冲突利益的两难。社会捐赠中的参与者本应该享受到该行为带来的互利效应，既解决了教育资金问题，也实现了捐赠者的心理满足。但趋交换现象中的各方总是希望在交换过程中得到的报酬比对方多，于是便在报酬方面产生了共同利益与冲突利益的两难。而且，交换伙伴在维持一种稳定的交换伙伴关系时也具有一种共同利益，但每个人都希望对方承担较大责任。这样，便在交换成本方面形成了共同利益与冲突利益的两难。第二，带来了吸引与反抗的两难。一方面，捐赠给人以深刻印象的品质使一个人能吸引一个群体；另一方面，这一品质也对其他人的交换地位构成威胁。因而，这种吸引本身又可能产生反抗的威胁，受到来自外在的阻力。第三，带来了赞同、支援与其价值的两难。学生、学校需要拿出赞同、支援来作为对捐赠者的报酬，但赞同、支援太频繁会降低教育品牌价值。因此，一方面，学生、学校要给他人以赞同、支援作为一种回报形式，从而使交换能够维持和继续；另一方面，学生、学校不得不珍惜赞同、支援，以避免赞同、支援的贬值。第四，带来获得赞同与保持独立性的两难。从权利的条件来看，教育要获得纯净发展的权利必须保持社会独立性，而为了使权利更好地实现，它又必须从服从者那里获得社会赞同。要获得社会赞同，就必须承认对交换伙伴也就是服从者的依赖，并自由地向他人提供资源，这无疑会影响教育的独立性，于是便形成了获得赞同与保持独立性的两难。这些矛盾从以下案例可以得到最现实的反映。

案例一

“真维斯楼”风波

2011 年 5 月 23 日，清华第四教学楼被命名为“真维斯楼”并正式挂牌。对“真维斯楼”，由于有同名的休闲服装品牌，这在学生和网民中间引起了争议。有网民直指此举为“卖身”和“大学精神的堕落”。

2011年5月24日，“清华大学微博协会”在微博上发起了一个投票：“清华大学第四教学楼冠名‘真维斯楼’并挂牌你怎么看？”截至次日晚8点，5 000多位微博网友参加了投票。其中18%觉得可以理解：“收了赞助允许冠名乃天经地义，无可厚非。”24%的投票网友认为：“冠名没问题，但别冠‘真维斯’这种名字啊。”占大多数的58%网友不赞成在校园里冠名：“反对冠名，还校园一片清静天地。”

真维斯于6月在新浪开通官方微博，在“真维斯楼事件”之前，近一年的时间拥有粉丝9 425人，而“真维斯楼事件”之后，一周时间粉丝激增2 000人。而“真维斯楼”连续5天高居新浪微博话题排行榜前五名，也是一个“奇迹”。在百度里搜索“真维斯楼”和“清华”这两个关键词，从5月23日至5月29日，共有5 210条不重复新闻，平均每天750条。

之后，为了平息这场因冠名而引发的捐赠风波，清华大学摘下了“真维斯楼”铭牌。

“真维斯楼”风波中学校和网民的行为无需我们评价，但是在这个事件中已经暴露出教育捐赠背后的目的纯粹性和选择性的问题。教育资金缺乏，学生个人能够从社会中获得教育捐赠的需求是很大的，但是从当前捐赠者和被捐赠者的行为来看，一部分捐者是勉强被动捐助，而另一部分捐者是愿意捐助而被质疑拒绝。

勉强被动捐助行为反映了捐助方动机性的非纯粹公益性。这一点很好理解，企业或者捐助教育领域，很多情况并非是完全出于社会公益心角度，在捐助行为中带有商业利益气息。企业通过教育捐赠达到两种方式的商业目的：其一，企业期望在捐赠之后，能够获得企业的宣传，这种宣传不管是以冠名还是以捐款排行榜的形式，就像案例中真维斯希望看到的；其二，企业在捐赠达到一定的数量之后，国家会给予企业一定的税收优惠政策，这是给企业带来实际的利益。所以在教育金融抑制情况下，需要更多人和更多企业的捐赠，但是现在很多捐赠带有利益驱动下的“隐性的强制性”，并不是纯粹自发的捐赠行为，对这片净土造成污染。捐助行为中的质疑遭拒则反映了被捐助组织的功利性。从学生需求教育捐助这一根本境况来看，来自社会的各个捐助都是应该接受的，即只要捐助资金非违法来源，这一切资金都是可以接受并用到学生个体身上的。但是现在作为接受捐助的公共组织和学校在捐助者的筛选过程中，往往将很多非教育行业的企业排斥在捐助体制之外，而排斥的理由就是这些捐助行业与教育格格不入,这个现象也是很难让人接受的。

可以看到趋交换的捐赠使得捐赠的性质发生改变,而非纯粹动机的捐赠虽然会带来教育的短期资金的收益,却以教育所代表的公信力长期的损失为代价。

三、捐赠的夭折现象

在教育领域的社会捐赠中,中国的社会捐赠和教育基金会往往会遇到这样的一个问题:虽然资金来源面比较广泛,但是捐赠的持续性不强,同时对于已经收到的捐赠资金不能高效处理分配。据统计,我国的高校公益性基金的使用期为 3 年,也就是说一笔捐赠资金在 3 年内就被消耗完,之后就需要新的捐赠资金投入。与金融市场相对发达的美国相比,中国的教育金融抑制导致的教育捐赠资金的使用低效、过早夭折的现象就显得尤为突出。

为了便于我们作对比,我们引入美国著名"常春藤"院校——布朗大学的社会捐赠处理方式,凸显两者差异。

案例二

美国"常青藤"院校——布朗大学的社会捐赠模式

一、布朗大学社会捐赠的来源

布朗大学设有年度基金会(Annual Fund),该会将布朗大学每年获得社会捐赠情况对外发布。根据该机构最新发布的报表,近五年布朗大学获得社会捐赠情况如表 6-2 所示。

表 6-2 布朗大学年度获赠情况(2005—2009 年)

年份	款项总额(美元)	捐赠人数(人)
2005	25 000 000	30 230
2006	30 700 000	32 295
2007	34 600 000	34 316
2008	35 100 000	33 496
2009	35 000 000	31 276

布朗大学的社会捐赠来源于社会各界。捐赠者包括各类校友、企事业单位等。

二、布朗大学社会捐赠资金的投资

布朗大学获得捐赠以后，将其中相当一部分用来进行投资，以促进布朗大学获取更多的收入。布朗大学将社会捐赠投资到各个方面，包括实物投资、有价证券、信托基金等。该校实行企业化的管理，将资金投入商业领域，进行商业化运作。表 6-3 反映了其捐赠投资结构。

表 6-3　布朗大学社会捐赠投资结构（2008—2009 年）（单位：千美元）

投资情况	2009 年	2008 年
现金	177 375	174 228
固定收入	296 487	426 789
公共股权	1 058 361	264 043
对冲策略	902 042	735 230
私募股权	419 516	381 766
实物资产	348 887	207 937
合计	3 202 668	2 189 993
他人持有的信托基金	65 783	13 193

资料来源：《21 世纪布朗大学社会捐赠研究》。

相比较布朗大学的社会捐赠资金来源和管理，我国的教育捐赠凸显出多点不足。首先，资金的来源结构不合理，数量发展有限。我国教育捐赠的资金来源过于单一化，企业的资金支持与民间私人的参与比例较低。这种依赖社会捐助所形成的基金很不稳定，所调动的人数有限，因而资金总量受到很大限制，也容易造成资金在分配方面的困难。同时，此类资金大都是定向性资金，阻碍了教育基金的灵活发展。

其次，捐赠基金缺乏运作。与国外灵活多样的投资方式相比，我国的教育基金投资方式单一，增值缓慢。其更多的是通过采取购买国债、银行存款的方式投资，属于被动的“无风险”投资。而现实是，在市场经济条件下，随着资产种类的增加以及金融经济的深化，资产运营是保值增值的常态。考虑到更好的投资基金以及低利率或者负利率情况，基金收益犹如“逆水行舟，不进则退”，这种基金运作的缺乏使得珍贵的公益基金长期处于隐性的流失状态。

再次，捐赠基金运营效率低下。这一方面表现为基金违规运作，监督制衡机制弱化以及财务管理混乱，使得不少教育基金处于高风险的状态中，违背其公益使命和捐助人的意愿。另一方面表现为实际的支出规模不大,基金真正用于教育事业的部分相对较低,不到总支出的一半,无法满足社会的众多需求。

最后,教育资金的转移支付性付出,往往可能存在以下缺陷:甄别标准单一或者简单,通常可能是家庭经济困难,但困难的程度难以甄别,或者说困难标准中应当潜入"效率"要素;缺乏运作经验的人,更多地像"出纳",甄别能力差。

综合以上分析,中国的教育捐赠行为一次性很强,捐赠的偶尔性也很强,这样从捐赠资金的来源来说是非常不稳定的。中国的教育基金会对于捐赠而来的资金很少有专业的投资保值增值行为,现实中,我国大学仅有少数高校如清华、北大、交大有这类教育基金会进行市场投资运作,其他大部分高校由于捐赠基金规模较小,无法进行多元化的投资组合,都较少进行市场投资运作。外源不稳定,内源又无法保持,所以教育捐赠的结果就非常难预测,因此在捐赠基金预期的使用分配上就存在很大的不确定性。

第三节 银行的行为效应考察

不同于政府和社会捐赠的公共性和公益性,银行提供的教育助学贷款在性质上是依靠经济市场主体的一种偏资本市场融资行为。银行提供教育贷款从本质上是利于个人教育的进行的,而且相比于前两项教育资金供给,银行的教育助学贷款有一个最大的优势:教育资金给予学生个人的直接性,即教育贷款是直接到达最直接需要个体。这样的优势决定了银行的助学贷款一旦发放面较广,受众群体是较大的,同时效果最直接、最有效,贫困学生在得到这笔资金后就可以去读书上学。

在教育助学贷款推出后,这项制度对于学生、学校、国家带来的正面效果是有目共睹的:给学生带来了上学的资金,给学校带来了优质的学生,给国家带来了教育资金的支持。那么这项制度给其他主体带来的便利必定需要一个主体来承受,这个主体就是银行自己。银行在教育助学贷款制度中承担了四种角色:(1) 资金供给者;(2) 风险承担者;(3) 信用审核者;(4) 事后追偿者。这种多角色一体的制度设置给银行带来了巨大的贷款成本,作为一个追求市场利润的商业行为者,为了保证自身损失的最小化,银行一定会以消极的态度来执行教育助学贷款制度,能够少发放贷款就尽量少发放。

我们提到过政府在自身不能完全提供教育资金时,为了缓解自身的压力,会对其他的主体有强制行为,银行特别是国家控股的四大商业银行成为强制的最优对象，拥有资金量和对资金放贷专业管理的优势成为国家政策控制的不二选择。在教育金融抑制这样的大环境下，政府的强制行为给银行带来了负面影响，这种负面影响抽象概括起来就是将银行变成了“变约器”和“对赌器”。

一、银行的“变约器效应”

从教育助学贷款制度设立起，国家对于该项贷款的定位是信用贷款，即由国家和高校为学生信用作担保，因此银行的放贷行为其实是无抵押品的，银行贷款的回收状况取决于学生自己的信用行为。而银行到第一年回收期开始，银行助学贷款的返还情况就已经暴露出该助学贷款的弊端——学生的信用状况无法保证，不还款和拖欠还款的情况大比例存在。

银行日常业务的商业性和教育助学贷款的政策性上的冲突对银行的经营造成了障碍，助学教育贷款挤占了商业银行的可贷资金，对现有的市场客户造成损失；在学生还款不行的时候，银行与学生的信用关系破裂，银行被动地失去了自己的潜在客户。银行在政府的政策强制力之下，失去了市场独立性，带来经济行为的低效率，也就是制度的安排干预了市场这只“看不见的手”发挥作用。

政府在历经教育制度的改革之后，引入了生源地贷款制度，这项制度解决了原有教育贷款制度的部分弊端：如信用保证不再是学生个人，家庭成员和学生一道成为共同还款的对象；还款的期限上没有那么紧张，还款周期延长到 11—14 年，减轻了还款人的压力。从制度设计的表面来看，这项制度应该深得民心，同时提高了银行参与的积极性，但是在制度运行的过程中，我们发现银行在制度执行的过程中充当了“变约器”的角色，将助学贷款的性质逐渐转变了，这种“变约器效应”，由图 4-3 表示出来。

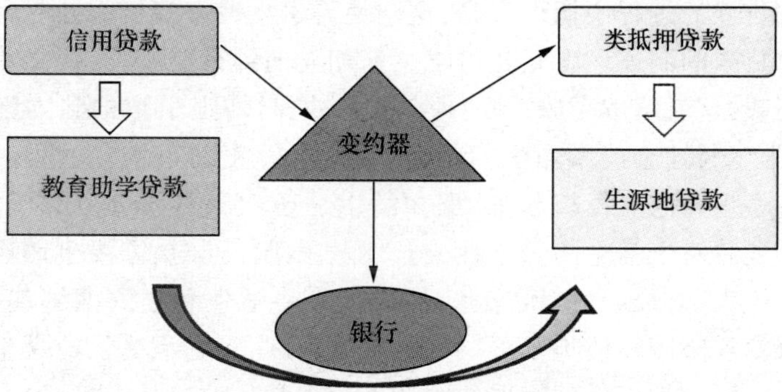

图 4-3　银行的变约效用

从图 4-3 可以看出,国家助学贷款的信用贷款性质在经过银行的操作后,转变成为类似抵押贷款性质的生源地贷款。此处我们先要说明,国家对于生源地贷款的性质定位仍然为信用贷款,是以学生和家庭的信用作为担保;对于生源地贷款的类抵押贷款定位是我们在研究银行在生源地贷款的运行中所表现出来的性质,所以银行是教育贷款性质转变的关键因素,我们称之为"变约器"。那么在教育贷款实施的过程中,银行到底是如何实现变约的呢?

在教育金融抑制下,银行由于国家政策需要向学生强制性发放教育助学贷款,自己在无法避免发放这样的事实下,尽可能寻求自身利益的保证。生源地贷款的实施给银行提供了这样的机会:第一,生源地贷款将家庭和学生捆绑在一起作为信用主体,在学生申请贷款的同时,需要家庭提供证明和近几个月的收入证明,这就需要对学生家庭的经济情况进行审核确认,在隐性上是抵押贷款,将家庭财政状况作为教育贷款的抵押。第二,生源地贷款在推出后是以作为原有教育助学贷款的补充而运作的,而非替代原有助学贷款制度,那么这就在银行内部形成两极分化,即在高校集中的大城市主要集中开展原有教育助学贷款,而在全国范围内的乡镇主要开展生源地贷款。那么地方的银行在是否开展生源地贷款的时候就有了选择性,即使开展了生源地贷款,在放贷过程中也存在着"嫌贫爱富"的分化情况,银行倾向于将贷款发放给家庭经济情况好的学生,也在操作中将家庭财产的可抵押性作为发放的参考要素。第三,在生源地贷款的开展过程中,许多银行都已经要求申请家庭提供抵押品,这样已经将教育助学贷款彻底转变为抵押贷款。在以上银行的三个实际操作中,生源地贷款已经转变成为类抵押贷款,扭曲了教育助学贷款设置初衷。

银行的"变约器效应"逐渐将国家助学贷款的设置初衷改变,使得学生在获取贷款的过程中捆绑家庭,这会使得学生教育筹资的独立性大大减弱。教育贷款的制度设置是使得学生前期先向银行借款,工作之后独立地向银行还款,这就缓解了家庭的供给压力,同时增强学生的独立性与责任感,并且学生与社会关系加强,利于教育资金筹集的市场化进程。但是一旦银行将学生与家庭捆绑起来,那么学生的还款压力就分散给了家庭,那么事后的还款对于学生的独立性成长促进很小。同时,需要申请教育助学贷款的学生大部分出自贫困家庭,那么如果将学生和家庭捆绑起来,就相当于把家庭希望减轻的担子再一次甩给了家庭,家庭承受供给学生上学的二次压力。因此教育贷款性质的改变不利于学生的成长,也给家庭带来更大的压力。

银行的“变约器效应”将助学贷款的性质由政策性向商业性转变，商业性质变强，必然会带来学生和银行关系的改变，即银行在教育金融抑制下的行为也将导致学生和银行的对赌博弈。

二、银行的“对赌器效应”

在教育助学贷款设计的初衷上，学生对于银行发放的教育助学贷款应该抱有感恩的心态，两者在教育助学贷款中应该达到的状态是学生在银行的帮助下顺利完成了学业，而学生则在完成学业、成功实现人力资本积累的过程后顺利还贷。然而这种理想状态被教育金融抑制的现实所打破，利己性驱使部分学生在主观上不还款，而银行在收益压力下将合约向商业性转变的变约过程也将学生和银行置于对立面，有对立就有利益上的对赌博弈。

对赌原是指交易商将客户的指令全部都不实际执行，客户赚多少公司就亏多少，客户亏多少公司就赚多少。对赌协议是投资方与融资方在达成协议时，双方对于未来不确定情况的一种约定。如果约定的条件出现，投资方可以行使一种权利；如果约定的条件不出现，融资方则行使一种权利。而银行的“对赌器效应”则是指在教育金融抑制下，银行和学生处于对立博弈地位，银行存在放贷与不放贷的选择，而学生存在还款与不还款的选择。同时，学生的还款行为是一个未来行为，存在不确定性。在这样的不确定性下，如果未来学生不还款，则银行行使公布名单等惩罚性措施的权利；如果还款，则学生享受低息的权利。银行和学生之间的这种对立博弈的情况就是银行“对赌器效应”的显现。

针对银行和学生的对赌博弈行为中双方的行为选择到底能给双方带来多大的收益和损失，而从理性分析学生和银行行为是否合理等这些关键敏感问题，我们建立了两者的博弈模型，在这个模型中，能够对对赌的结果进行预期。

博弈模型前提假设：博弈双方都是理性者，即双方都以自己的利益最大化为目标。

博弈的参与者：符合发放助学贷款条件的商业银行和符合申请条件的学生。

博弈的决策顺序：银行在收到学生的助学贷款申请后选择贷或是不贷，学生在还款期到后选择违约或是不违约，银行在观察到学生的行为后，选择惩罚或是不惩罚，这是一个三阶段的动态博弈过程。

设学生获得助学贷款的收益为 W，贷款本金为 P（便于计算，我们将多次放贷的资金综合估算为 P），贷款利率为 i（为了计算方便，我们以单利计算),学生付息期为 n_1,政府的贴息期为 n_2(助学贷款中,政府在学生上学期间利息补贴)。学生违约时,银行收取的违约罚息为 $I \times N$(I 为违约利率,N 为违约期),学生因为不还款受罚而受到的社会影响损失为 B,而银行的追讨成本为 C。

在以上的假设之下,学生和银行的对赌博弈过程如图 4-4 所示:

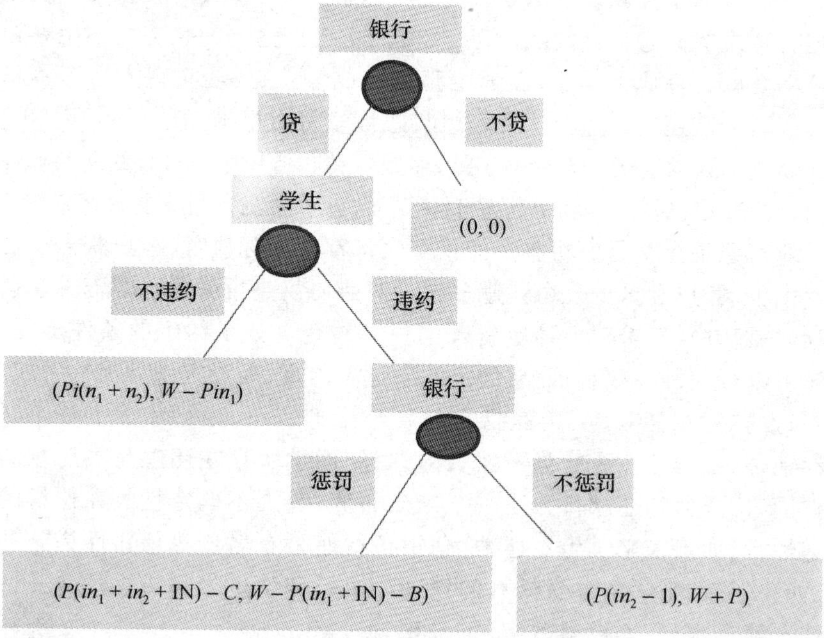

图 4-4　银行学生对赌博弈树

图 4-4 的对赌博弈树表示:如果银行在收到学生的助贷申请后选择不贷,则银行和学生的收益均为零,博弈结束。如果选择贷,则博弈进入第二个决策段,由学生选择违约或是不违约,如果学生不违约,则银行的收益为 $Pi(n_1+n_2)$,学生的收益为 $W-Pin_1$。如果学生在还款阶段违约,博弈进入第三个决策段,由银行选择是否对学生进行惩罚,若选择实施惩罚,则银行可获得利益 $P(in_1+in_2+\mathrm{IN})-C$,学生收益为 $W-P(in_1+\mathrm{IN})-B$;若不惩罚,则银行的收益为 $P(in_2-1)$,学生的收益为 $W+P$。

为了确定以上的博弈过程的均衡结果,我们需要使用逆向归纳比较法,我们先比较第三决策段,银行如果实施惩罚措施,则收益为 $P(in_1+in_2+\mathrm{IN})-C$;如果不实施惩罚措施,则银行的收益为 $P(in_2-1)$;如果银行采取了惩罚措施,则是因为银行实施惩罚之后的收益大于不惩罚的措施:$P(in_1+in_2+\mathrm{IN})-C>P(in_2-1)$,化简得

$$P(in_1 + \mathrm{IN} + 1) > C \qquad (1)$$

当(1)式成立时，银行在学生选择违约策略后银行的选择必然是采取惩罚措施进行追贷，那么学生在违约后的收益固定为 $W - P(in_1 + \mathrm{IN}) - B$。要是学生不违约，就必须在第二决策段使得学生不违约收益大于违约后的收益，即：$W - Pin_1 > W - P(in_1 + \mathrm{IN}) - B$，化简得

$$P\mathrm{IN} + B > 0 \qquad (2)$$

此不等式恒成立。因此，在第二个决策不违约是学生的最优选择。这样在第一个决策段银行预测到，当(1)式成立时，一旦博弈进入第二个决策结，学生将选择不违约，这时银行发放贷款的收益为 $Pi(n_1 + n_2)$，不贷的话则为 0，所以银行一定会选择贷款。所以当(1)式成立时，此博弈的逆向归纳解为：银行在第一个决策结选择贷，学生在第二个决策结选择不违约。该完全信息动态博弈的子博弈精炼纳什均衡为（贷，不违约），收益为（$Pi(n_1 + n_2)$，$W - Pin_1$）。这种情况是银行放贷的无扭曲情况，也是最理想情况。

但是现实中，往往会出现这样的意外，就是部分学生确实因为就业情况不理想而拖欠贷款或者不还款，还有部分学生短视，没有考虑到违约给自己带来的后果的严重性，即忽视了博弈模型中 B 的存在或低估了 B 的大小，这批学生就会采取不还款的行为。对于这部分学生，银行追讨的收益往往会大于不追讨的收益，因为 $P(in_1 + in_2 + \mathrm{IN}) - C$ 在一般情况下都是大于 $P(in_2 - 1)$ 的，在银行的商业性驱使下，银行会行使追讨，如此给学生带来巨大的因为不还款受罚而受到的社会影响损失 B。例如银行会公布学生不还款的名单，如此学生在社会中的信用就会严重受损，对于学生的长期发展影响深远，同时，学生在银行体系中的信用也不再存在。

在银行的“对赌器效应”中，学生很容易成为对赌失败者，而这种失败给学生和银行都带来了负面影响，学生的信用损失和银行的追讨成本都是在教育助学贷款制度中没有考虑的额外损失，即在教育金融抑制下带来的银行行为的扭曲很大概率上招致学生和银行关系的对立紧张，同时在资金上的损失由两者一起来背负。

第四节　家庭的行为效应考察

中国家庭在对待学生的教育过程中，一直有一种情结，这种情结就是孩子的教育就是家庭的全部或者大部分，任何事情再重要也没有孩子上学重要，相比较教育中的任何问题，家庭的问题都要让步。这种情结在教育

金融抑制之下，表现得更为强烈，在教育资金缺乏的家庭，家庭的各种行为已经深深地被孩子上学问题影响。

我们在分析家庭的行为效用之前，我们需要将家庭的行为进行一个区分。家庭也像一个公司一样，有其价值创造过程，也有资源的消耗过程。价值的创造过程就是家庭中的成年工作者，一般是学生的父母亲，他们通过自己的劳动获得收入，收入对于家庭来说就是价值创造，这是显性的价值创造过程，其实还有一个价值创造我们往往忽视了，就是学生读书过程中的人力资本积累，人力资本积累也是价值创造的新来源，是未来能给家庭带来巨大收入的关键点，这也是家庭重视孩子读书的原因所在。资源的消耗过程就是家庭中从老人到家长到孩子的日常消费，从饮食到穿衣到医疗卫生等，这一过程很少带来价值创造，但是这是维持家庭生存运转的根本保证。家庭在社会中的经济行为也是这两种过程的穿插融合并不断推进下去的过程，如图 4-5 所示。

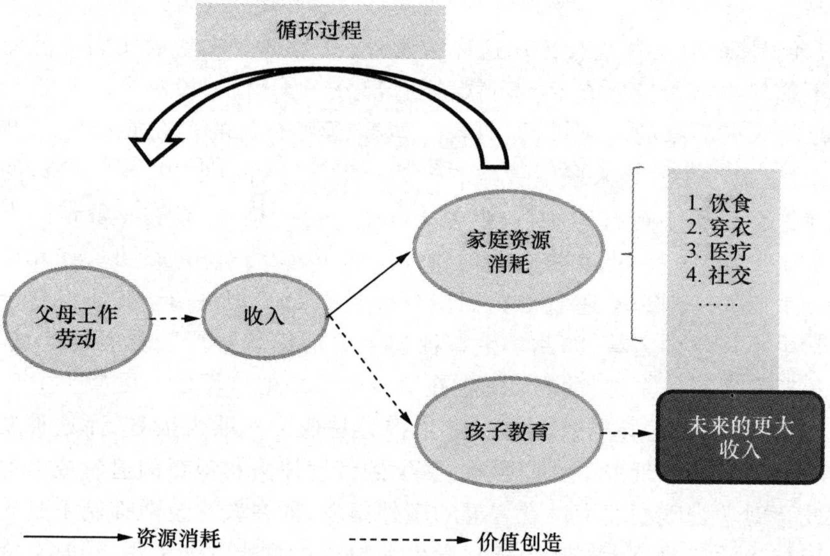

图 4-5　家庭经济行为图

在上图中，我们可以看出家庭如果运行正常，孩子的教育资金能够自给自足的话，那么对于家庭经济行为图的上半部分“父母工作——收入——家庭消耗——父母工作”这样的循环过程来说能够良性运转下去，保证了家庭的生活质量，也能够让父母健康工作。同时在经济行为图的下半部分，能够保证孩子的教育，为将来家庭价值创造的扩大化打下坚实基础。

但在事实中,即在教育金融抑制之下,很多家庭的经济行为图并不像图 4-5 那样能够保证自给自足,往往父母工作的收入在面对孩子教育的资金需求之前,就显得不足,那么就需要通过增加收入和获得家庭借款来解决。这部分家庭的经济行为图如图 4-6 所示:

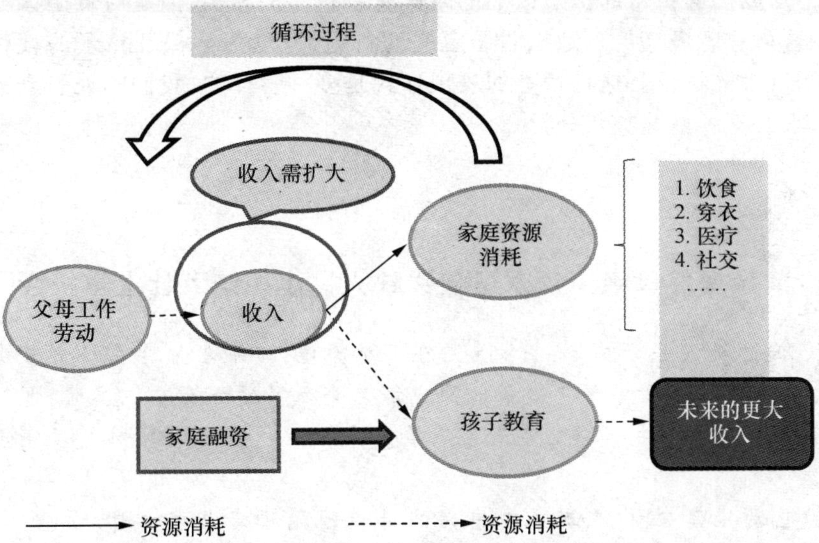

图 4-6　教育金融抑制下的家庭经济行为图

图 4-6 反映了学生的教育问题不仅仅给家庭的资金来源造成了困难,也对家庭收入的分配使用造成了影响,我们就从这两个角度来分析家庭的行为效应。

一、增量资金的短缺

增量资金是指能够通过投资行为使家庭财产增值的资金,这种增值既可以是货币形式上的增值,也可以是人力资本的积累增值,所以增量资金包括家庭内源教育资金供给和家庭本身的投资增值行为。教育金融抑制本身就会使得家庭内源教育资金供给紧张,而这种供给紧张也会挤占家庭参与社会的投资增值资金,使得两者都出现短缺。

家庭内源教育资金供给主要来源于两个方面,一方面是家庭采取的某种形式所带来的收入的增加,收入增加带来可提供教育资金的增加;另一方面就是家庭向朋友社会或者亲戚的举债行为,这个借款行为不包括向银行的借款。

在教育金融抑制下,学生的教育资金给家庭带来了巨大的压力,作为经济主要来源的父母在面对高额的教育费用时，如果不想方设法地通过增加劳动增加收入来源，那么孩子的学习就难以为继。

当前社会，很多人觉得为孩子提供上学资金没有什么，这是天经地义的事情，这也是传统教育观念给家庭留下的根深蒂固的思想。这种思想在一个家庭能够供得起孩子读书的时候有着积极的影响，但是对贫困家庭来说，这种思想极其严重地扭曲了家庭的行为，家庭为了保证孩子的教育做出了巨大的牺牲。这种牺牲的表现形式是多种多样的，我们此处引入案例二，来对这种情况进行分析。

案例二

父亲摔伤母亲车祸家里缺钱缺人　小姐妹互让上学机会

50岁的父亲李洪全，今年3月在工地摔伤，脚部骨折，被打入了4颗钢钉。7月11日，母亲朱传敏带他回成都复查时又遭遇车祸。当时，他们即将读高三的大女儿李泽文在老家某学校补课。此后，小佳雨挑起了家里的大梁。

因为家庭贫困，在车祸中重伤的母亲因无法凑够手术费，面临残疾。佳雨决定辍学照顾妈妈，将上大学的机会留给姐姐。

李洪全一家住在资中县鱼溪镇民和村2组，他在建筑工地打工的收入是家中的主要经济来源。他在3月摔伤后，花掉了一整年的收入治病。

昨日，记者在省医院东病区见到朱传敏时，她说话仍很困难。据病历显示，她的骨折必须进行手术治疗，如果再拖几天，右腿就可能终身残疾。父母出事以来，能够照顾他们的，只有朱佳雨，她说："姐姐的梦想就是考大学，这段时间是她复习最关键的时刻，我们一家人都不想耽误她。"

照顾母亲的这些天，朱佳雨每天都要含泪做一个特殊的工作："把妈妈绑起来。"因为无钱手术，朱传敏断骨处疼痛难忍，每天输液时都要打滚，佳雨不得不含泪把妈妈绑起来。"输完液后，妈妈的胳膊上都有淤青，我每天几乎都要大哭一场。"

几天前，一家人已花完所有积蓄，昨日，朱传敏已断药3天，李泽文向学校请了假来看父母。朱佳雨说，如果妈妈真的残疾了，自己会休学照顾妈妈，不会耽误姐姐的学习，等妈妈恢复之后再去读书。

李泽文说，她所在的资中县第一中学，已为她父母捐款1万多元，不过与手术所需的4万元还相差甚远。如果真的需要照顾父母，她会主动放弃读大学的机会，因为妹妹的成绩比她更好，如果家中只有一个人可以读大学，她更希望是妹妹。

资料来源：新华网四川频道，2012 年 7 月 27 日。

案例二中这个家庭的遭遇的确让人心痛，但是这反映了贫困家庭在教育金融抑制下面对突发状况的脆弱性。在中国许多贫困家庭，为了保证孩子的读书，家中的顶梁柱往往不得不选择工作强度大、工作时间长的职业，往往背井离乡去挣钱供给孩子，获得更多的收入。如此带来了家庭内源供给扭曲的第一方面，主资金供给者的超负荷供给压力。而且这种家庭内源供给的扭曲会形成恶性循环，这种恶性循环就是家庭的劳动力将精力集中于挣钱供孩子读书，孩子在接受教育的过程中缺乏父母的关怀和教育上的辅导，如此尽管资金是供上了，但是教育质量却落下了，结果则是在不能改善教育背景的同时家庭状况也没有改善。这种情况非常普遍，下面引入辽宁省农村留守儿童教育现状的调查报告。

案例三

辽宁省农村留守儿童教育现状的调查报告

辽宁教育研究院成立了《辽宁省农村留守儿童教育现状调查》课题组，组织了辽宁省 14 个市的教育学会，选取了 28 个县、69 所学校开展了辽宁省农村留守儿童教育现状的调查研究。

调查研究发现有 42.05% 的留守儿童由父亲或母亲单方抚养，57.95% 的由亲戚、朋友或隔代抚养。独立生活的留守儿童中，父母对他们的爱几乎处于真空状态。在隔代抚养的情况下，老人作为监护人，由于年龄较大、身体健康状况欠佳等原因，比起父母单方抚养来说无论是体力还是精力都相差甚远。

调查中，有些隔代抚养人反映：一些不法分子往往利用留守儿童父母在外、老人身体虚弱等特点，对留守儿童进行人身伤害。留守儿童因父母不在身边，上学、放学没人照顾，有的儿童经常受到同学、邻居的欺负，缺少安全感。在近 3 年来发生的伤害事件中，留守儿童占 50%，其中隔代抚养的留守儿童近 3 年发生伤害事件 4 人，占近 3 年伤害事件总数的 30%。在与留守儿童班主任的座谈中，老师们认为留守儿童的学习成绩是优的占 14.7%，良的占 25%，中的占 27.7%，差的占 32.6%。可见，留守儿童中有 60.3% 学习成绩处于中下等。

父母有一方外出务工,尤其是父母双方都外出务工,除了给留守儿童带来心理上的影响外,最直接的结果就是缺少了对留守儿童的监督和家庭辅导。在对辽宁省农村留守儿童进行的调查中,当被问到"父母不在身边,你最大的苦恼是什么"时,有40.8%的留守儿童感到孤独,40.3%的留守儿童感觉遇到困难时缺少帮助和照顾,16.8%的留守儿童感觉学习上没人辅导,另有2.1%的留守儿童感到很快乐,没烦恼。当问到"父母不在身边,你的感觉是什么"时,53.4%的留守儿童感到缺少爱,30.1%的留守儿童感到无人交流,10.1%的留守儿童感到无人洗涮,6.4%的留守儿童感到缺钱。可见,在物质与情感之中,农村留守儿童更需要的是来自父母和家庭的亲情。然而,在"父母多久回家"的调查中,22.6%的父母农忙时回家,25.7%的父母半年回一次家,39.8%的父母过年时回家,11.9%的父母几年没回家。可见,对于留守儿童来说,父母经常回家几乎是不可能的。

资料来源:《辽宁教育研究》,2008年第12期。

家庭教育资金的缺口是由需求和供给两方面共同决定的。家长在资金供给上尽自己所能提供尽可能多的供给,但是如果家庭教育供给已经达到了能力范围内的峰值,那么为了减少教育资金的缺口,就需要减少教育资金的需求。案例二中的两个姐妹的选择也代表了一种家庭解决途径,多子女家庭中其他孩子的辍学行为来保证某一个或几个孩子的教育,这种行为从数量上是直接减少了家庭的教育资金压力,同时孩子的提前进入社会行为也为家庭带来了一定量的经济支持。从很多社会现实反映的情况来看,这些提前为家庭教育分担的孩子在进入社会后,因为人力资本积累的不充分性,在社会中缺乏价值创造能力,有的因缺乏一技之长而不得不从事一些边缘违法行为。如此带来了家庭内源供给扭曲的第二个方面,家庭部分教育需求方被动转变为内源供给方。

在家庭父母和孩子都为教育资金的筹集尽自己所能之后,如果依然存在教育资金的缺乏,那么只有通过家庭的举债行为。一般家庭在遇到孩子教育缺钱的情况,首先想到的不是国家银行,而是家庭内源借款,通过向亲戚和朋友的借款,来完成孩子的学业。但是家庭内源借款有一个特性,就是借款的单笔性和催款的不确定性。跟亲戚借款,偶尔因为学生的读书问题去借,可以很快捷方便地解决问题,但是借了之后再借的话,难度就很大了;同时对于借款者来说,催还款的期限不定,任何时期都可能要求还款。而教育是一个持续周期很长的过程,每年都需要一定量的资金,这对于家庭借款来说很难实现。由此两者性质的矛盾将会导致家庭关系的复杂紧张化,这种因为教育金融抑制带来的关系变化是家庭内源供给扭曲的第三个方面。

除了对学生教育的投资之外,一般的家庭都会选择通过购买基金、证券、黄金或者房产等投资行为来获得家庭财产的增值。家庭的社会投资行为也会促进国家的经济发展,为国家的市场经济发展出一份力。但是学生教育的紧张使得家庭优先将这笔本应该保值投资的资金用于学生的教育花费,那么可以说学生的教育费用的需求逼迫家庭将本可以获得的资产投资增值机会放弃,家庭的增量资金无法实现增量作用,趋向衰竭。

二、存量资金的挤出效应

挤出效应原是指一个相对平面的市场上,由于供应、需求有新的增加,导致部分资金从原来的预支中挤出,而流入新的商品中。挤出效应反映到政府行为中就是政府支出增加所引起的私人消费或投资降低的效果。存量资金的挤出效应是指在家庭经济行为图中上半部分的收入分配给家庭资源消耗的比例因为教育资金缺口而受挤压降低,导致家庭经济循环行为恶化的情况。

对于教育支出在家庭收入中的地位,在近期的一份调查报告中显示:被调查者中平均家庭教育月消费支出占总支出的44%。这份报告是通过调查30多个省市的3万多家庭的教育消费状况产生的,调查对象重点是具有一定经济实力及消费意识的中坚阶层。对于这些有一定经济实力的人来说,教育占比都如此之高,那么对于那些贫穷的家庭来说,为了承受这份教育支出,他们教育消费占支出的比例之高是我们难以想象的。

在不同收入的家庭,教育金融抑制的挤出效应程度也是不一样的,在收入较高的家庭,基本上不存在挤出效应,但是在收入低的家庭,挤出效应就非常明显了,而且收入越低,挤出越严重,从图4-7就可以看出来。

从图4-7可以看出,面对同样的一年6 000元的大学学费,在不同年收入的家庭中所占的比重也是不一样的,对于资源分配的影响也是不同的。我们以年收入15 000元为标准,因为在上文所说的调查中教育支出所占的平均比率为44%。为了清楚说明挤出效应,我们假定40%为正常家庭无挤出的比例,那么在年收入为10 000元和8 000元的家庭,分别有60%和75%的比例用于教育支出,相比于40%的标准,分别产生了20%和35%的挤占现象,对于本来收入就偏少的家庭,这个比例的挤占势必会对家庭的生活状况造成负面影响,这些负面影响综合起来就是由于教育金融抑制产

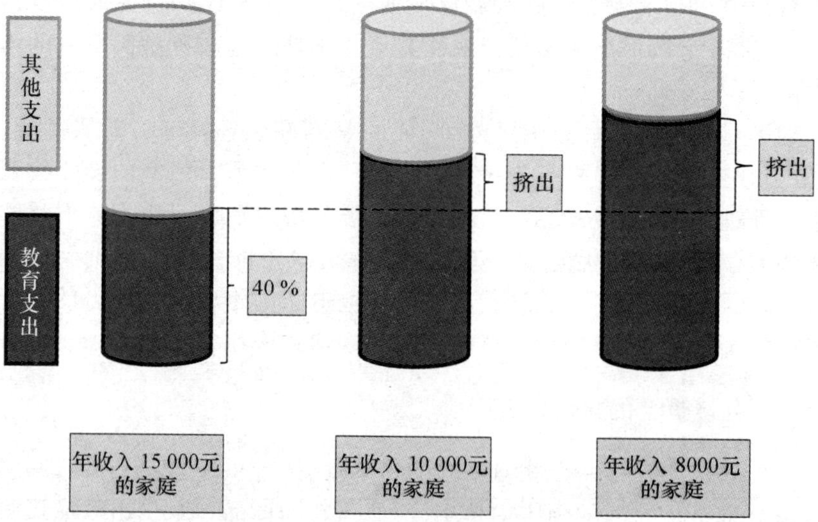

图 4-7 不同收入的家庭分配对比图

生的挤出效应。

这种挤出效应为什么会造成负面影响？因为家庭的日常消费存在刚性，即对于食物等生活必需品的消费不会随着价格等因素的变化而有大幅度的改变，家庭在这部分的支出比例应该是固定不变的。但是当教育金融抑制情况发生的，家庭按照40%的比例分配给教育支出是不够的，那么就需要对其他部分的消费进行挤占，即使日常消费存在刚性，在教育优先的传统理念下，家庭会为教育让步。如此之下，本来处于一个可持续良性循环的家庭创造过程因为这种教育的挤占而进入一种恶性循环状态：家庭中本来用于衣食保健的消费被教育挤占了一部分，这部分所影响的生活质量下降，生活质量下降导致家庭生产力的质量下降，这种下降在短期内由于教育的长期持续性而无法改善，积累到了一定程度，在遇到突发状况时，会爆发出来而对家庭造成严重的后果。并且当期中国家庭存在社会老龄化的趋势，即每个家庭中所要负担的老年人的费用与日俱增；同时家庭的变动很强，各种走向社会的行为导致家庭需要应付社会流动性，这些方面的消费也是家庭所必须承担的。在这些方面我们可能会因为教育问题而挤占老人的抚养费，也可能挤占家庭的外用应付之需。

在教育金融抑制之下所产生的分配挤出效应虽然能在短期内缓解教育资金压力，但是从长期来看，不利于家庭的健康发展，甚至可以说为家庭遇到重大危机埋下了隐患。

第五节　学生的行为效用考察

学生主体相对于以上四个主体有着很大的不同之处，就是在教育中，学生的地位是教育资金需求者，而以上四者为教育资金供给者。教育金融抑制的现状给资金需求者带来了行为上的各种扭曲，作为教育本体接受者的学生，其影响最大的还是在人力资本积累过程中对于学生的冲击。在缺乏有效的资金来源渠道时，对于学生来说往往会选择两种方式来对待，分别是辍学和打工上学。从人力资本积累的完成角度，这两种行为我们分别称之为“终止性辍学”和“间断性辍学”。

一、终止性辍学

终止性辍学是学生在无力支付学费，被动选择放弃学业，提前进入社会的一种状况。这种状况对于学生来说，影响是非常大的，也是教育金融抑制之下，对学生产生损失最严重的一种，并且终止性辍学发生得越早，这种损失就越大。为什么会产生损失？因为教育收益率是随着教育程度的深入而不断提高的，也就是教育的年限相对越长，人力资本积累越完备，受教育者进入社会的收入也越高，而且增长也较快。如果发生了终止性辍学，学生的教育被打断，人力资本积累的关键时期发生缺失，学生提前进入社会对社会做出生产贡献的能力大打折扣，体现在现实中就是收入比完成教育的学生相差一截。图 4-8 对终止性辍学的损失进行了阐释。

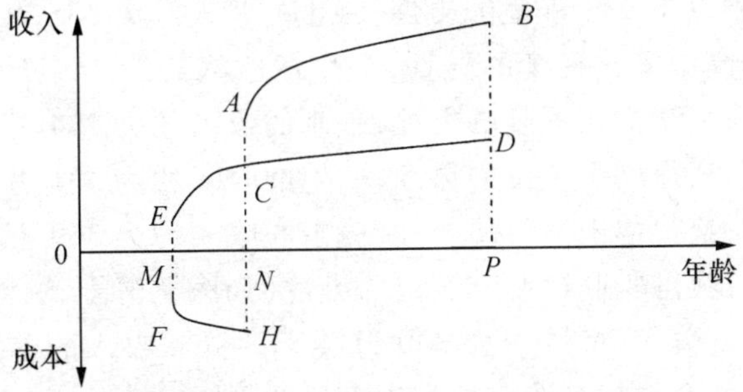

图 4-8　收入—年龄关系图

图 4-8 反映了收入随着年龄而增长的关系，其中 *AB* 线反映了完成人力资本积累的学生的收入状况，在年龄轴上他的收入始于 *N* 点。而 *ECD* 线则反映了终止性辍学的学生的收入状况，因为提前进入社会参加工作，在年龄轴上其收入始于 *M* 点。从 *M* 到 *N* 的距离反映这两类人不同人力资

本积累的年段,在 MN 年段,一个继续进行人力资本积累,而另一个开始社会工作,创造社会价值。而 NP 段两者都是社会价值的创造过程,两者都有收入。而处在横轴下方的 FH 曲线反映了在 MN 年龄段进行人力资本积累的成本。对终止性辍学的 ED 曲线和完成人力资本积累的 AD 曲线进行收入和成本上的比较,我们就可以得出这种行为对于学生个人造成的损失。首先对两者都创造价值的部分进行比较,在 NP 年龄段,辍学者的收入为 CDPN,而未辍学者的收入为 ABPN,两者的收入差距为 ABDC;其次在辍学期间,辍学者的收入为 ECNM,而未辍学者在无收入的情况下,还有教育支出,即成本为 - MNHF,两者的差距为 ECHF;综合两个阶段的收入差距,在辍学期,辍学者多收入 ECHF(即继续读书的机会成本),而在两者共同的收入期,未辍学者多收入 ABDC,这两者之间的差距即为辍学者的损失。在此我们需要做出说明,此处两者之间的差距不是简单地将 ABDC 的面积减去 ECHF 的面积,因为货币的时间价值的存在,我们需要将两者使用折现率折现到某一个时间点进行比较。有人会质疑折现之后,是否会对结果有很大影响。我们在上图中只是解释了这种损失的计算方法,实际中 NP 年龄段要比 MN 年龄段要长很多,试想辍学期最多 5—10 年,而完成人力资本的工作期则长达 30—40 年,所以 ABCD 的面积可能会比上图所示的大很多。所以终止性辍学会给学生带来巨大的损失,说明在教育金融抑制下,缺钱所引致的辍学行为既是低效的而且是很难修复的。

对于以上结论我们可以在现实中给出依据:美国人口普查局对于教育程度和收入进行调查,其按照不同族裔来具体划分收入情况。在对白人调查中发现,初中以下文化程度的男性,一生的收入约为 135 万美元,女性约为 93 万美元;高中文化程度的男性,一生的收入约为 169 万美元,女性约为 118 万美元;大学文化程度的男性,一生的收入约为 284 万美元,女性约为 202 万美元;获得硕士学位的男性,一生的收入约为 331 万美元,女性约为 236 万美元;获得博士学位的男性,一生的收入约为 369 万美元,女性约为 296 万美元;获得职业性博士学位的男性(如医学博士、法博士),一生的收入约为 475 万美元,女性约为 320 万美元。关于收入的差距对比,很直接地反映了教育金融抑制造成的学生命运的不同。

二、间断性辍学

间断性辍学反映的是学生在进行人力资本积累的过程中,在学习的同时也在打工,为自己补贴部分学习费用。其与终止性辍学存在较大的差别,学生的人力资本积累的总过程并没有被终结,而是中间的某些时段被打工挣钱的行为所打断。这种行为是大部分在读学生在教育金融抑制下普遍采取的行为。

间断性辍学对于学生来说能够提供一定的费用补贴,减轻了家庭和社会的压力,同时也为社会带来了一定的劳动生产力,创造了价值。从这个角度看,间断性辍学是一个利己利他的行为;但是这种行为忽视了人力资本积累的连续性,对于人力资本积累的量和质都造成损害。

人力资本积累是一个长久的过程,这一点也从现代教育的持续性上得以体现。人力资本积累如同爬楼梯一样,一个楼梯的攀爬是建立在已爬楼梯的基础之上的,随着攀爬这样的一个人力资本积累过程的进行,学生的个人全面能力得到了提高;但是正如同攀爬是需要花时间和力气的,人力资本积累也是需要花费时间在学习上的,有效学习时间的积累才能促成教育的成功,如图 4-9 所示。

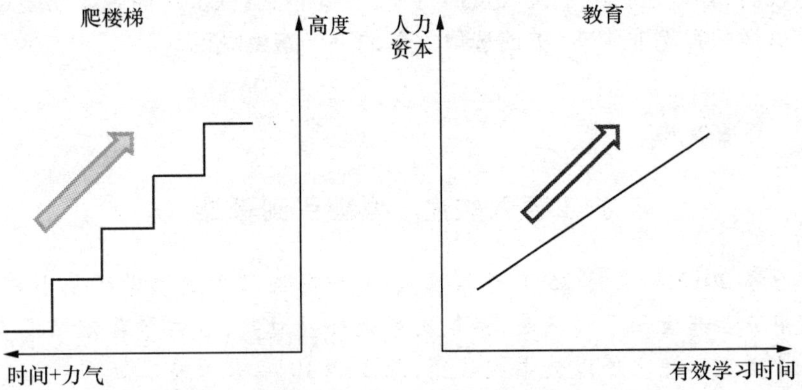

图 4-9　人力资本积累对比

间断性辍学打断了教育的持续过程,相当于在爬楼梯的过程中设置了一段平路,走这段平路的过程耽误了继续爬楼的时间和精力,影响了最终爬到楼顶的时间;类似地,打工行为耽误了有效学习时间的持续,将这段时间中间断开成许多截,导致了最终完成人力资本积累所用时间的延长,若这种延长在客观条件上不允许,那么就会导致人力资本积累的不完备,就会影响人力资本积累的质量(见图 4-10)。

可以看出,在阶段性辍学下,学生的有效学习时间被割裂,在完成人力资本积累的总时间上相比持续进行有效学习来说延长了很多,如果这种延长超出了学校的学年设置,那么学生就不得不没有完成好学业就毕业,那么对于学生来说,影响将会类似于终止性辍学,因为人力资本积累是未完成的。

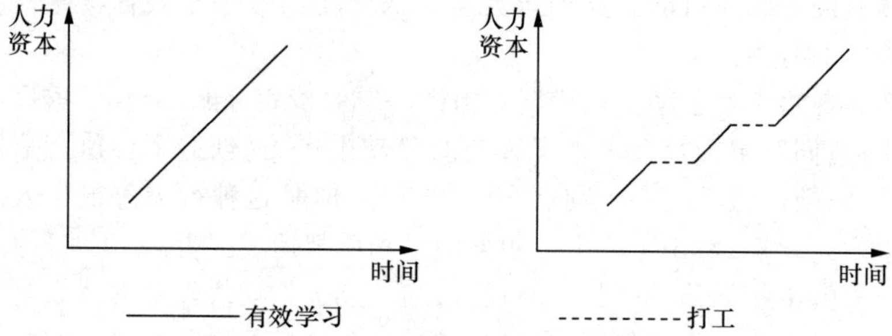

图 4-10 间断性辍学影响对比

另外,在间断性辍学中的学生通过打工实现增收或者通过减支来保证教育费用的供给,在这个过程中对于学生的影响不仅仅在于耽误了学生的人力资本积累,还有可能对学生的身心造成伤害。因为当今社会学生的判断力较弱,容易在打工中误入负面行业,从事非法行业,从而毁了学生的一生。这样的案例非常多,下面选取简单的一个案例说明。

案例四

打工误入歧途 学业受到牵连

自从 2012 年 2 月 25 日开学以来,贵州某高校的大二学生王小勇,从老家麻江县来贵阳已经多次,但每次都是失望而归,他的学籍依然没有恢复。小勇的学籍之所以被学校注销,缘于 2010 年暑假打工期间所犯的一次错误。

2010 年 7 月底,刚刚参加完高考的小勇,为筹集上大学的费用,在叔叔的介绍下,来到扬州江都区某电器厂上班。8 月 5 日凌晨,在几名同乡的唆使下,小勇负责放风,协同参与盗窃他人小型普通客车一辆。参与这起盗窃案后,小勇就收拾行李回了老家。到家一个星期后,小勇接到了贵州某高校的录取通知书,随后来到贵阳读书。

没过多久,在扬州的几名同乡被警方抓获。团伙成员为了保护小勇,隐瞒了他的犯罪事实。不料,这些情况被一名狱友知道并揭发。2011 年 9 月 10 日,刚读完大一的小勇在贵阳被扬州警方抓获,一直到 2011 年 12 月份才被释放,小勇就此错过了大二上学期的全部课程。

资料来源:《贵阳晚报》,2012 年 3 月 15 日。

由这两类行为可以看出，教育金融抑制状况的出现对于学生行为造成的影响是深远的，既可能造成学生的永久性辍学行为，也可能影响当前仍在接受教育的学生，造成间断性辍学的行为，这两种行为都是对学生行为的扭曲。

第五章　教育金融抑制:调研与刻画

教育金融抑制问题是教育金融理论的重要组成部分,而人力资本积累又具有天然的抑制特征,因此作为一种经济状态,教育金融抑制需要被描述和刻画。

为实现这一目标,我们分别针对学生、高校、企业以及政府设计出相应的调查问卷,但由于教育金融抑制理论是一个首次将金融抑制元素引入教育领域的创新性尝试,加之时间仓促,我们只针对学生进行了调研。这是因为,一方面学生在教育领域中处于中心主体地位,他们的教育需求决策背后隐藏着千千万万家庭的行为决策,并从根本上决定着教育产业的规模和发展;另一方面学生在获得自身人力资本提高的同时也能够产生极大的正的社会效益,从而为经济社会的可持续发展提供强有力的人力资源支持。因此,针对学生进行问卷调查以及获得的教育需求方的一手数据,其必要性和特殊性不言而喻。

本章的重点在于突破了对教育金融抑制理论的难点,即教育需求方缺口的估计与衡量,我们对教育金融抑制状态的认识与理解从感性上升到理性,从抽象上升到具体。考虑到中国国民经济从数量到质量都有了合适的基础,可以说,着力解除教育金融抑制状态、促进教育金融机制发展,成为中国面临的一个亟待解决且正逢其时的重大课题。而这一课题的有效解决,有赖于专家学者、有关政府机构、教育从业者乃至所有教育需求方、教育资金供给方的共同努力。

第一节　学生调研问卷的设计思路

对于教育金融抑制问题的研究,理论层面上的创新固然十分重要,但抑制理论与现实的对接、抑制现象的存在形式与状态则是我们论证教育金融抑制理论合理性的现实基础,并为提出抑制解决方案创造可能性。本书主要从教育需求方的角度进行分析,因而更需要对学生的真实情况进行充分的了解。在此我们选择了学生调研问卷作为实证研究的主要形式，本节将对采用该调研方式的原因以及调研问卷的设计思路进行具体阐述。

一、问卷调研的必要性

作为一种科学、完善的调研方法，问卷调研具有独特的优势。首先，其调研对象具有广泛的代表性，被调查者能够独立自主地完成调研问题，减少了调查误差与失实，最大程度地保证了样本信息的真实性与有效性。其次，调查问卷能够一次性收集大量实用信息，包括态度、价值、理念、行为等受访者主观信息，从而对客观事实进行充分了解。最后，问卷调查的结果可以经统计技术处理演变为可供进一步挖掘的数据信息库，为我们进行更深入的研究提供数据上的支持。

而教育需求方的金融抑制研究的根本目的在于揭示学生这一自然人群体的教育资金供求状况，探寻教育金融抑制的深层次原因，从而找到解除教育金融抑制的根本路径。因此，深入到教育需求方群体之中进行调研是教育金融抑制研究的必然要求，具有十分重要的意义。其必要性可体现在以下几个方面。

（一）教育资金需求方群体的差异性

学生作为自然人，个体差异性是非常明显的，对一些问题的理解带有较强的主观色彩，这与每个人的成长环境、知识结构、个人经历都有密切联系。我们不能以偏概全地将个人的观点推广到整个群体，只有通过调研的形式深入到学生群体当中去，广泛搜集样本信息，才能了解学生差异化的真实想法。

同时，教育金融作为一门新兴的学科和独立的研究体系，仍然需要大力的推广和应用才能被人们所熟知。高校在校生有良好的知识架构和较高的综合素质，接受新事物的能力和创新性也十分突出。因此，学生对待这一新鲜事物的看法如何、建议或意见如何，不仅是我们当前进行教育金融抑制研究所必须关注的重点，也是教育金融理论进一步深化的基础，更关系到教育金融事业未来发展的前景。因此，通过调查问卷的形式，全方位了解学生对教育金融的接受性，对于探讨教育金融理论与现实的对接性、理论的合理性与延展性，都有极其重要的意义。

（二）学生融资方式具有一定的特殊性

学校或企业等其他融资主体作为独立的法人，其融资途径多种多样，可采用让渡经营权、实施股份制、BOT 项目融资、委托贷款、信托融资、融资租赁、资产置换、区域性资产证券化、发行债券、股票融资等方法进行融资。

然而,作为自然人的学生,筹集教育资金的途径非常有限。除了家庭资金基础外,目前能利用的无外乎民间借贷、银行借贷、学费减免、奖助学金、勤工助学等方式。这种融资方式上的特殊性,使我们不能按照对企业法人主体融资的理解来分析学生心理,更不能直接照搬企业融资的数据或方法对学生的融资方式进行创新研究。因此只有通过问卷调查,对学生实际融资规模、融资结构及其对现有融资结构满意度进行充分的了解,建立针对教育需求方自身的分析体系,才能从根本上得出准确的教育资金需求方融资规律。

(三)二手数据的不易得性

教育金融抑制是在教育金融研究的基础上对其在现实中教育需求方融资抑制现象的研究与阐释,由于教育金融具有初创性,相关文献资料较少,因而对其抑制的研究更是缺乏直观的可用资源,从而给原始数据和资料的收集都制造了很大的困难。

另一方面,指标设定具有独立性,在了解教育资金需求方的教育资金现状的过程中,我们必须找到教育资金的需求量、供给量以及各自内部结构比例,每个学生的学费、住宿费、生活费的数量,家庭融资、助学贷款、奖助学金、银行贷款、民间贷款、学费减免等资金来源在总融资额中各自所占比例,但是这些数据在《中国统计年鉴》等权威的数据库中是无迹可寻的。

以上几点都表明,教育金融抑制作为一个全新的领域,很难坐享前人的研究成果与数据资料,只能通过实际的调研,深入到学生的真实生活中去,获得真实的、鲜活的第一手资料。调研问卷作为一次性大量收集相关信息的良好工具,能从各个角度和层面收集到以上我们急缺的信息。

二、调查问卷的内容设计

基于上述分析,调研问卷成为我们对教育资金需求方调研的主要形式。问卷整体设计分为五大部分,包括导语、个人背景资料、教育资金供求结构、教育理念和教育金融制度调查。问卷设计的架构如图 5-1 所示。

图 5-1 明确了整个问卷的总体结构及每一部分调查的主要内容。整个调查问卷的重点在于结构中的后三部分,通过这三部分内容的安排,我们主要想获得几方面信息,即:教育资金的供需结构、学生自身的教育理念以及学生对分成制金融产品的认识。下面我们重点对这三个方面进行简要分析。

(一)教育资金的供需结构

教育资金的供需结构由教育资金供给结构和教育资金需求结构两部

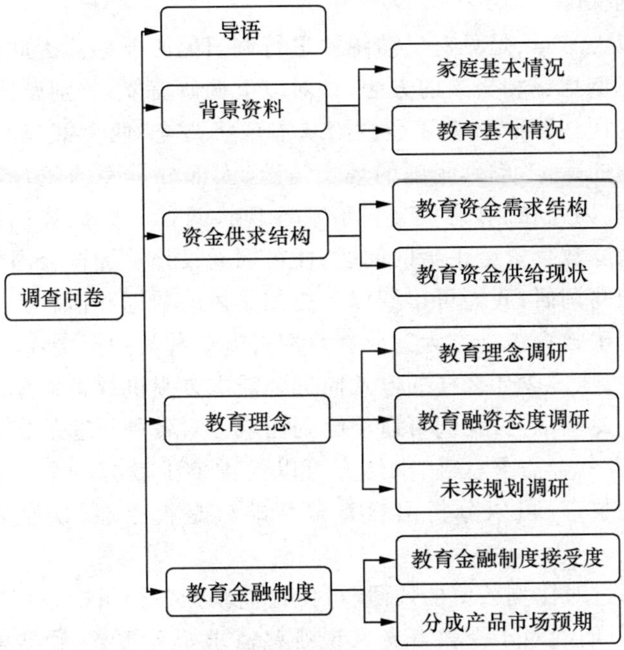

图 5-1　教育金融抑制现状调查问卷架构明晰图

分组成。教育资金的需求结构是指教育资金需求方为完成教育过程所必须使用的各种资金的数量及比例。而教育资金供给结构是指各教育资金供给方有能力并意愿提供给受教育方的资金数量及比例。调查研究教育资金的供需结构有以下几点原因:

首先,我们可以通过直接收集到的一手数据,了解教育资金市场的真实情况。上文中提到的二手数据的不可得性在此得到解决。通过一系列的数据分析和处理得到可靠、有效的信息,使得研究基础科学、真实,为理论的进一步拓展提供良好的条件。

其次,在数量和比例两方面对教育资金的供求现状建立清晰的认识。数量对应着结构的基底,比例描述着结构的切分。这样纵横交错式的综合把握,使得我们对教育资金供需的认知与理解更为深入、透彻,避免了单一地看问题造成的以偏概全,以便确切地把握问题的实质。

最后,检验教育金融抑制分析的合理性与教育金融理论发展的基础。教育金融抑制的存在在某种程度上反映了教育资金供给的不足,从而对教育产生了抑制作用,因此教育资金的供给是否充足成为整个理论研究的关键点,必须针对这一点进行完整的调研,在供需关系分析的基础上得出教育资金供给相对需求是否不足的确切答案,才能为理论的合理性和发展性提供根本的保障。

综合以上三点,足见对供需结构进行调研的必要性。因此我们采用数量指标与比例指标相交叉的方法,针对以上调研需要,分别设计了"教育资金需求结构评估"和"教育资金供给基本现状调查"两大部分的内容,这里要特别说明的是,考虑到我国的现实情况,大部分学生的教育资金都是由家庭来承担,因此在"教育资金供给基本现状调查"部分,我们特别设置了若干关于家庭教育资金供给的问题,使得问卷设计更加符合国情。

通过问卷调研,我们可得到以下更加具体的数据和信息:

(1) 明确教育需求方为完成教育都有哪些种类的资金需求;教育供给方都有哪些,他们以什么样的方式向资金需求方提供教育资金。

(2) 在此基础上,我们可以了解到需求方对各种用途的资金需求的绝对数量、教育资金需求总额、供给方可以提供多少教育资金。经过对两方数据汇总和整理,可以分析出教育资金缺口是否存在,缺口大小的绝对值等。

(3) 通过对比例数值的调研,可使我们获知各种用途教育资金之间的相对比例,以明确对于受教育者来说哪些需求至关重要,哪些需求因并不十分迫切而可被延迟满足;教育资金供给各方实力如何,供给实际效果如何;供给结构与需求结构是否相互匹配,供需结构是否合理;供需双方市场力量大小等因素。这些信息和数据将为我们的后续研究提供坚实的基础。

(二) 学生自身教育理念

自身教育理念可被定义为学生对自己接受教育的一系列观点和心态。根据微观经济学的基本理论,学生接受教育的偏好是决定其市场行为的基础。近几年来非常流行的行为金融学也主张从心理因素出发对金融现象进行研究。教育金融也融合了以上学科的研究特点,因此,对教育需求方在教育决策上的偏好和心理因素进行研究显得十分必要。同时,教育理念会不可避免地受到地域因素、文化因素、社会经济因素、教育资源水平等多种要素影响,教育理念也会存在丰富性与多样性。因此,我们有必要较为全面地考察学生的自身教育理念。为此我们在这一部分的调查中设置了"学生的教育投入产出理念""学生教育行为理念调查:消费心态、投资心态""学生理想受教育程度及相应教育资金缺口"三部分内容。

"学生的教育投入产出理念"是假设学生将教育本身看作一个投资项目并对它的投入产出进行分析,以测度学生心理上对教育的投资和收益是否认可。收集这部分数据的重点目的在于对受教育水平与收入水平、意愿投资数量三者之间关系进行分析,以衡量学生眼中,更高水平的教育是否

"值得"。

谈到了投资,我们就需要对学生的行为理念进行更进一步的分析。我们把"求学"这一教育行为所持有的心态定义为教育行为理念。具体来讲,教育行为理念可分为两种:投资理念与消费理念。投资理念更像是将教育看成一种个人投资,期望在接受教育后,不仅收获知识,更能够获得一定的收益回报,是一种基于自己未来规划的投资行为。而消费理念则是将教育当作一种购买服务的行为,更多的是期望当前获得知识,不考虑将来能够获得什么现金回报。应该看到,投资理念相对消费理念来说显得更为积极,也就是说投资理念显示出了受教育者对自身未来发展的规划性和自信心,认为接受更高层次的教育能够得到更多的经济收益和社会认可,而后者则具有一定的盲目性和消极性。通过调研问卷,我们不仅希望能够了解受教育者的真实教育行为理念,更希望学生能够发掘不同的教育理念观点,对更加合理、积极地调整自己教育理念产生正面影响。

至此,我们的调研都是建立在考虑现实条件约束——最主要的是资金约束的基础上,接下来我们希望通过抛开资金约束的假设,了解学生最理想的受教育水平,包括专业、学历水平、社会培训和出国意愿的考察。"学生理想受教育程度及相应教育资金缺口"这一部分问卷内容就是为明确这种理想教育水平而设计的。当然我们的最终目的还是重回现实,将这些理想的意愿与资金条件的限制进行对比,衡量出切实存在的教育资金缺口——这正是教育金融抑制理论探讨的关键现实基础。资金缺口的存在性一旦在调研结果中得到证实,就意味着教育金融需求未得到满足,教育金融抑制理论的现实性和合理性也就得到了充分的证明,同时也为教育金融产品的开发提供了诱致性因素,因此这一部分的调查显得尤为重要。

(三)学生对分成制教育金融产品的认识

所谓分成制教育金融产品是指投资方以所出资金入股,被投资方则以人力资本入股,双方共同参与被投资方的受教育过程,并对被投资方未来产生的收益按照一定比例进行分配的金融合约。换言之,学生依靠投资方提供的资金完成教育过程,而毕业后将按照一定比例,在一定时间内将自己工资的一部分作为投资人的回报。

为了使被投资方顺利完成学业并取得良好的收益现金流,投资方会在保证学生教育资金供给的基础上为学生提供增值服务,包括对学生人才甄别、培养方案设计、职业培训等,这不仅从根本上缓解了因资金供给不足造成的教育金融抑制现状,更能从侧面推动教育质量和水平的提高,最根本的是创造了巨大的、高质量的人力资本,而这正是教育金融产品的魅力所在。分成制的建立是对现有的债性教育金融制度的良好补充。我们诚挚地希望借助这次调查问卷能够在一定程度上加深学生对分成制教育金融产品的认识以及增大学生未来对此的潜在需求;同时通过学生对分成制教育金融产品的接受状况的调查,为我们寻找那些富有爱心、敢于创新的投资者提供必要的数据支持以及相关的市场前景预测。

应当明确的是,作为教育的主要参与方和教育金融市场的资金需求方,学生的认识和态度对教育金融产品能否成功地推行起到至关重要的作用。尽管在以债性教育金融产品为主要供给的时代,学生更大程度上是被动地接受现有制度安排,但他们的认识和态度仍然可以影响教育金融产品供给,如生源地贷款等债性教育金融产品就是根据学生的需求而催生的。因此了解学生对分成制金融制度及产品的认识水平如何、态度如何,有利于我们对金融抑制理论的充实,也为我们的产品设计更加符合学生的需求做好铺垫。根据定性、定量的动态分析需要,这一部分我们主要从学生对分成制教育金融产品选择意愿测度、学生意愿融资组合结构、学生对分成制教育金融产品进一步推广的看法三个方面,对学生的认识状况进行了解和分析。

不难发现,目前很多学生对分成制教育金融产品的了解并不充分,甚至可以说是一无所知。因此,我们不仅希望能通过问卷设计得到学生对教育金融认知水平现状的把握,也希望这一概念能够在学生当中引起一些对教育金融供给现状、教育金融产品的思考,使他们更加明确自身所处位置,并为更加人性化的教育金融制度的建立提出自己的合理建议。

第二节 基于调研结果的实证分析

由于本次调研的涉及范围广,总体人数众多,因而我们采取了分层抽样的调研方式。先通过对地域进行分类,按不同地域学生比例从各地域中随机抽取相应的被选学生作为初始调研对象,接下来以初始被选学生为基础,采用滚雪球的调研方法在其周围符合要求的人群中发放问卷。这种方式一方面能够尽可能地保证样本的代表性,另一方面又增强了调研的可操作性。在一个多月的调研过程中,我们共发放问卷 1 000 份,其中实际收回问卷 728 份,通过对问卷的统计与处理,最终得到有效问卷 671 份。接下来我们以此为基础,对教育金融抑制问题进行定量刻画。

一、教育资金的供求结构

教育资金的供求结构是指教育需求方教育资金的来源状况与使用方向,包括支出结构、来源结构以及由此衍生的相关比重。教育资金的供求结构往往与个人的家庭背景、教育理念、人生规划等密切相关,是展示教育金融抑制问题的重要窗口,因而是教育金融抑制研究的首要问题。

(一) 教育支出结构分析

通过对教育支出结构的分析,我们可以大致了解学生当前的教育资金需求以及使用情况,并以此为基础分析学生的人力资本效率。当前大学生的教育费用主要可归结为三个方面——学费与住宿费、生活费以及培训费。通过对调研结果进行整合,得到如图 5-2 所示的结果:

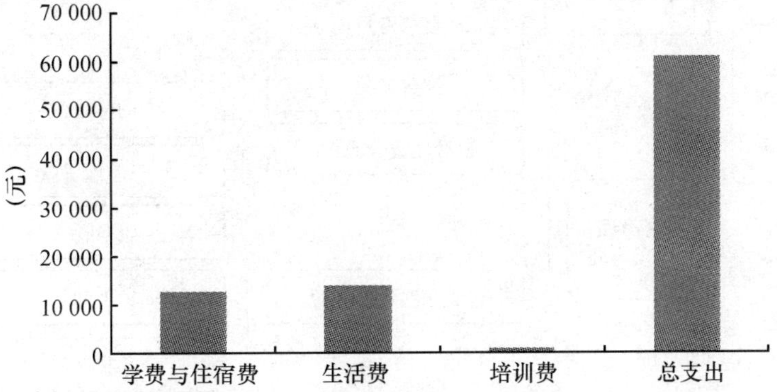

图 5-2　教育支出结构分布图

从调研结果中不难看出,在现有的教育支出模式中,生活费、学费与住宿费构成实际教育支出的主体,占总教育支出的 96% 以上,均远远大于学生在培训上的支出,这也意味着教育需求方在其人力资本积累期的积累效率方面存在极大提升空间。

学校教育仅仅是针对学生的平均水平制订的授课计划,不具备针对性与高效性。因此在这种体制下进行有针对性的培训活动,能够更好地提升人力资本积累效率,弥补在校教育的不足。通过培训以及自主考试能够获得在将来工作所必需的技能与经验,提高自身竞争力。从问卷反映的情况来看,现阶段大学生在课外培训方面的投入明显不足,这与教育资金短缺和教育信息不对称的现状密不可分。

(二) 教育资金来源结构分析

融资方为支付上述费用而产生的资金需求迫使其通过各种渠道进行筹集,从而产生了资金来源的结构。根据我国现阶段的教育金融产业和国家在教育领域的政策来看，融资方的资金来源可以分为以下几个方面：家庭、助学贷款、奖学金、兼职收入、社会慈善资助、勤工助学、一般性贷款（如民间贷款和银行信贷）、减免学费等。上述几种资金来源方式又可以进一步分为两种情况：一方面是指具有转移支付性质的资金来源，如家庭、奖学金、社会慈善资助、学费减免等；另一方面是指具体市场交易性质的资金来源，如兼职收入、助学贷款、勤工助学、一般性贷款等。这里我们假设助学贷款是具有金融性质的资金来源，其中交易性资金来源则归属于非金融性资金来源的领域。具体分类如图 5-3 所示：

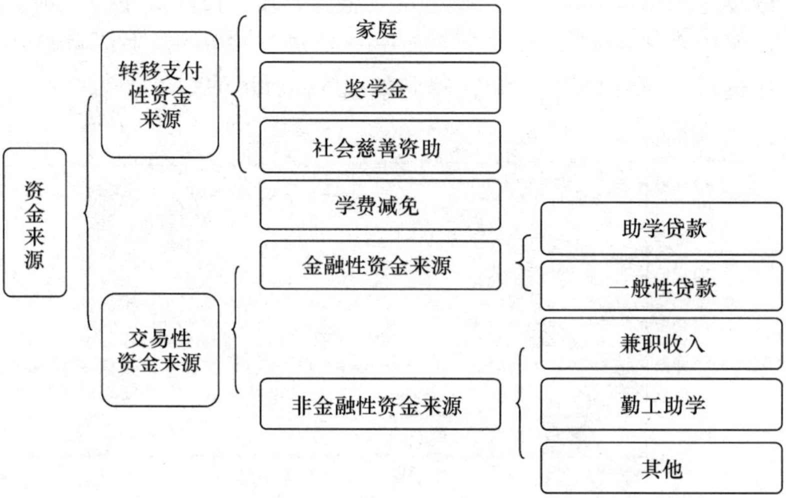

图 5-3 教育资金来源分类

按照上述分类对调研结果进行处理，我们发现现阶段我国学生融资资金的主要来源（指该部分的资金占整个教育资金的 80% 以上）分布呈现出以下情况（见图 5-4）。

从调研结果可以看出，我国绝大多数学生的教育所需要的资金首先来源于家庭，占总体比重的 73.5%；其次是学费的减免，占总体比重的 16%。然而根据我国现有的教育体制，学费减免这项政策主要是针对硕士及博士研究生阶段的学生，而对于绝大多数的本科生而言是没有意义的，因此其教育负担几乎全部由家庭承担。这一状况的持续必然导致学生的人力资本积累效率与家庭贫富状况挂钩，影响教育公平与效率。

另一方面，学生的教育资金的不同来源也会对学生的人力资本效率产生影响。由于转移支付性质的资金具有无偿性，因此其对学生的影响显著优于交易性资金。然而，这部分资金主要来自国家的财政，而国家

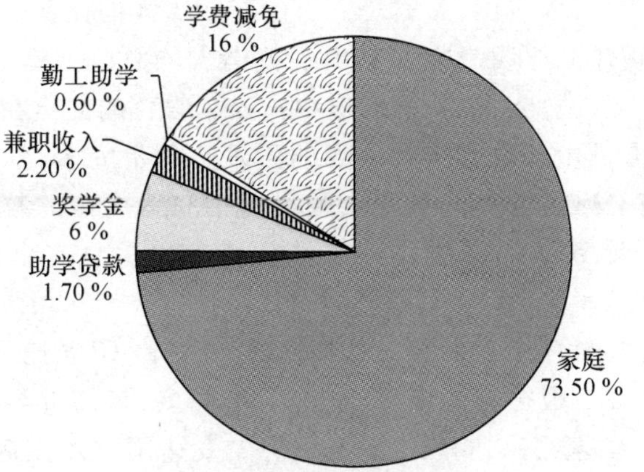

图 5-4　教育资金筹集方式

每年财政收入在教育上的投入是十分有限的,因而必然无法满足巨大的教育资金需求,难以从根本上缩小融资方的教育资金缺口。就交易性的资金而言,通过金融手段进行融资对学生的影响要远优于其他非金融手段,如兼职及勤工助学等。这是因为学生通过助学贷款和一般性贷款获得的资金不会影响学生的学习时间安排,而通过兼职和勤工助学获得收入则要以牺牲一定的学习时间为代价,影响学生的人力资本积累效率。

然而,在交易性手段明显不足的状况下,就其内部筹资而言,学生更多地选择了勤工俭学、进行兼职工作,而较少通过金融机构进行融资,图 5-4 中显示仅仅有 1.7% 的学生的主要资金来源于助学贷款。事实证明,这种选择并非说明学生不愿通过金融性手段进行教育资金的筹集,而是当前教育金融体系的不健全导致学生“无金可融”。在调研中我们发现,期望获得助学贷款的学生占总体的 26.5%,而实际获取助学贷款的学生只占总调研人数的 15.35%,其中,绝大多数学生并没有获得自己所需要的贷款数量。

(三) 教育支出比重分析

通过对教育支出结构以及教育资金来源的调研,我们可以从总体上对我国现有学生教育资金负担状况进行总结,主要通过对家庭教育支出占家庭总支出的比重以及公共教育经费占 GDP 的比重这两个指标进行分析。

我们可通过调研数据计算出家庭教育支出占家庭总支出的比重,其具体步骤是先计算出人均教育总支出,在总支出中提取出家庭所负担的比重,然后将其与家庭每年的可支配收入进行对比。通过计算,我们最终得出样本学生中家庭教育支出占家庭总支出的比重达 33.82%。

从上述结果可以看出，家庭总支出中有相当大的比例是进行了教育投资，产生这种现象的原因一方面是由于我国人均总收入基数小，继而从需求上制约了家庭的总支出，从而无形中扩大了教育的支出在总支出中所占的比例；另一方面由于教育金融市场的不发达和不完善，学生只能从家庭而不是从具有高融资效率的教育金融市场中获得所需的教育资金。上述这些因素共同导致了我国居民的家庭教育支出占总支出的比重偏大的现象。

从国家公共教育经费来看，一国财政性经费占 GDP 比重 4% 是世界教育水平的基准线。根据相关统计，在这一指标上，目前世界的平均水平约为 7%，而发达国家则高达 9% 左右，经济欠发达国家的比例也在 4%。近些年来虽然国家财政性教育投入在 GDP 中的比重逐年上升，逐渐实现了 4% 的既定目标，然而单纯依靠财政手段来解决教育资金问题可谓是杯水车薪，有限的财政资金在庞大的教育资金需求面前显得捉襟见肘。事实证明，消除当前教育金融抑制的现状才是解决教育资金问题的根本出路。

二、教育理念的实证分析

众所周知，经济学的微观基础是微观经济学，微观经济学的基石是理性经济人假设，而现代金融学所讨论的核心是风险，因而在研究金融经济学的微观主体过程的就必须讨论其风险偏好，只有这样才能够完善金融经济学的微观基础。同样，教育金融的微观基础是教育领域中的投融资双方的行为，因而对他们的教育理念必须有进一步的分析，从而找出不同理念下的教育需求方行为差异。

（一）教育理念及其相应的融资方式

教育理念是指融资方学生对于“求学”这一教育行为所持有的心态。具体而言，教育行为理念又可以分为两个方面：消费理念与投资理念。其中，消费理念是指教育资金需求方将受教育看成是一种购买服务的行为，更多的是考虑在当期获取知识时所获得的效用，而不考虑将来能够获得什么现金回报。而投资理念是指将受教育看成是一种基于自己的未来规划的投资行为，认为通过教育不仅可以获得知识，而且能够获得一定的收益回报。

就稀缺资金的学生而言，他们通过具体的融资方式而获取资金来实现上述教育活动，而所谓的融资方式是指融资方在受教育过程中，面对资金短缺时所持有的态度以及进行融资的方法。因此，不同教育行为理念的学生在融资方法上必然具有差异性,大体可以分为:消极融资方式与积极融资方式。

具体而言,消极融资是指那些融资方在面对因上学或某一不可避免的具体教育项目而出现的资金短缺,他们也会去借钱,但借钱的目的仅仅是完成当前的学习任务,因而并不考虑此项行为能够给自身带来的收益,即这类融资方将教育行为看成是一种经济学上的必需品,为了享受消费这种商品时的效用和运用相关的技能而迫使融资方不得不去融资,但也仅此而已,因而称这种具有强制性质的融资行为为消极融资。

与其完全相反的是积极融资,这种融资方式不限于某一具体教育项目,在教育资金不足的情况下只要该项教育活动在未来能够带来更多的收益(包括收入、声望、人生价值的实现),出于内心的意愿就会去主动融资,以便能够实现该项教育活动。也就是说,这类教育行为对融资者而言是一种经济学上的奢侈品,他们会根据该项活动的净现值的大小来决定自身的行为。只要判断出该项教育活动的净现值大于零,他们就会去主动融资以实现自身人力资本最大化。因而称这种具有主动性的融资行为为积极融资。

我们结合调研结果对融资方的理念与行为方式进行列联表分析,其结果如表 5-1 所示:

表 5-1 列联表分析结果

自由度	1	置信水平	0.01
卡方概率	1.4234E-11	卡方统计量	45.63682692
临界值	6.634896601		
检验结果	拒绝两种属性不相关的假设		

通过表 5-1 所显示出的列联表分析结果,我们可以相信融资方的两种属性:教育理念与融资方式之间存在相关性。为了进一步验证融资方两种属性之间的关联形式的猜测,我们将调研结果中反映不缺资金的融资方的数据排除掉后就不同教育理念与相应的融资方式的样本数据结果放在一起进行比较,得出如表 5-2 所示的统计结果:

表 5-2 教育理念分布状况

变量	消费理念	投资理念	融资方式
消极融资	68.67%	28.86%	36.62%
积极融资	31.33%	71.14%	63.38%
教育理念	19.48%	80.52%	100.00%

通过对表 5-2 的分析可以得出以下结论：

数据的结果大致能够证实我们前面论述的教育行为理念与融资方式之间的一一对应性猜想，并且可以预见，它们之间的趋同性会随着教育金融制度的不断发展和完善而不断提高。具体而言，消费理念的融资方有 68.67% 的比例在进行融资过程中会采取消极融资方式；投资理念的融资方有 71.14% 的比例在进行融资过程中会采取积极融资方式。

总体上讲，在全国本科生以上学历（包括本科生学历）的在校大学生中有 80.52% 的比例持有投资理念，同时有 63.38% 的比例在融资过程中会采取积极融资方式。而投资理念比例与积极融资比例之间的差距，即 80.52% - 63.38% = 17.14%，在一定程度上也反映了教育资金的抑制状态。产生这种差距的原因可能来自以下两方面：一方面是由于现存教育资金供给制度不能够为融资方提供足够的融资信息，从而驱使原本想要进行积极融资的融资方采取了消极融资的方式；另一方面可能是那些持有投资理念的融资方生活在消费理念占主体的环境中，出于趋同的天性而不得不进行消极融资。

（二）教育理念对人生规划的影响

虽然我们在前面讨论了教育理念对融资方行为的即期影响，但是由于教育金融的核心标的是融资方创造的未来现金流，因此，考察教育理念对融资方行为的远期影响至关重要。基于此我们把调研中的“深造”、“学历意愿”、“培训意愿”、“出国意愿”这四个选项作为衡量融资者远期行为的考察指标，主要原因是：一方面这些行为本身发生在远期；另一方面这些行为的不同结果直接影响融资方创造现金流的能力。虽然我们知道教育理念与融资方远期行为之间存在关系，但是不同教育理念是否会产生不同影响，或者说不同教育理念的融资方在上述四个衡量指标的规划下是否存在显著性差异，而不同的教育理念主要是指不同的教育行为理念，具体而言又可以分为消费理念与投资理念。因此，我们有必要对此进行理论上的检验，以确认是否存在显著性差异。由于投资理念与消费理念的样本数据不同，我们在此运用双样本异方差 t-检验（即异方差 t-检验）进行检验，其结果如表 5-3 所示：

表 5-3　双样本异方差检验

H_0		不同教育行为理念者在人生规划上没有显著性不同			
H_1		不同教育行为理念者在人生规划上有显著性不同			
变量		深造意愿①	学历规划意愿②	培训意愿③	出国意愿④
消费理念	平均值	0.500	2.400	0.654	0.731
	方差	0.261	0.500	0.235	0.205
投资理念	平均值	0.893	2.434	0.872	0.813
	方差	0.963	0.683	0.112	0.152
假设平均差		0	0	0	0
显著性水平		0.05	0.05	0.05	0.05
t-Stat		-3.698	-0.228	-2.241	-0.895
$P(T\leqslant t)$单尾		0.001	0.411	0.017	0.189
t 单尾临界		1.708	1.696	1.701	1.699
$P(T\leqslant t)$双尾		0.001	0.821	0.033	0.378
t 双尾临界		2.060	2.040	2.048	2.045

通过表 5-3 所呈现出的数据,我们发现不同教育行为理念下的融资方在深造意愿和培训意愿方面的异方差 t-检验中,t-Stat 值大于双尾临界值。所以,在 5% 显著性水平下,能够拒绝原假设 H_0,即不同教育行为理念的投资方的深造意愿和培训意愿有显著性的不同。而不同教育行为理念是在学历规划意愿和出国意愿方面的异方差 t-检验中,t-Stat 值均小于两个临界值。所以,在 5% 显著性水平下,不能拒绝原假设 H_0,即不同教育行为理念所持有的态度没有显著性不同。

上述结论与理论分析的结果并不完全一致,但符合我国现阶段教育领域的学历安排计划以及资金供给的现状与特征。具体而言,一方面在我国针对人力资本积累期的教育领域与教育市场发展相对不完善、不健全的条件下,处于人力资本积累期的融资方在学历规划意愿和出国意愿方面没有显著性不同,这是因为在现存的教育供给制度的条件下针对他们设计的教育产品空间相当狭小,而这种狭小的选择空间导致不同教育行为理念的融资方在人生规划的选择上具有趋同性;另一方面不同行为理念的融资方在深造意愿和培训意愿上却出现了显著性不同,这是因为虽然针对人力资本

① 是否会深造:是取值 1,否则为 0。

② 本科生毕业取值 1,研究生毕业取值 2,博士生毕业取值 3,在职或 MBA 学生取值 4。

③ 是否参与培训:是取值 1,否则为 0。

④ 是否具有出国意愿:是取值 1,否则为 0。

积累期的培训市场不完善、不健全，但是针对人力资本成熟期的培训市场却发展得十分迅速，因此投资理念的融资方在人力资本积累期后期阶段可能会寻找一些虽然是针对成熟期的相关培训，但实际上却适合刚进入市场的学生的培训，从而获得更加高效的人力资本积累效率以及降低将来上市的风险，即随着融资方逐步步入成熟期，教育产品空间不断扩大势必导致融资方的选择多种多样，而这种不断扩大的可供选择的教育产品空间使得不同教育行为理念的融资方在培训与深造意愿上出现差异性。

因此，我们从上述角度去考察融资方的远期行为，并通过对调研结果的处理，得出如图 5-6 所示的结果。

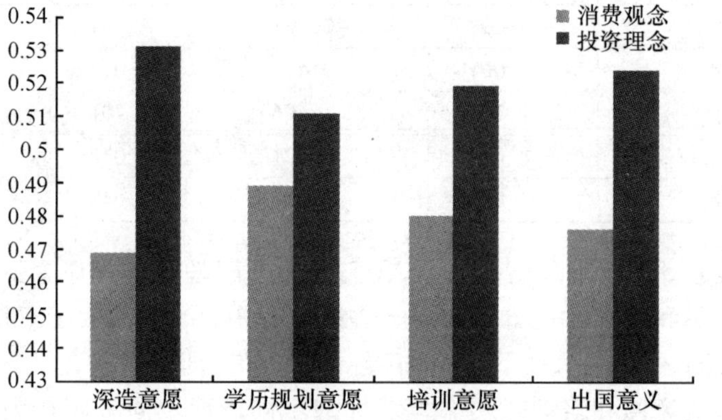

图 5-6　教育理念远期影响

通过对图 5-6 的分析我们可以得出以下结论：

（1）从教育行为理念的角度分析，具有投资理念的融资方在远期意愿规划上的数据均高于消费理念融资方的数据。这反映出投资型融资方更加注重人生的远期规划且对未来具有更强的信心，不仅认为通过长期的教育能够为自身未来的发展奠定夯实的基础，而且认为通过长期的教育学习能够实现高效率的人力资本积累，并通过自身的积累反哺在积累期的教育成本。

（2）由于前面的分析，我们知道教育行为理念与融资方式之间存在一定的对应关系，因而我们可以预测出学生在远期意愿规划的融资方式上更倾向于选择积极融资的融资手段。而原因主要在于：一方面，由于消费型融资方把教育行为看成是一种具有必需品性质的活动，因而他们在融资过程中必然受到必需品的必需性质的强制，并将处理融资过程中的各种问题当成一种学习过程中的成本，因而会产生消极的效用。另一方面，投资型融资方根据教育行为的净现值是否大于零决定其是否融资，因而这类融资方的融资过程必然是出于内心的主动意愿，并将处理融资过程中的各种问题当成一种人力资本积累，因而会产生正的效用。因此，从总效用水平的角度就可以了解为什么现实中持有积极融资方式的学生多于消极融资的学生。

通过对教育理念的分析，我们看到随着时代的进步，越来越多的教育需求方具有一定的投资理念，他们对于教育的态度不再满足于现实的需要，而是将目光放在未来，为将来获得更大的人力资本回报而进行投资。然而，由于我国金融市场起步较晚，教育金融制度缺失使得这部分具有先进理念的教育需求方往往处于无处融资的尴尬境地，其融资的期望与现实状况具有相当大的差异，从而使得先进的理念进一步加剧了金融抑制的程度。

三、分成制教育金融产品的市场预期

众所周知，金融市场是资金需求方解决资金稀缺问题的主要场所，而金融产品则是将资金从富裕者手中转移到稀缺者手中的媒介。同样，教育金融市场是融资方学生进行融资的主要场所，而教育金融产品则是解决这一问题的媒介。

我国现阶段的教育金融产品仅体现在债性金融产品方面，主要形式即为助学贷款。但由于助学贷款的高风险—低收益的性质与其发放主体银行的“三性原则”——安全性、流动性、盈利性——具有天然的冲突，从而导致银行的惜贷现象严重，致使在助学贷款市场上供不应求，大多数学生无法获得意愿的教育资金。而以分成制教育金融制度为主的股性教育金融制度尽管具有很强的优越性，并且能够很好地解决一系列教育资金问题，但其毕竟属于新生事物，能否被人们所接受以及教育需求方的接受程度是我们所关注的焦点。

面对现有的教育资金供给制度，我们主要从整体结构上对分成制教育金融产品的市场预期进行分析。而学生的预期需求结构主要体现在教育金融产品的意愿融资比例和教育金融产品的投资组合这两个方面，其具体情况则如下文所述。

我们先从教育金融产品的意愿融资的角度，主要考察的是融资方会利用多少份额的教育金融产品作为其解决所缺资金的融资手段，其结果如表5-5所示：

表 5-5 教育金融产品融资比例

解释变量	0%—20%	20%—40%	40%—60%	60%—80%	80%—100%
融资比例	32%	28%	26%	9%	5%

从表5-5中不难看出，教育需求方总体上对分成制教育金融给予了充分的肯定，但出于对新生事物的顾虑，绝大多数人选择了较低的融资比例进行尝试，87%的被访者选择了0%—60%的区间。通过表格数据我们计算出愿意用教育金融产品进行融资的期望比例为：

$$32\% \times 10\% + 28\% \times 30\% + 26\% \times 50\% + 9\% \times 70\% + 5\% \times 90\% = 35.4\%$$

从教育资金供给者的角度而言，教育需求者在解决教育资金欠缺问题上，平均愿意用35.4%的份额的教育金融产品来实现教育的融资。此项数据说明了教育金融市场的极大的需求量，即在教育金融领域的投资是有利可图的。而从教育资金的需求方的角度而言，由于教育金融产品市场发展的相对滞后性导致存在35.4%的意愿投资比例的缺口，表明在教育金融领域存在比较严重的金融抑制问题和进行教育金融产品的研究与创新的必要性和紧迫性。

同时由于分成制教育金融产品的产生与引进，丰富了教育金融产品内涵。因此，我们有必要从教育金融产品的投资组合的角度对融资方的行为进行考察，探讨融资方结合自身教育资金供给情况对助学贷款和分成制教育金融产品进行合理选择。面对可供选择的教育金融产品，学生也持有不同的意愿，具体情况如表5-6所示：

表 5-6 教育金融产品的分布

变量	助学贷款	分成制教育金融
权重	55%	45%

通过数据分析，我们发现在现阶段教育资金供给模式下，学生选择助学贷款的比重大于分成制教育金融的比重，这个结论与理论分析的结果不一致，却符合我国教育金融市场的现实和特征，其主要原因是：一方面，分成制教育金融产品才刚刚步入研发阶段，相对于助学贷款的成熟而言，学生对分成制教育金融的认识不够彻底，因而趋于规避风险的天性必然会放弃较新的教育金融产品。另一方面，教育需求方从回避风险的角度出发，趋向于从成本而非收益的角度对教育金融产品进行选择，因而忽略资金供给状态的影响，进而导致他们会自然而然地认为以一定比例的未来收入作为对投资方的回报远远高于助学贷款所需要支付的本金与利息。

通过上述讨论，我们从结构上加深了对分成制教育金融产品的优越性和高效性的理解。为此，我们对含有“分成”思想的融资手段是否可以进行推广的问题进行了调研，研究结果显示，有56%的融资方认为应该将这种理念进行推广，以实现更大范围的融资需要。结合上述教育理念，我们在调研过程中针对分成制金融产品的意愿融资比例进行了调研，其结果显示为15.93% =35.4% ×45%，也就意味着现阶段面对这一新生事物，融资方愿意通过分成制解决15.93%的教育筹资问题。因而可以预见，在不久的将来，随着教育金融抑制的消除，分成制金融产品从理论走向现实，必将迎来更加广阔的需求空间。

第三节　教育金融抑制程度

通过上一节的分析，我们知道教育金融对于需要进行融资的学生异常重要，完善高效的教育金融市场不仅可以提高学生的融资能力和加强继续深造的意愿，而且能够真正实现教育与家庭贫富脱钩，进而实现学生的人力资本向着最优化的均衡点趋近。

然而，近几年来，理论研究和经验分析主要集中于从助学贷款的角度进行分析，而对教育金融产品——资产证券化、分成制等——的创新与研究却十分匮乏。这些研究成果表明，在发展中国家，教育信贷市场的效率低下，学生，特别是来源于贫困家庭的学生的金融抑制程度普遍较高。与发达国家相比，我国教育金融抑制程度尤其高，除了利率管制、逆向选择、交易成本等信贷市场不完善的共同根源外，我国现有的金融市场氛围不利于金融产品的创新，因而更不要提教育金融产品的创新与研究，直接或间接地减少了教育金融领域的市盈率和削弱了学生的融资能力，导致教育金融资金严重匮乏，成为我国教育金融抑制最重要的原因之一。那么，我国教育金融抑制的程度究竟有多高呢？定量地回答这个内容，正是本节的研究内容和目标。

早期估计教育金融抑制的程度及其对产出影响的方法之一是，分别估计借款学生和非借款学生的供给函数或家庭资产函数，然后比较两者的估计量；方法二是，将借款和非借款学生的样本数据混合起来，用以估计家庭资产函数或供给函数。而在本节的研究过程中，我们将使用biprobit模型估计教育金融抑制的程度。这是因为它把握了在教育金融市场（主要指助学贷款市场）上广泛存在的信贷配给问题，很好地反映了在助学贷款市场上存在极为普遍的金融抑制这一特定现状。

一、样本数据分析

在对教育需求方的问卷调研中,我们收集了这些学生的个人背景、教育资金条件、教育理念调查、教育金融制度的相关数据,这为我们估计教育金融抑制的程度提供了丰富的数据资源和经验证据。

表 5-7 给出了主要自变量名称以及描述,表 5-8 给出了所有变量的数据的统计特征。

表 5-7 主要自变量名称及描述

自变量	描述
yddesire	是否存意愿资金缺口:存在取值 1,否则为 0
Loanindex	是否获得助学贷款:获得取值 1,否则为 0
Sex	性别:男生取值 1,女生取值 0.
FamN	家庭兄弟姐妹数
HouR	户籍:农村取值 0,城镇取值 1
Dist	籍贯区域:西南地区与西北地区取值 1,中部地区和东北地区取值 2,东部沿海地区取值 3
Edu	学历:将入大学取值 1,大学在读取值 2,研究生在读取值 3,博士生在读取值 4
FeeTui	学费与住宿费(元)
Allowance	年平均生活费(元)
FeeCul	自主考试与培训费(元)
GInc	总收入(元)
ReBol	亲友借贷(元)
GAss	总资产(元)
DisTFee	可支配教育资金
Con1	是否认同受教育者的收入比没有受教育者的收入高:认同取值 1,否则为 0
Con2	是否认同学历越高的人收入越高:认同取值 1,否则为 0
Con3	是否认同学校越好进入的难度越大:认同取值 1,否则为 0
Con4	是否认同为上更好的学校而愿意支付更高的学费:认同取值 1,否则为 0
Con5	是否认同会因高额的费用而停止深造:不认同取值 1,否则为 0
ActCon	教育行为理念:消费理念取值 0,投资理念取值 1
AdvCon	是否会深造:会取值 1,否则为 0
BaiCon	融资方式:不缺资金取值 0,消极融资取值 1,积极融资取值 2

（续表）

自变量	描述
DisEdu	学历规划意愿:本科生毕业取值1,研究生毕业取值2,博士生毕业取值3,在职或MBA学生取值4
DisCul	培训意愿:参与培训取值1,否则为0
DisImm	出国意愿:具有出国意愿取值1,否则为0

表5-8　模型中变量的样本数据的统计特征

变量	样本个数	均值	标准差	最小值	最大值
yddesire	671	0.618	0.486	0	1
Loanindex	671	0.154	0.361	0	1
Sex	671	0.544	0.498	0	1
FamN	671	1.652	0.838	1	4
Dist	671	2.141	0.726	1	3
HouR	671	0.611	0.488	0	1
Edu	671	2.410	1.033	1	4
FeeTui	671	12 511.180	8 199.168	5 000	30 000
Allowance	671	13 868.850	6 623.168	6 000	36 000
FeeCul	671	939.270	731.322	500	3 000
GInc	671	57 444.110	54 600.200	10 000	200 000
ReBol	671	15 283.160	39 471.250	0	200 000
GAss	671	97 004.470	77 642.300	10 000	200 000
DisTFee	671	42 101.340	53 593.790	10 000	200 000
Con1	671	0.809	0.393	0	1
Con2	671	0.507	0.500	0	1
Con3	671	0.888	0.315	0	1
Con4	671	0.753	0.432	0	1
Con5	671	0.416	0.493	0	1
ActCon	671	0.793	0.406	0	1
AdvCon	671	0.794	0.404	0	1
BaiCon	671	1.085	0.898	0	2
DisEdu	671	2.477	1.004	1	4
DisCul	671	0.799	0.401	0	1
DisImm	671	0.756	0.430	0	1

二、信贷配给模型及其经验分析

教育金融对于学生而言异常重要，建立与完善高效的教育金融市场不仅可以提高学生的人力资本效率和福利水平，而且能够为中国的可持续发展提供强有力的人才支持。然而，其相关的实证与经验分析成果却十分稀少，而关于教育金融抑制的实证研究更接近于空白。

值得庆幸的是，由于农民和学生这两类经济主体在所处的金融市场环境和资金需求方面存在明显的相似性，因而已有的针对农业领域的金融抑制理论的研究从理论上为我们的教育金融抑制的研究提供了极其丰富的研究经验；同时关于农业金融抑制的实证研究也从方法论上为我们的教育金融抑制的实证研究提供了可供借鉴的数学模型。通过相关的研究，我们发现带有内生标准函数的 switching 模型和 biprobit 模型的运用使得针对各领域的金融抑制研究在研究方法上实现了质的飞跃。因此，基于从方法论角度出发的分析，我们尝试着将这个在一定程度上具有元素性质的 biprobit 模型引入我们的教育金融抑制的实证研究，然后，运用样本数据进行分析，并对估计结果进行解释和分析。

（一）biprobit 模型

当学生所需要的借款数少于其从正式或非正式金融市场上获取的借款数时，我们就说融资方学生存在金融抑制。金融抑制有两种情况，其一是学生有需求，但融不到任何款项，完全得不到满足；其二是学生有需求，但只能融到部分款项，即部分满足。在当前的现实生活中，由于金融管制、逆向选择和道德风险等原因，融资方除了家庭外，最主要的金融性融资手段就是助学贷款。Biprobit 模型及其估计方法比较适合分析信贷配给问题并符合样本的数据特点，因而本文采用该模型及其方法来估计教育金融抑制程度。

令 y_s^* 代表资金供给意愿的隐含变量，y_s 代表是否愿意提供资金的决策变量，y_d^* 代表学生资金需求意愿的隐含变量，y_d 代表学生是否意愿申请贷款的决策变量，X_1 为影响学生贷款需求的解释变量，X_2 为影响资金供给的解释变量。假设 ε_1 和 ε_2 服从联合正态分布，建立联立模型如下：

$$\begin{cases} y_d^* = X_1'\beta_1 + \varepsilon_1, \quad 若\ y_d^* > 0,\ y_d = 1;\ 否则\ y_d = 0 \\ y_s^* = X_2'\beta_2 + \varepsilon_2, \quad 若\ y_s^* > 0,\ y_s = 1;\ 否则\ y_s = 0 \end{cases} \tag{1}$$

$$E[\varepsilon_1] = E[\varepsilon_2] = 0, \quad \mathrm{Var}[\varepsilon_1] = \mathrm{Var}[\varepsilon_2] = 1, \quad \mathrm{cov}[\varepsilon_1, \varepsilon_2] = \rho$$

只有当学生具有资金需求（$y_d = 1$）且资金供给方愿意向其提供资金

($y_s=1$)时，交易才会发生，此时才能实际观察到学生的融资行为，这是样本所能够提供的最大信息。将融资行为记作 y，

$$当\ y_d = 1,\ y_s = 1\ 时，\quad y = 1;\ 否则,\ y = 0 \tag{2}$$

上式是一个典型的 biprobit 模型，且观测值具有部分可观察性的特征。这类模型最早是由 D. J. Poirier(1980)所提出的，模型估计采用最大似然法(MLE)，其对数似然函数如下：

$$\begin{aligned}
&\mathrm{Ln}L(\beta_1,\beta_2,\rho)\\
&\quad = \sum_{i=1}^{N}[y_i \ln P(y_i = 1) + (1 - y_i)\ln(1 - P(y_i = 1))]\\
&\quad = \sum_{i=1}^{N}[y_i \ln \Phi(X_1\beta_1, X_2\beta_2;\rho) + (1 - y_i)\ln(1 - \ln\Phi(X_1\beta_1, X_2\beta_2;\rho))]
\end{aligned} \tag{3}$$

这个模型能够有效地利用 ε_1 和 ε_2 之间的相关性，从而得到更准确的估计。不过，由于某些被解释变量无法被完全观察到，其模型估计的有效性必然受到一定的影响，这是因为信息的限制而不得不支付的成本。我们对教育金融抑制程度的衡量，采用下列公式：$P(y_d^* > y_s^* \mid y_d^* > 0)$，即在需求大于零的条件下，融资方学生所需资金数额得不到满足的比例(概率)。其计算公式如下：

$$\begin{aligned}
&P(y_d^* > y_s^* \mid y_d^* > 0)\\
&\quad = P(X_1\beta_1 + \varepsilon_1 > X_2\beta_2 + \varepsilon_2 > 0)/P(y_d^* > 0)\\
&\quad = P(\varepsilon_2 - \varepsilon_1 < X_1\beta_1 - X_2\beta_2, \varepsilon_1 > -X_1\beta_1)/P(\varepsilon_1 > -X_1\beta_1)\\
&\quad = P\left(\frac{\varepsilon_2 - \varepsilon_1}{\sqrt{2-2\rho}} < \frac{X_1\beta_1 - X_2\beta_2}{\sqrt{2-2\rho}}, -\varepsilon_1 < X_1\beta_1\right)\Big/P(-\varepsilon_1 < X_1\beta_1)\\
&\quad = \left[\Phi_{BN}\left(\frac{X_1\beta_1 - X_2\beta_2}{\sqrt{2-2\rho}}, X_1\beta_1, \sqrt{(1-\rho)/2}\right)\right]\Big/\Phi(X_1\beta_1)
\end{aligned} \tag{4}$$

这里的 Φ_{BN} 和 Φ 分别为联合正态分布函数和正态分布函数，其中 $\varepsilon_2 - \varepsilon_1 \sim N(0, \sqrt{2-2\rho})$。

(二) 经验分析及其讨论

运用样本数据，对 biprobit 模型进行估计，结果见表 5-9。

表 5-9 Biprobit 模型的估计结果

变量	需求方程		供给方程	
	估计系数	标准差	估计系数	标准差
FamN	0.1985***	0.7884	0.2803***	0.0763
HouR	-0.6926***	0.1352	-0.5279***	0.1388
Dist	-0.2918***	0.0803		
Edu			-0.2274***	0.6008
Con5	-0.4774***	0.1154		
ActCon			-0.5892***	0.1471
AdvCon	0.3553**	0.1398		
DisImm	0.9144***	0.1335	-0.3689	0.1383
FeeCul	-0.0002117***	0.0000756	-0.0002072*	0.0001133
GInc	-5.34e-06***	1.26e-06		
GAss	-2.06e-06**	8.86e-07		
constant	1.2657***	0.3359		
	LR chi2(9)①	222.92	LR chi2(6)②	87.62
样本数	671		671	
Log likelihood	-334.6228		-243.8728	
$P(y_d^* > y_s^* \mid y_d^* > 0)$	71.15%			

注：***、**、*分别表示在1%、5%和10%的统计水平上显著。

1. 需求的影响因素

首先，从教育背景的角度进行分析，户籍、家庭兄弟姐妹数和籍贯区域都对学生存在教育资金需求缺口产生影响。其中家庭兄弟姐妹数与学生教育资金需求缺口呈现出正相关关系，且在1%的统计水平上显著，也就是说家庭子女数越多，教育资金的需求缺口也就越大。而户籍和籍贯区域都与教育资金需求缺口呈现出负相关关系，且在1%的统计水平上显著。具体而言，农村居民存在教育资金需求缺口的比重大于城市居民。这是因为我国长期存在的以农促工、重城市轻农村、重市民轻农民的政策与意识形态，导致我国城乡居民收入差距不断扩大。因而在面对相同的教育费用支付时，农村居民更需要借助助学贷款等金融性产品进行融资。同时，西中部地区的学生存在教育资金需求缺口的比重要远远大于东部沿海地区，产生这种现象的原因可能在于东部地区的经济发展优于中西部地区，从而

① 表示在需求函数的实证研究过程中进行自由度为9的卡方检验。

② 表示在供给函数的实证研究过程中进行自由度为6的卡方检验。

导致东部地区与中西部地区的人均收入水平有差距,在面对相同的教育资金问题上,中西部地区家庭更有可能会出现教育资金缺口的问题。

其次,从教育资金角度进行分析,培训费用、总收入和总资产都与教育资金需求缺口呈现出负相关关系,且都在1%的统计水平上显著,即在这些方面的教育资金越多,教育资金需求缺口的可能性越小。其中总收入和总资产对教育资金需求缺口产生的影响十分清晰,但自主考试与培训费用对其产生负影响这个结论与理论分析的结果虽然不一致,却符合我国现阶段对待积累其人力资本的培训市场不够重视的现状和特征,其主要原因是,由于相应市场的不发达使得学生即使想进行培训也没有机会,这就导致原来用于培训的教育支出预算会一直储存下来,进而即使相应费用的增加也不会提高出现教育资金需求缺口的概率。

最后,从教育理念和人生规划的角度考察学生的资金需求量,从表5-9中可以发现深造理念和出国意愿对学生教育资金需求缺口的影响是正向的,这说明学生的教育金融资金需求缺口与出国意愿和深造理念之间呈正相关关系,且都在1%的统计水平上显著。

2. 资金供给的影响因素

首先,从参与者的教育背景角度进行分析。家庭兄弟姐妹数对教育金融资金供给的影响是正向的。我国现有的助学贷款的发放模式采取的是引入家庭的四主体模型,而学校在发放助学贷款过程中必须对学生背景进行了解,而兄弟姐妹数也是考察的一个主要因素。因此,在家庭教育资金供给既定的条件下,兄弟姐妹数越多,每位子女能够获得的教育资金就相应地减少,而学校基于这方面的考虑就会增加对其提供助学贷款的几率。而户籍以及现阶段学历对教育金融资金供给的影响是负向的,且都在1%的统计水平上显著。具体而言,城市居民的助学贷款实际获取资金小于农村居民的获取量。这是因为城市的人均收入水平远远高于农村收入水平,因此农民居民在面对相同的教育支出时,更易于碰到资金短缺的问题。所以学校在助学贷款的资金分配上更倾向于农村的学生,因此农村的学生实际能够获得更多的助学贷款金额。现阶段学历与教育金融资金的实际获取呈现出负相关关系,即表明随着学历的不断提高所需要的教育金融资金逐渐减少。这是因为我国现阶段的教育资金供给制度对研究生与博士生而言有财政性转移性质的补助且人口基数小,而本科生无法获得上述补助且人口基数大,所以在助学贷款的实际供给上更加倾向于本科生,即助学贷款的资金供给有向低学历学生倾斜的现象。

其次,从教育资金角度进行分析,自主考试与培训费用对教育金融资金的供给产生了负影响，且在 10% 的统计水平上显著。而产生这种现象的原因在于，现有的教育制度安排下，学校未能将自主考试与培训看作是学生在校学习的一部分，即学校应该给予关注与授课的一部分，而仅仅认为这种行为是个人行为。进而当融资方学生拿着从学校获得的助学贷款去进行相应的培训而非用于支付学校授课体制之内的花费时，这会在一定程度上对学校的后续助学贷款的发放产生负效应，从而降低融资方学生获取教育金融资金的几率。

最后，从教育理念和人生规划的角度进行考察，教育行为理念对教育金融资金的供给的影响是负向的，且在 1% 的统计水平上显著。这个结论与理论分析的结果虽然不一致，却符合我国现阶段就业的现实与特征，其主要原因是大学生在就业过程中往往会出现专业不对口的现象，导致融资方会大大低估接受相关培训的净现值，以至于拒绝参加某些本应该参加却没有参加的培训，从而减少了缺少教育资金的几率，进而减少了助学贷款的实际获取量。而消费型理念的融资方却不会考虑净现值，而主要考虑该培训是否必需。当培训能够带来较大的能力提升时，该类型融资方会认为培训必需，从而增加了获取教育资金的几率，进而增加了助学贷款的实际获取量。

（三）教育金融抑制程度值

在估计出 biprobit 模型的各项系数后，运用公式（4），我们就能够很方便地计算出 $P(y_d^* > y_s^* | y_d^* > 0)$（需求数额没有被满足的程度），即教育金融抑制的程度 $P_2 = 71.15\%$，它反映的是融资方实际教育金融资金缺口与融资方意愿的融资金额的比例。

联想前面章节尤其是第三章的内容以及此处呈现给大家的关于教育金融抑制程度的数值 $P_2 = 71.15\%$，读者会因前后几个数值的不一致而感到困惑，但对这些数据进行进一步的解读将有利于读者加深对教育金融抑制现象的认知。在第三章第四节“教育助学贷款制度”中，笔者提及两个数据：(1) 受资助的学生占本、专科生总人数的比例为 $N_3 = 18.24\%$；(2) 2009 年家庭经济困难学生占在校生总人数的比例为 $N_4 = 23.06\%$。依据这两个数据，我们可以得到教育金融抑制的指标 $P_3 = (N_4 - N_3)/N_4 = 20.902\%$，该指标主要从教育金融配给的角度反映教育金融抑制程度。同时，在第五章第二节“基于调研结果的实证分析”中，笔者提及了教育金融抑制数据 $P_1 = 21.287\%$。此数据主要是从教育理念的角度反映教育金融抑制程度。我们可以发现 P_1、P_3 与 P_2 之间存在巨大差距，主要原因在于：P_1、P_3 这两个指标主要是从某一个角度反映教育金融抑制现象，而 P_2 则是从总体上反映教育金融抑制程度。根据教育金融抑制的定义,我们可以知道并且在衡量融资方教育金融抑制问题时更应该侧重于横向意愿的教育资金缺口(意愿的教育资金缺口=意愿的教育资金需求-实际获取的教育资金),而P_2恰恰是从这个角度对教育金融抑制问题进行研究。

第四节 教育金融抑制指标体系的初建

本章前三节通过问卷调研的方法对教育金融抑制程度进行了定量刻画。虽然对教育金融抑制的定量研究有了一定成果,但问卷调研方法仍存在一定的局限性,如工作量大,不具有宏观性、稳定性、连续性等。因此,科学全面地制定教育金融抑制指标,健全国家教育方面的统计数据,为国家政策的制定提供持续稳定的客观依据是我们进行金融抑制实证研究要考虑的重要问题。

若想实现上述目标,就需要对问卷调研进行补充。构建教育金融抑制指标体系是最好的办法。指标体系指由若干个相互联系的统计指标所组成的有机体。根据测量的需要,构建分级指标,有助于对各指标进行深入分析,并且还有助于指标体系的逐步完善。而教育金融抑制发展指标体系是根据研究目的和对象的特征,把客观上存在联系的、说明教育金融抑制现象的多个指标科学地加以分类和组合而形成的统计指标体系。它能反映一个国家或地区在一定历史条件下的教育金融发展状况。

因此,无论是作为问卷调研的补充还是作为国家政策的参考建议,构建教育金融抑制的指标体系都意义重大。本节将初步阐释教育金融抑制指标体系的构建逻辑和构建方法,并对具体指标进行具体含义阐释。

一、从金融抑制指标到教育金融抑制指标

由于指标体系有一定的优势,因此金融发展水平与质量通常通过金融发展指标来揭示。金融抑制是金融发展的一个方面,因此金融抑制指标是金融发展的数量标志,也是对金融发展理论的重要结论进行实证检验的基础。纵观金融发展指标的发展历程,从最初的金融相关比率到现在日益丰富的指标体系,不仅体现了金融发展指标覆盖金融发展功能日益全面的过程,也体现了金融发展指标的演进逻辑。而随着金融抑制指标在中微观层面的应用也为我们构建教育金融抑制指标提供了理论上和方法论上的借鉴意义。但毕竟教育金融抑制指标是一个首次将金融抑制指标引入教育领域的创新性尝试,加之时间仓促,我们也仅仅只能从逻辑与方法的角度

对其进行延伸与深化,而其是否能够经得住后续的研究与检验,有待我们进一步的研究与思考。

(一) 金融发展水平指标

1. 金融相关率指标(Financial Interrelations Ratio,FIR)

Goldsmith(1969) 提出了金融相关率指标,公式为

$$\text{FIR} = F/W$$

其中,F 表示某一时点上一国金融工具的市场总值,W 表示实物形式的国民财富的市场总值。FIR 的计算公式适合于任何时期、任何国家的情况,通过此指标,可以大致衡量和反映一个国家金融发展的一般趋势。

2. 货币深度指标(monetary depth)

$$\text{狭义货币深度} = M1/\text{GDP}$$

该指标反映了货币充当支付中介的职能,其数值取决于社会总交易额的变化,随着金融交易技术水平的提高,指标值一般将有所降低。但在发展中国家,由于社会经济发展导致交易额扩大,指标呈明显的上升趋势。

$$\text{广义货币深度} = M2/\text{GDP}$$

McKinnon(1973)提出的该指标反映了货币金融体系的支付中介和动员储蓄职能。

3. 总金融深度指标(Overall Financial Depth)

$$\text{总金融深度} = M3/\text{GDP}$$

该指标为流动性负债与 GDP 之比,它包含了流动性短期金融资产,对经济货币化进程反应较为灵敏。

4. 非货币金融深度(Non-monetary Financial Depth)

$$\text{非货币金融深度} = (M3 - M1)/\text{GDP}$$

该指标消除了金融规模中有高流动性的货币部分,能够更精确地反映金融中介的规模。

(二) 金融发展结构指标

1. 金融机构的规模与效率指标

该指标主要包括相对规模和绝对规模两类指标。相对规模指标表示三类金融中介(中央银行、存款银行和非银行金融机构)在总体金融资产中的相对重要性,主要有:

中央银行资产总额 / 金融资产总额

存款银行资产总额 / 金融资产总额

其他金融机构资产总额 / 金融资产总额

其中,金融资产总额等于中央银行资产、存款银行资产与非银行金融机构

资产总和。

绝对规模指标主要是指上述三类金融中介资产规模与 GDP 的比值,体现了三类金融中介对于一国经济所提供的金融服务的重要性。

2. 证券市场发展指标

证券市场发展指标反映证券市场的规模和效率。其中证券市场规模用股票或债券的市价总值比上 GDP 表示。

总结上述已有指标可知,不同的指标代表了金融发展的不同方面,其发展演进逻辑如图 5-7 所示。

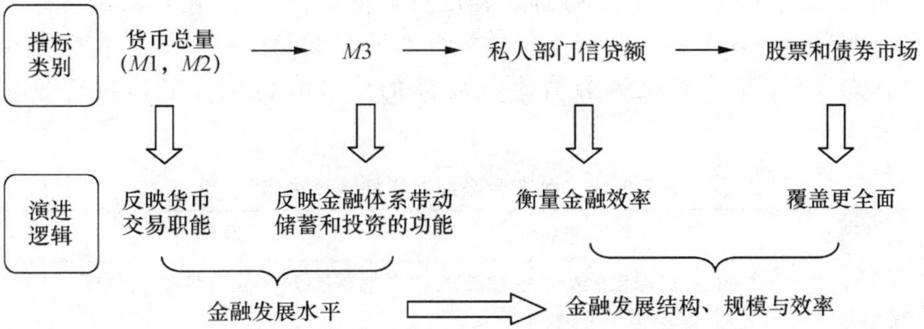

图 5-7　金融发展指标的演进逻辑

最初的指标以货币总量($M1$,$M2$)为基础构造,是因为这类数据容易获得,但是它们更多的是代表了货币的交易职能,不能反映金融体系带动储蓄与投资的功能,因此它们与金融发展的敏感度不高,不能很好地衡量金融发展。从经验事实也可以看出,经济不发达的国家可能会有比较高的 M/GDP,因为货币的缺乏使人们有一种特殊的流动偏好,但这并不能代表金融发展程度高。后来,货币总量取值扩展到 $M3$,部分地解决了 $M1$、$M2$ 的缺点,但是仍不能很好地衡量金融结构、规模与效率的发展。而后,私人部门信贷额被纳入了实证分析的范畴,代表银行部门的发展,衡量信贷资源的配置效率。但是这只是金融发展的一部分,如果某一个工业国的非银行金融体系很发达,这一指标就不具有代表性了。于是,股票和债券市场的规模与效率的衡量被引入金融发展的指标体系。

纵向分析金融发展指标的演进,则会发现一条清晰的发展路线:从衡量金融发展深度到衡量金融发展结构、规模与效率,涵盖的金融功能逐渐全面,指标逐渐科学。与之类似,教育金融抑制指标也遵循同样的构建逻辑。教育金融发展水平指标借鉴金融发展水平指标构建,教育金融发展结构指标则依据金融发展结构指标构建。具体的框架将在第二部分详细阐述。

二、教育金融抑制指标体系:构建及阐释

衡量一个国家或地区的教育金融的发展水平必须构建一个完整的指标体系,其重要性和必要性已不用赘言。教育金融抑制理论与教育金融发展理论仅仅是一个问题的两个方面,本部分将对教育金融抑制指标体系的构建进行初步探讨。

(一) 教育金融抑制指标体系的构成

教育金融抑制指标体系分为教育金融发展水平指标和教育金融发展结构指标,前者是对教育金融抑制程度的整体把握,后者衡量其内部结构的分布以及各部分的发展程度。这样分类的目的是全面考察教育金融抑制状态,有助于准确把握教育金融发展的广度和深度。具体内容见表5-10。

表 5-10　教育金融抑制指标体系内容

类别	主要指标	设计目的
教育金融发展水平指标	教育金融深度:教育金融相关比率,教育金融资产配置率	反映教育金融总体发展程度
	教育筹资金融化:教育筹资金融化率,GDP 的教育金融化比率	反映教育金融工具中最重要的部分即教育金融化筹资的发展程度
教育金融发展结构指标	债(权)性合约指标:总量指标、结构指标	反映教育贷款的发展深度和结构
	股(权)性合约指标:纯股性合约指标、混合偏股性合约指标	反映未来教育股性合约的发展深度和结构

(二) 教育金融发展水平指标构建及阐释

教育金融发展水平指标体系的构成如图 5-8 所示。

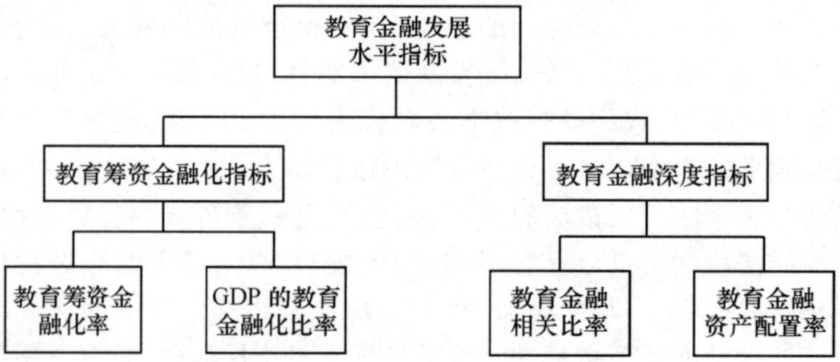

图 5-8　教育金融发展水平指标体系

1. 教育筹资金融化指标

$$\text{教育筹资金融化率} = \frac{\text{年度教育金融资产(股性、债性)增量}}{\text{年度教育总经费}}$$

其中,教育金融资产包括教育贷款(公共和私人部门提供)、教育股性合约提供的资金、教育衍生品提供的资金。该指标反映一个经济体当年通过财政机制与金融机制新筹集的教育资金(不含家庭转移支付给受教育者的资金)中,通过金融机制筹集的资金所占的比重。

$$\text{GDP 的教育金融化比率} = \frac{\text{年度教育金融资产(股性、债性)增量}}{\text{GDP}}$$

该指标反映经济体当年的 GDP 当中,用于教育金融机制筹资的比重。这两项指标的大小直接反映出该经济体的教育筹资方式的金融化程度,即教育金融机制的发达或抑制程度。

上述指标的构建来源于麦金农的金融发展衡量指标。麦金农(1973)在提出金融抑制论的同时,提出了衡量一国金融深化的数量指标——$M2$/GDP,这一指标又称经济货币化指标,它反映了货币金融体系的支付中介和动员储蓄职能。经济货币化进程是指经济活动过程中一国以货币为媒介的交易份额逐渐提高的过程,经济货币化比率是衡量一国经济商品化程度的重要指标之一,一国的金融深化首先表现为经济货币化。麦金农提出该指标有很强的实践意义,他把戈德史密斯的金融相关比率计算式当中的分子"金融工具的总市值"中的一个重要而独特的部分"$M2$"保留下来,分母不变,得出一个新的指标,使其具有新的意义与价值。

但是,类比地提出教育金融领域的指标是困难的,因为通过分析 $M2$ 与金融工具总市值的关系,在教育金融领域,却并无哪个项目与教育金融工具总市值的关系与之类似。不过,就方法层面而言,麦金农应用结构化的分析思路,选取金融工具总市值中的一个重要项目来专门分析。在此借鉴这种研究方法构建了教育筹资金融化指标。

2. 教育金融深度指标

$$\text{教育金融相关比率} = \text{教育金融工具市场总价值} / \text{GDP}$$

该指标反映一个经济体当年教育金融工具存量的市场总价值占经济总产值的比例。

$$\text{教育金融资产配置率} = \frac{\text{教育金融工具市场总价值}}{\text{金融工具总市场价值}}$$

该指标反映一个经济体中的所有领域的金融工具市场总价值中,有多大比重应用于教育金融领域。这两个指标可与某个基准国家(如美国)相比较,比重过低表示教育金融机制发展不足,即处于抑制状态。

上述指标借鉴了戈德史密斯的思路，即提出金融相关比率（Financial Interrelations Ratio，FIR），用来衡量一国金融结构与金融发展水平。FIR 是某一时点上一国金融工具的市场总值 F 与实物形式的国民财富的市场总值 W 之比，用公式表示①：FIR = F/W。但是该指标原始的计算公式过于复杂，在实际运用中使用其简化公式，以 GDP 代表经济活动总量作为分母，以金融资产总值代表金融活动总量作为分子②，即 FIR = 金融资产总值/GDP。

相对应地，在构建教育金融相关比率和资产配置率时，为避免不必要的麻烦，直接把分母设定为 GDP 了。

（三）教育金融发展结构指标构建及阐释

教育金融发展结构指标体系的构成如图 5-9 所示。

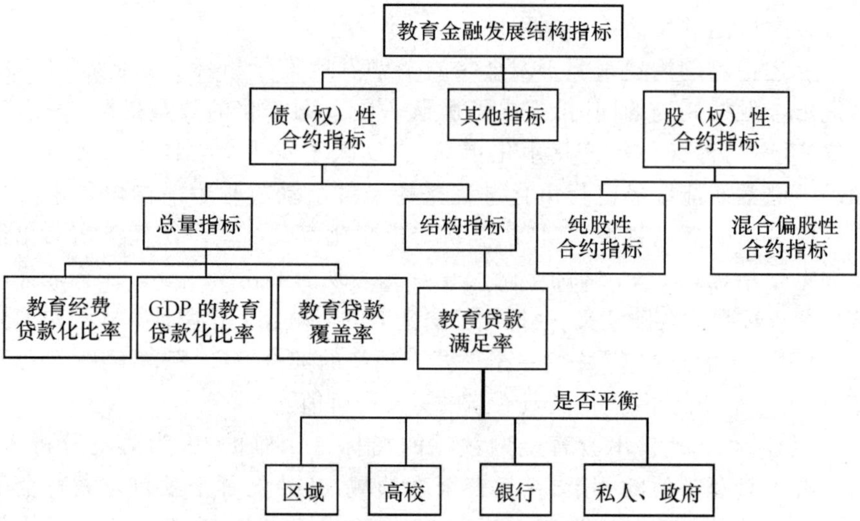

图 5-9 教育金融发展结构指标体系

教育金融发展结构指标的构建受到金融中介的规模与效率指标的启发。金融中介指标通过计算各金融机构资产占金融资产总额的比重，反映金融机构发展的深度和结构特点。相应地，教育金融结构指标则反映教育

① 详细的计算公式和各项构成的含义参见：戈德史密斯．金融结构与金融发展［M］．上海：上海三联书店，1994：78—89

② 戈德史密斯的研究表明，金融相关比率 FIR 会随着金融产业的发达和整个经济的发展而呈现上升趋势，但达到一定水平便保持相对稳定。随着经济的发展，银行系统的金融机构资产总额中的比例会趋于下降，而新型的金融机构如人寿保险公司、投资公司等比重有所提高，资本市场特别是证券市场的地位上升，直接融资的重要性逐渐提高并最终取得主导地位。参见张全旺、牛凯龙（2006）的“金融发展指标的演进逻辑——一个文献综述”。

筹资方式的发展深度以及发展是否平衡。

1. 债性合约指标

债性合约指标包括总量指标和结构指标两部分。

(1) 总量指标

教育经费的贷款化比率 = 总教育贷款每年发放额/教育总经费

该指标反映了每年教育总经费①当中,通过教育贷款的方式所筹集到的部分,对比"教育经费的金融化比率"可以发现,此指标数值一定小于或等于教育经费的金融化比率,因为,金融化的教育经费包括债性和股性两方面来源。

GDP 的教育贷款化比率 = 总教育贷款每年发放额/GDP

该指标反映了 GDP 当中用于教育贷款的比重。

教育贷款覆盖率 = 获得教育贷款的学生人数/学生总人数

该指标可以是就全国、地区、学校而言,反映获得教育贷款的学生占全部学生的比重,结合相应的贫困学生比率,可以判断一个地区、学校的学生的助学需求的满足情况。需要说明的是,此处定义的教育贷款总额,包含三个来源:国家助学贷款、生源地助学贷款、一般商业性助学贷款。

此类指标的构建来源于金融机构的规模与效率指标,借鉴了"相对比率"和"绝对比率"的方法,衡量教育贷款的相对规模和绝对规模。

(2) 结构指标

教育贷款满足率 = 获贷人数/教育贷款申请人数

该指标反映了获贷人数占教育贷款申请人数的比重,可用来衡量教育贷款的区域之间、高校之间、银行之间的发展是否平衡(见表 5-11)。

表 5-11　教育债(权)性合约的结构差异比较项目

分类	比较项目
区域差异	中部、东部、西部之间的差异
	同一省内助学贷款业务之间的差异
高校差异	中央部属院校、省属本科院校与高职专科院校之间的差异
	不同类别高校(文科、理科、农业院校等)之间的差异
银行发放结构差异	不同地区银行间的差异
	不同银行间的差异
贷款来源差异	教育贷款的社会(私人)部门和政府部门的供给量分别占总教育贷款的比率差异

① 教育总经费指教育财政机制与教育金融机制提供的全部教育资金。

2. 股性合约指标

纯股性合约指标 = 个人教育股票总市值 / 教育总经费

到目前为止,中国与国外都没有产生过纯股性合约。我们设想,将来在分成制教育金融制度基础上会产生一种“个人教育股票”,该指标可用来衡量其在教育金融机制中所占的比重。

此外,混合性或偏股性合约也可归为股(权)性合约指标,包括证券化的教育信贷资产、按比例还款的教育贷款等。衡量这类合约的发展状况可看其占全部教育信贷资产的比重。

此类指标借鉴了证券市场发展指标中反映证券市场规模的指标,在这里反映教育筹资中股(权)性合约指标的规模。

3. 其他指标

这类指标包括教育衍生品、大学生信用卡的指标等。对于衍生品(Derivatives),金融学术界通常指的是远期(Forwards)、互换(Swaps)、期货(Futures)、期权(Options)。从这个角度来看,中国乃至国外的教育金融衍生品到目前为止仍然尚未产生。信用卡是一种自主性高、电子化结算、高信用度要求的融资手段,本质上属于债性合约,通过信用卡行为可以发现教育资金需求方的很多信息。衡量这些金融工具的指标可以对比上述两类指标,用其占全部教育信贷资产的比重来衡量。

三、构建金融抑制指标体系的意义

传统金融抑制理论致力于衡量金融发展与经济发展的关系,进而研究金融抑制的原因、解决路径及其促进经济发展的机制。相应地,教育金融抑制理论揭示了发展教育金融机制,促进一国人力资源价值的提升与经济、社会发展的逻辑路径。在理论的基础上,由金融抑制指标体系过渡到教育金融抑制指标体系的构建。因此该指标体系具有科学性和可行性,在理论和政策方面对教育金融的发展具有重要参考价值。

教育金融抑制指标体系的形成与完善,可以有力地推进教育金融抑制理论与实践的发展。在金融抑制理论基础上,将其演进逻辑贯穿于教育金融抑制指标体系的构建之中,具有一定的科学性、客观性和全面性。所设计指标的数据易于收集和计算,能减轻研究的工作量,并且具有时效性和持续性。

教育金融抑制指标体系的成功建立,最重要的价值在于它的政策意义:

其一,本节构建的教育金融抑制指标体系是对问卷调研方法的补充,使教育金融抑制的刻画更加科学、合理、全面,具有重要应用价值。统计相关部门可根据此指标体系对统计年鉴进行扩充和修改,进而进行持续的测量。指标统计更具有宏观性,它是整体把握一个国家或地区教育金融抑制状态的工具。

其二,对指标体系中各指标进行的含义阐释,能形成对指标的正确理解,一方面,对后期研究中指标选取和对国家相关部门制定统计数据的构架具有一定指导价值;另一方面,它也可以使阅读和分析数据的人对各项指标有更清晰的认识和更深刻的理解,以便得出正确的结论。

其三,在实际应用中,其价值体现在两方面:一方面,该指标体系有助于政府准确地理解、合理地测度、客观地评价、系统地把握教育金融抑制程度,并据此制定相应的政策、法规,不断发展教育金融并使其促进人力资本的提升和经济的发展;另一方面,教育金融发展的研究人员可由该指标体系受到启发,通过横向和纵向数据的分析,得出相关的结论,不断创新出新的观点和理论,为教育金融发展做出贡献。

一个科学的指标体系是在不断的实践和改进中确立的,对教育金融抑制的指标体系的研究绝不是一蹴而就的。随着教育金融理论的发展和教育金融产品的产生,需要不断深入的研究方能更好地完善教育金融抑制指标体系,使其对教育金融发展状况做出正确的衡量和指导。

第六章 股性教育金融制度创新的联动效应

教育金融抑制情况的严重性和紧迫性需要引入新的教育融资渠道，特别是创新性的金融融资手段。股性教育金融制度创新的出现，解决了个人的教育融资问题。该制度本身内含融资设计和管理设计的优越性，带来了资金流和人力资本流的双联动效用，活化了教育过程，带动一系列相关产业的发展，这些产业前后呼应传递，将教育的融资成功率和资金使用率大幅度提高。同时，制度带来教育质量的提升，保证了学生的资质和培养模式的匹配性，降低了学生毕业工作后的再补充教育的回炉率。跳出教育环节，从投资者角度看，该制度不仅给教育民间市场提供了资金新流向，同时依照大数定律能够保证集合资金收益的稳定性，可以说股性教育制度是一个依托教育为基础，引入股性金融渠道，增加人力资本流输出性和资金流动性的复合制度。

第一节 股性教育金融制度创新

股性教育金融制度创新包含了两个层面的创新，第一个层面就是股性教育金融制度的引入是一种新型教育融资制度的创新，这种制度与以往的教育融资制度有着本质的区别；第二个层面就是该制度之下的投融资设计与管理设计是使得该制度高效独特的制度设计创新。

一、股性教育金融制度的引入

股性教育金融制度，也称分成制教育金融制度，是一种投资者和被投资方（学生）之间利益共享、风险共担的金融机制。在制度安排中，在初期，投资者将教育资金投资于学生，学生在资金的支持下接受教育，逐步完成人力资本积累；在中期，投资者参与学生的人力资本积累的管理过程，保证学生接受教育过程的有效性；在后期，学生完成人力资本积累，进入工作期，投资者按照合约规定，将从学生的收入中按照一定的分成率和一定的分成期限收回投资成本并取得收益，而学生则顺利完成了学业，实现了自身的价值。投资者和学生在这个过程中实现收益风险的捆绑。

股性教育金融制度基本概念在我们上本专著《教育金融制度创新》中已经有详细的介绍。该书第一次引入了股性教育制度，介绍了股性教育金融制度的原型、机理等，但是在教育金融抑制的背景下，有必要强调引入股性教育金融制度的必要性和紧迫性。股性教育金融制度引入的必要性在于当前的教育领域中的产融市场只有产而缺乏融，金融手段只有债性的教育助学贷款而缺乏股性融资制度。但是教育助学贷款的发放率低，对学生教育融资的帮助很小，教育金融领域缺乏一个市场性强同时融资门槛较低的制度，股性教育金融制度的引入就非常必要。紧迫性在于教育融资问题是一个跨越多维度的社会综合性问题，从地理上，不仅中国面临教育融资问题，世界上的所有国家都面临教育资金缺乏的问题，大量的学生因为无钱上学而导致人力资本的流失；从时间上，教育资金的缺乏会导致一代人的教育失败，而这种教育失败无法改善这代人的精神和物质水平，从而恶性循环，影响下一代的教育基础状况，因此在地理和时间上都要求一种更高效的教育融资制度能够尽快出现，引入股性教育金融制度就显得非常紧迫。

股性教育金融制度是相对债性教育金融制度提出的一个新的理念，而两者之间也由于股性合约与债性合约的不同存在差异。债性教育金融制度注重债性资金发放和回收的稳定性，对于教育资金的使用干预较少；而股性教育金融制度注重资金的流动性和收益性，对于教育资金的运用主体管理性较强。当前社会只存在着债性教育金融制度，即教育助学贷款制度，银行在注重资金的稳定性之后对于学生的资金发放趋于保守，那么对于拥有巨大资金需求的教育领域，可以说教育金融市场是缺失的，是不完整的。完整的教育金融市场需要流动性很强的合约，这种合约能够快速地为学生个体融得教育资金，同时保证资金使用的有效性，即人力资本积累的高效。有了股性教育金融制度，就提高了教育资金与合约的流动性，提供了市场化的融资平台，创造了学生自然人金融融资的环境，对原有的债性制度无法触及的领域进行补充，将教育金融市场这个版块填补完整（见图6-1）。

股性教育金融制度之所以能够增强教育金融市场的流动性，是因为该制度的融资设计和管理设计使得投资者的资金流和学生的人力资本流获得了很好的融合与增强。在制度中，融资设计拓宽了资金的来源渠道，保证了资金的增值收益；管理设计则保证教育链式的持续性，使得每个环节

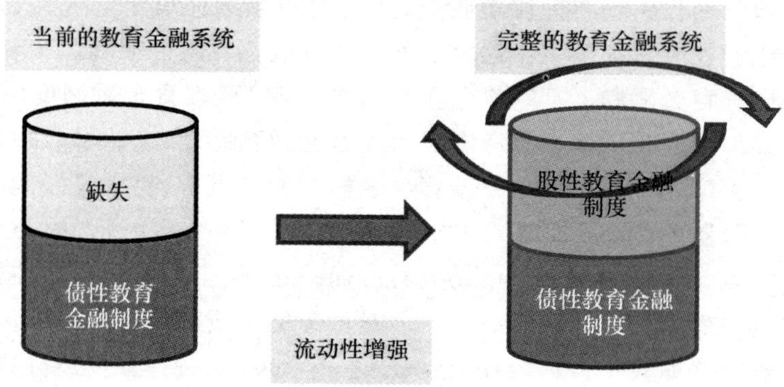

图 6-1 教育金融市场系统

传递衔接的成本最小化,保证教育资源的最优配置。那么制度中的融资设计和管理设计是什么样的呢?

二、股性教育金融制度的投融资设计

股性教育金融制度中,最基础同时也最主要的参与者是投资方和融资方(学生)。在前期,现金流从投资方流向学生,学生完成人力资本积累;在后期,资金流从学生流向投资方,实现投资的回报。在整个制度中的融资设计决定着投融资双方的当前利益和远期利益分配问题,同时也决定了融资风险的控制,因此是股性教育金融制度的核心部分。当期利益和远期利益的分配就涉及融资设计中的成本收益问题,我们可以形象地将学生的人力资本积累中的融资比作一个看涨期权来分析这个融资的成本收益设计;融资风险的控制使我们也可以将不同学生的人力资本作为不同风险的资产,资产组合的理论可以对此做出解释。

(一)股性教育投融资的期权设计

在股性教育金融制度中,学生向投资者融资就必须要拿出充分的证明来说明投资学生的教育过程是能够获得较丰厚的投资回报的,因为投资者将这笔资金投资于学生的前提是放弃了这笔资金当期投资于其他领域所能获得收益,也称为机会成本①。那么学生如何证明,其实只要将股性教育投融资的期权设计的思路向投资者展示出来就可以呢?

股性教育金融制度的期权设计并不是说股性教育金融产品是一个期权金融产品,而是在股性教育金融制度中,学生向投资者融资的过程就像

① 机会成本是指当把一定的经济资源用于生产某种产品时放弃的另一些产品生产上最大的收益。

是学生以自己的人力资本积累完成后的收入回报作为一个期权，投资者投资就是购买这个期权的份额，这个过程类似于期权的交易。学生接受教育就是一个看涨期权①，初期购买这个期权需要花费一定的期权费，期权费就是学费等教育费用，在购买这个期权之后，学生开始人力资本积累，经过一定时期，学生完成了人力资本积累，如果人力资本积累成功完成，则这个看涨期权就会给购买者带来巨大的收益，但是如果人力资本积累失败，购买者就可以不行权，损失也就是固定的前期投入(图 6-2)。

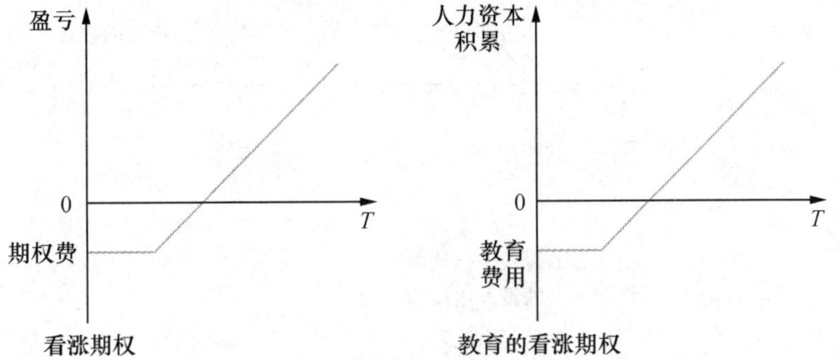

图 6-2　看涨期权类比

从图 6-2 可以看出，教育的看涨期权在远期能够给期权的购买者带来丰厚的收益，同时损失锁定，这是由于人力资本积累一旦完成，在学生工作之后的相当长的时限内能够创造巨大的社会价值。如果学生不缺乏资金，那么这种看涨期权的全部份额由学生自己获得，学生如果能够顺利完成学业进入社会工作，那么从教育中获得的反馈全部由学生自己获得。但是一旦学生缺乏教育资金，即没有能够支付教育费用这样的期权费，那么学生就无法继续接受教育，从而连这种看涨期权的获得权都没有。

股性教育金融制度就给无法支付教育费用这样的期权费的学生提供了期权费的支付者，所有的投资者可以看到教育看涨期权所能带来的巨大收益，如果他们投入资金给学生让他们完成学业，他们就能够从学生的价值增长中分配获得部分收益，这部分收益一定会比将资金投资于其他领域要丰厚。如此就是相当于学生将自身所拥有的部分看涨期权的份额卖给投资者，投资者购买这部分看涨期权的费用就是学生的教育费用，在学生

① 看涨期权(Call Option)又称买进期权、买方期权、买权、延买期权，或"敲进"，是指期权的购买者拥有在期权合约有效期内按执行价格买进一定数量标的物的权利。看涨期权是这样一种合约：它给合约持有者(即买方)按照约定的价格从对手手中购买特定数量之特定交易标的物的权利。

成功完成人力资本积累后，投资者按照购买的期权份额获得收益，收益随着期权份额的增加而增加，即按照约定的一定比率进行分配，这种前期投资者投入、后期共同分享收益的融资设计就是股性教育金融制度的核心思想。投资者参与的看涨期权情况如图 6-3 所示。

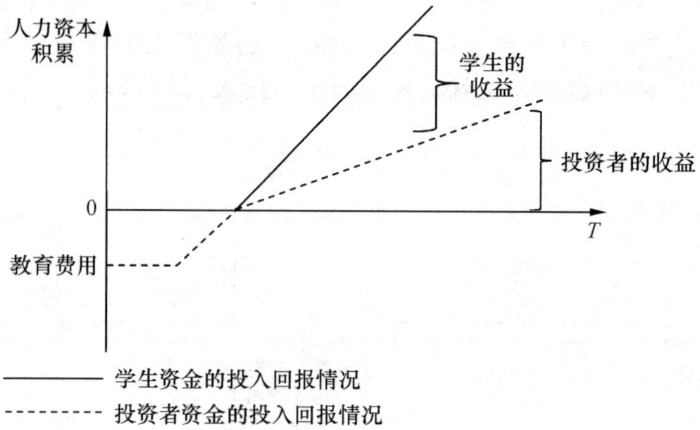

图 6-3　投资者参与的看涨期权示例

从图 6-3 可以看到单个投资者如果购买单个学生的看涨期权，在人力资本积累成功后能够获得较大的收益，但是单个自然人还是存在人力积累失败的概率，那么这种概率的存在对投资者就意味着投资的教育费用有去无回。对于投资者来说就是存在着投资的个体风险，这种风险如何分散、规避，就是股性教育金融制度融资设计中的资产组合设计。

（二）股性教育投融资的资产组合设计

在股性教育金融制度中，既然我们可以将学生的人力资本积累看成是一个期权，那么我们就可以把它定义为一种资产。每个学生的先天天赋与兴趣不一样，后期接受教育后对于社会的贡献率也不一样，贡献率的不同就如同资产的收益率不一样。

学生教育完成的好坏情况我们是无法预期的，对三个不同的学生进行投资，他们在完成人力资本积累后的收入状况也是不同的，我们将其典型地分为三种：第一种是人力资本积累很好的，那就是能给投资者带来巨大收益的资产；第二种是人力资本积累状况一般的，这部分学生能够给投资者带来稳定的回报；第三种是人力资本积累失败的，这部分学生会给投资者带来损失，损失的最大量为前期投入的全部教育费用。当然这三种情况并不是平均存在于学生中，按照概率分布，应该是第一种和第三种的情况较少，而第二种的情况较多。这三种资产的收益情况和分布如图 6-4 和图 6-5 所示。

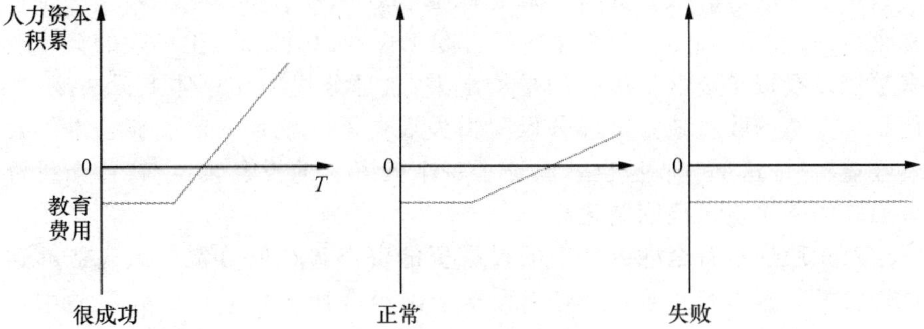

图 6-4　三种资产的收益情况

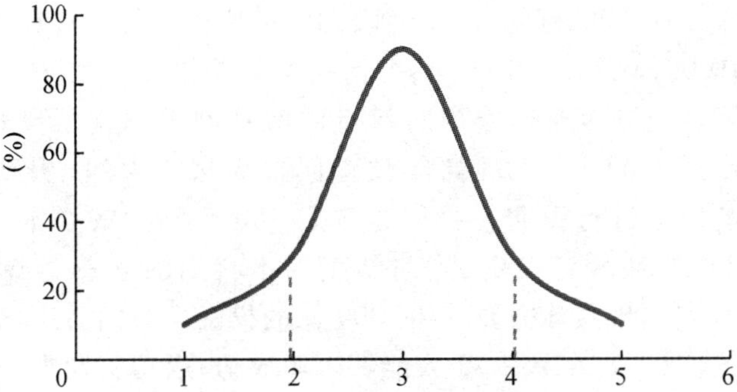

图 6-5　三种资产的分布

投资方如果投资于一个学生,就如同将鸡蛋放在一个篮子里,如果该学生正好落在人力资本积累失败的那个分布区间里面,那么投资者将遭受损失。股性教育金融制度的融资设计考虑到单个投资者投资对象的风险,通过资产组合的方式将投资方的投资风险分散化,让投资者的投资对象元素微化。具体的操作步骤是:第一,将天赋、学习背景不同的一定数量的学生作为一个投资整体,这些学生都是缺乏教育资金的,这个过程就相当于把不同风险和收益的资产进行组合,形成一个综合的被投资体;第二,将这个综合投资体总共需要的教育资金进行加总,计算出这个资产组合的总期权费,将总期权费按照一定的份额区分,这样每个份额相当于投资于所有的学生;第三,每个投资者按照自己的投资意愿购买数量不等的份额。

通过以上的资产组合的融资操作,每个投资者将自己对于学生的投资分散化,虽然每个学生接受教育的情况是不同的,但是依照大数定律①,一

① 有些随机事件无规律可循,但不少却是有规律的,这些"有规律的随机事件"在大量重复出现的条件下,往往呈现几乎必然的统计特性,这个规律就是大数定律。

定数量学生的总的人力资本积累是顺利完成的,那么总体是能给投资者带来收益回报的。因为将学生集中组合起来投资,其投资发生风险的概率越来越接近投资单个学生风险的平均水平,这部分损失在总体上无法减少,但是只要总的收益减去这部分风险损失后剩下的就是一定能够获得的投资收益,保证这部分收益也就保证了每个投资者的投资收益,将每个投资者面临的不确定风险固定化。

对于股性教育金融制度中的投融资的资产组合所分散的风险能够通过现实的数据进行论证①。清华大学中国经济社会数据中心开展的中国大学生调查显示:截至2010年6月,应届毕业生求职成功率为72%,平均初始月薪为2 153元;在求职成功的学生中,收入分布的情况为69%的毕业生起始工资处在2 000元左右,而剩下3%的毕业生月工资在5 000元以上,最高达40 000元;而到2011年,平均初始月薪提高到2 719元,增长了26%。同时著名经济学家李宏彬对教育的经济回报进行了研究,结果显示,从1988年到2009年,中国高等教育回报率从7.4%上升到49.2%。我们就在此基础上进行证明。我们先选取100个学生的样本,然后对这100个学生进行股性教育投资,当前学生的本科期间学费为6 000×4 = 24 000元,100名学生共计需要2 400 000元的投资。我们沿用以上调查的比例数据,在这100个人中有72人能够求职成功,成功实现人力资本积累的价值。在这72人中有69人收入处在2012年的平均水平,我们按照2011年的增长率算出2012年的收入为2 000×1.26×1.26,约等于3 175元,另外3人的收入我们按照10 000×1.26×1.26计算,约为15 800元;其余的28人我们按人力资本积累失败计算②。我们将学生的平均收入和分布状况制成表6-1。

表6-1 股性投融资情况分布

投资情况	人数	人均月收入情况(元)	人均投资额(元)	投资回报率
成功	3	15 800	24 000	250%
正常	69	3 175	24 000	49.2%
失败	28	0	24 000	100%

从表6-1的投资情况分布来看,我们的投资回报如下所示:24 000 ×

① 资料来源:新华网(http://news.xinhuanet.com/fortune/2012-08/03/c_112622181.htm)。

② 其实作为人力资本积累失败是不准确的,因为这些同学可以在接下来的时间继续寻找工作,只是在调查统计时区内未找到工作而已;同时暂时找不到工作不一定代表人力资本积累失败,实际的人力资本积累成功率高于72%,此处仅作分析用,所以可以先认为有72人人力资本积累成功。

250% ×3 +24 000 ×49.2% ×69 -24 000 ×28 为 322 752 元,这就是投资者肯定能够获得的投资收益,并不会因为对单个学生的投资失败而遭受损失,如此实现风险分散。如果某投资者不进行学生的组合,那么他如果不幸投中了失败的那 28 个学生,那么收益将无法保证。

正如同资产组合能够降低资产的非系统风险①,将各个学生的教育投资组合起来能够降低其中的非系统风险,每个学生所遇到的不同状况将不会影响总体投资者的收益,这对投资者来说最大化地降低了投资的风险。在资产组合的投融资设计下,股性教育金融制度将会带来一个降险效果,即被投资的学生数量越多,那么该制度的非系统风险越低,越能够保证投资的稳定高收益,也再一次证明了股性教育金融制度能够拥有强大的动力机制,普及面越广,社会的综合收益就越大,如图 6-6 所示。

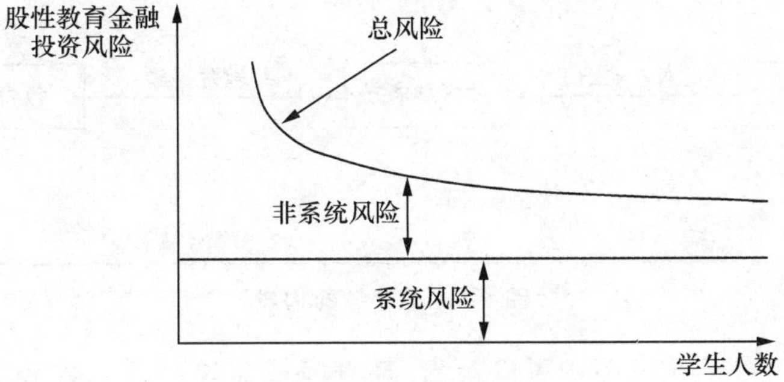

图 6-6　资产组合的降险效果

三、股性教育金融制度的管理设计

在股性教育金融制度中,教育过程就是一个产融结合的过程,“融”就是为教育提供资金支持,“产”就是教育的实施过程。上面我们已经说清楚了股性教育金融制度的投融资设计,那么接下来我们就探究股性教育金融制度的管理设计。

教育金融制度的管理是一个庞大的系统,在这个系统中不仅仅只包括投资方与学生这两个单位体,为了保证该制度每个环节的高效性,资金管理公司、人力资本公司等在该制度体系中都有所包含。为什么股性教育金融制度不同于其他的教育融资制度?一方面,投资者与学生的风险共担、

① 非系统风险又称非市场风险或可分散风险。它是与整个股票市场或者整个期货市场或外汇市场等相关金融投机市场波动无关的风险,是指某些因素的变化造成单个股票价格或者单个期货、外汇品种以及其他金融衍生品种价格下跌,从而给有价证券持有人带来损失的可能性。

收益共享能够为学生带来更多的资金来源；另一方面，投资者主体更关注学生的教育质量，希望积极地参与学生的人力资本积累过程，为了保证学生从正确进入教育培养方式到就业的对口与系统性，就要按专业分工的要求引入资金管理机构、人力管理机构、人力培养机构帮助学生的人力资本积累过程实现高效产出。这一系列的参与方并不是混沌地放在一起进行管理，而是呈现链式的特性。

在股性教育金融制度中，人力资本积累的链式管理是与教育成链的本质相匹配的，关于教育成链，我们已经在上本书中做出了研究，本处引用教育链的构成图，展示链式管理的科学依据（见图6-7）。

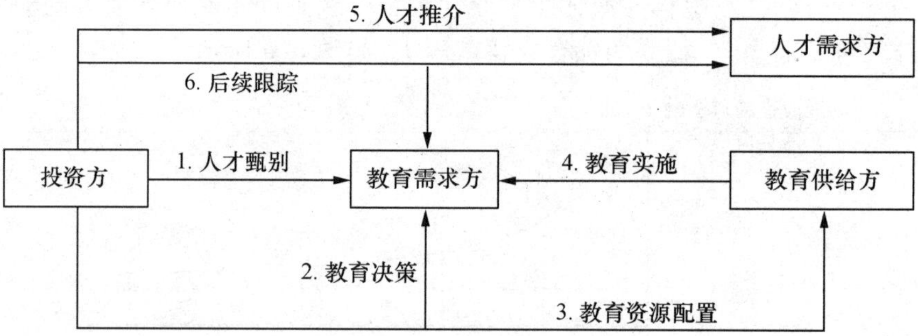

图6-7 教育链的构成

从教育链的构成图中可以看出，教育完成需要经过六大环节，这六个环节的进行是有先后顺序的，依次为：(1) 人才甄别；(2) 教育决策；(3) 教育资源配置；(4) 教育实施；(5) 人才推介；(6) 后续跟踪。这六个环节前后彼此关联，上游环节的质量直接影响下游环节的基础，所以教育事业能够顺利完成是一个复杂的过程，只有每个基础环节都没有出现重大失误，整个教育过程才能成功，或者说资源浪费的现象很少。

人力资本积累的链式管理是针对教育的六大环节分别设计出来的管理模式，与教育链流向是相匹配的，因此能够取得很大的成效。这种链式管理已经在我们的生活中出现，并且取得巨大的成功，下面我们就结合现实的例子生动地说明链式管理的方式及效果。

案例一

《中国好声音》打造全产业链

据央视—索福瑞统计的收视率显示，《中国好声音》的收视率已经从第一期的1.5%冲高至第五期(8月10日)的3.42%;微博平台上"中国好声音"的讨论量达到了上千万条,全国上下已经掀起一股"好声音"舆论热潮。该节目至今已经花费约300万元购买荷兰《The Voice》的版权,而非此前所传的200万元,制作成本已投入四五千万元,最近还将投资改进舞台和灯光、音效等。

不同于以往的节目对明星导师们采取付费的方式,《中国好声音》中明星导师共同打造产业链的模式让明星们长期共同投入,这无疑将使得明星效应发挥出更大作用。

过去邀请嘉宾的方式较为简单,节目组打包报价或是按照场次计算,嘉宾每做一期节目算一场报酬。此前就有消息称:《中国好声音》花费2000万元酬劳邀请四位明星导师。但宣传总监陆伟予以否认,他指出:"我们与导师的合作模式,并不局限于这几期节目,而是整个产业链的共同打造。"

在引入原版《The Voice》的其他国家中,节目结束于那一季冠军的产生,除了节目本身的衍生品或是线上歌曲的继续销售之外,歌手签约、演唱会、唱片发售等获利环节都与节目的制作方没有任何关系。

但灿星制作想下一盘更大的棋。灿星制作把选手签约以及签约之后的商业演出等项目都收归自己所有,而包括音乐学院、演唱会、音乐剧、线下演出等在内的全产业链,明星导师们也共同投入,明星导师无疑也会利用自己的资源帮助全产业链的打造。这在以往本土的节目制作过程中也是全新的尝试。

对于此种模式产生的巨大经济收益,陆伟讳莫如深,他表示:"对后端产业链的开发也有助于让中国乐坛的现状得到改变。"

资料来源:改编自《证券时报》,2012年8月17日。

《中国好声音》对于参赛学员的这种选拔和培养也属于人力资本积累的范畴,虽然融资方式是不是属于股性金融我们不清楚,但是在产业链上的管理运作已经体现了链式管理的优越性。

股性教育金融制度的甄别环节是由人力资本公司来完成的。在这个环节,公司对缺乏教育资金的学生进行统一的测试考察,应用科学的检验系统对学生的兴趣点、天赋、各种能力进行综合测评,挑选出学生的最佳培养方向。《中国好声音》里,四个导师采用"盲听"的方式去挑选好声音,就是利用了这样的一个原理,既然是挑选出具有优质声音的学员进行培养,那么就要排除其他的一切干扰,只从学员的音质天赋来甄别,所以每个导师挑选出了14名优秀的学员。股性教育金融制度不但要甄别有音质天赋的学生,还会甄别出有体育天赋、有数学天赋等的学生,如此实现教育事业的第一阶段分类,对具有不同天赋的学生进行不同的安排。

股性教育金融制度的决策环节是由学生、人力资本公司共同完成的。在这个环节,人力资本公司负责提供科学的决策建议,由学生来选择自己的培养模式是什么样的。决策环节的这个设计一方面考虑学生是人力资本积累的主体,应该赋予其自由选择的权利,尊重个人的兴趣意愿,同时提供科学的建议,保证决策不会跑偏。在《中国好声音》里,当四位导师转过来选择完学员之后,学员能够选择自己所想师从的导师,这样的一个双向选择的过程就是一个科学性和自由性的结合,导师转身肯定就是一个科学的认可,学员再选择就是自由的体现。当然,股性教育金融制度的决策环节不会让学生只有四个以下的选择,只要人力资本公司提出了多项科学的建议选项,学生们都是可以选择的。

股性教育金融制度的资源配置与教育实施环节是由学校、人力资本公司共同完成的。在这个环节里,对于已经分类的学生给予不同的资源配置与教育实施。这里的资源配置的区别体现在不同学校的不同专业,那样的话,学生只能选择在一个学校里面经受同样的教育,但是在股性教育金融制度里面,给予学生的是来自不同学校的最好的课程安排。如果学生选择了建筑方向,那么不同的建筑系很优秀的学校的课程可以设计让这个学生去学习,如此让优质教育资金集中化。在《中国好声音》里,四位导师的唱歌风格不一样,专攻也不一样,学员的音色和功底如果偏向摇滚,哈林则是最佳的资源配置,同时哈林也会带来其他摇滚风格的导师来给予学员更多的提高。股性教育金融制度的这种对不同学有生不同的资源配置以及教育实施环节的针对性强的特点使得学生能够接受最有效的人力资本积累,保证了"好马配好鞍"的资源优化。

股性教育金融制度的人才推介和后续跟踪是由人力资本公司和企业共同完成的。在这个环节里,对已经完成人力资本积累的学生进行专向的推介,给需要某项类型人才的企业带来最合适的学生,实现企业和学生的强强联合,降低了学生和企业直接对接的沟通成本,同时对于学生的后续跟踪能够保证在学生一次对接不理想时进行补救措施,使得学生不会因为就业的一次不顺利而浪费之前的人力资本积累,这样的备选安排保证了人力资本积累完成后的学生能够与社会顺利融合,学生的价值以最快的方式实现,也以最合理的途径继续发展。在《中国好声音》里,进入大名单的学员在一轮轮比完之后并不是失意地离开,导师和媒体都会给予学员更多的发展空间，将更肥沃的发展土壤交给这些学员，壮大了中国音乐的有生力量。股性教育金融制度通过这样的方式来推介和后续跟踪，为学生搭建好了与社会沟通的桥梁，使得人力资本在积累完成后就能顺利地发挥作用。

第二节　股性教育金融制度的联动效应

在经济学领域，赫希曼于1985年提出了“联动效应”的概念，即凡是有关联的产业或者部门，不管是前向联系或是后向联系，都能通过扩张而产生诱导性投资，而诱导性投资的实现最终能够壮大整个产业链。

股性教育金融制度不仅带来了融资制度的创新，还带来了教育制度的改进，是不同于以往教育制度和金融制度的一个综合体。这个综合体将资源从融到配置使用与教育从选择到实施结合起来，给予原有的教育金融市场以新的因素，给予我国的学校体制以新的定位，同时以金融手段带动教育发展，以教育增值潜力保证金融实施的回报率。可以说，股性教育金融制度给教育金融领域注入了新鲜的力量，这种力量将自然人教育的各个方面重新组织、连接起来，整个制度分工明确、效率高，同时安排灵活。

股性教育金融制度的投融资设计和管理设计将带来整个制度的联动效应，这种联动效应在第一层次分为资金流的联动效应和人力资本流的联动效应，在第二层次是资金流和人力资本流的联动效应。资金流的联动效应是指在股性教育金融制度下，资金流从投资者到学生的渠道的畅通和资金量上的互动；人力资本流的联动效应是指在人力资本的管理实施过程中，各个相关机构和学生之间的相互促进、相互竞争；而资金流和人力资本流的联动效应则是指在股性教育金融制度中，资金流和人力资本流之间的前后影响和动机激励机制。整个联动效用的示意图如图6-8所示。

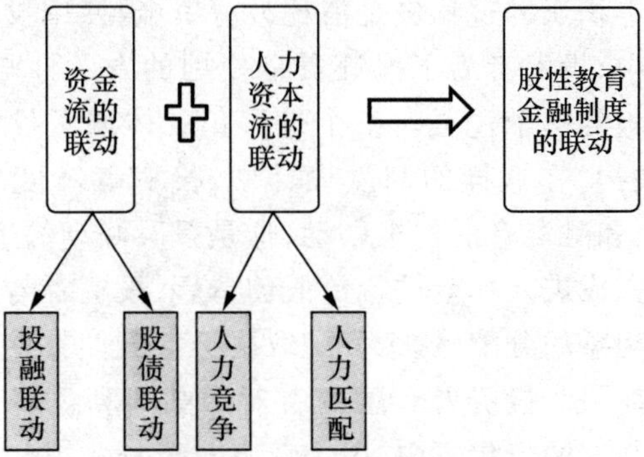

图6-8　联动效应

一、资金流的联动效应

（一）投融联动

在股性教育金融制度出现之前，教育领域的资金来源主要是国家转移支付、社会捐赠、银行助学贷款，教育金融领域以债性制度为主。这样就产生一个问题，教育领域的资金来源具有很强的局限性，这些渠道获得的教育资金增长预期较为缓慢，并且被动性较强。整个教育融资市场比较封闭，即不存在公开的、市场化的教育融资平台，资金需求者的学生和社会的闲置资金被完全隔离，投资者在教育领域找不到可投资的金融产品，也发现不了合适的投资机会；而学生则被限制在固定的教育方式中，教育资金的缺乏问题只能主要通过家庭来解决。

股性教育金融制度的出现打破了投资者和融资者之间的隔离状态，将两者通过股性教育金融这样的桥梁连接起来。投资者在该金融制度下，可以对自然人金融制度以及产品进行了解，根据自己的投资理念选择进行投资，而不是仅仅投资于非教育领域，因此将有大量的资金进入教育金融市场，流向最需要资金的群体。融资者（学生）在该金融制度下，可以将个人的教育融资问题由家庭内部问题转向社会市场化，个人不能解决的资金问题通过让渡自己未来收入的部分所有权来彻底获得。可以说，股性教育金融为学生这样的一个私人融资但是同时又从属于教育公共事业的结合体引入市场因素提供了环境与平台，实现了投资者与融资者的第一阶段结合，这种本来处于隔离领域的两个主体之间无障碍地为一个目标而结合为一个共同体就是投融联动的初级表现。

投融联动不仅仅体现投资者与融资者实现顺利搭桥的过程，在股性教育金融制度中，更表现为投资者参与融资者的资金运用的过程。学生接受教育进行人力资本积累的过程也是消耗教育资金、使用投资者投资资金的过程。在此过程中，投资者为了保证资金使用的有效性与高效性，参与监督并管理教育实施的整个过程。整个过程正式体现了投资者与融资者的利益共享、风险共担，在这样的制度设计中，投资者高度关注融资者的情况，在投资后实现和融资者的积极联动，这是投融联动的进一步体现。

在学生教育完成进入社会进行价值创造后，投资者与融资者的关系重心转向对于投资利益的分配，这个分配取决于在股性教育金融合约中约定的分成率和分成期限。投资者和融资者对于共同利益实现后的分配将决定股性教育金融制度的衍化方向，因为双方对于分成率和分成期限以及合约其他条例的约定将导致不同期限和分成率合约的产生，这些合约将越来越优化股性教育金融制度,促使教育金融制度与教育金融市场更加相容,两者的合约关系也能应对不同的投融资情况而呈现全面性。这是投融联动的更高阶段,也是投资者和融资者能够更好合作下去的保证。

(二) 股债联动

股性教育金融制度的出现弥补了教育金融领域的一大空白,虽然说该制度在运行过程中是以分成制为核心的,但是该制度并不将债性制度排斥在外。相反,该制度积极引导债性资金流入教育领域,实现股债联动。股债联动分为融资者的股债联动、投资者的股债联动以及合约的股债联动。

融资者的股债联动是指在股性资金投资给学生个体之后,能够引导更多的债性资金流入自然人教育领域。我们知道当前教育助学贷款这样的债性资金难以广泛地支持学生的原因很大程度上在于学生没有足够的信用或者抵押物保证使得债性资金能够无顾虑地流入学生个人教育领域。但是一旦股性教育资金流入学生融资之后,债性资金就有很强的信用保证,因为这时候的学生个体就如同一个公司一样,获得了股权投资,公司有了所谓的股本和启动资金而非任何资产都没有的“皮包公司”,此时对于学生给予债性资金支持能够使得学生的教育资金池更加充实。债性资金和股性资金在一起作为同质的资金为学生提供教育经费,即股债在资金注入之后不再分股债,而是作为同样的资金运用于学生的教育领域,即股性教育金融制度对教育资金进行资金放大,通过对学生增信达到债性资金发放的门槛。在债性资金流入后,两者汇合以分成制的运作方式进行运作,即债作股用,这样将教育资金蛋糕做大。但是债性投入的风险相比之前的教育助学贷款不升反降,因为类似公司,当公司的运作出现问题的,在资金的偿付上债权优先于股权,所以可以说学生金融中的股性资金成为债性资金的一个备用池,在学生接受教育失败之后先偿付债性资金再偿付股性资金。因此可以说,在融资者(学生)的股债联动是在融资阶段,股性资金为学生增信一同引入债性资金;在资金运作阶段,债性资金和股性资金作为同质的资金一起以分成制的方式运作,即股性运作;在资金实现增值进入利益分配阶段后,利益分配仍然按照股性和债性的固有分配,因为这两种资金所承担的风险不一样。整个过程就是股债结合到股性操作再到股债分离,实现股债的联动(见图6-9)。

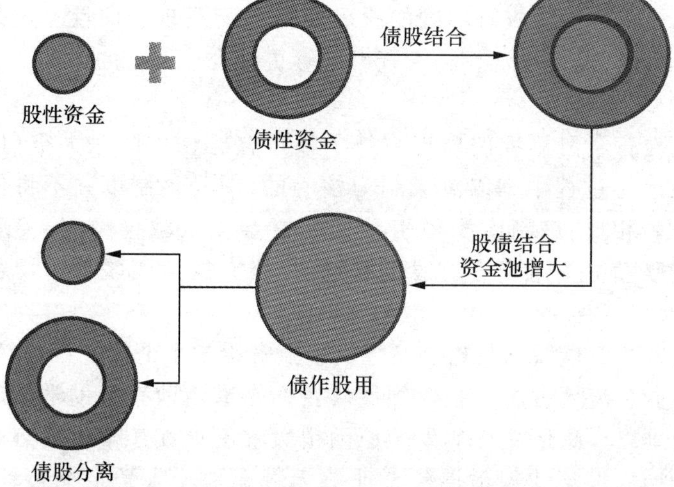

图 6-9　融资者的股债联动

投资者的债股联动是指股性教育金融制度下投资者的资金来源，即原始资金的上游可以有债性资金的参与，使得原始资金流获得补充。学生作为单一个体，从图 6-9 中我们可以看出，有了股性资金给予学生信用支持，那么债性资金就可以源源不断地涌入教育融资领域。我们在教育融资中就可以考虑这样的一个问题，既然投资者能够给学生股性资金之后能够给学生增信，投资者本身就有了给自己增信的能力，投资者的融资行为就属于股性融资的上游的上游，那么投资者在利用自有资金进行股性教育投资的同时，为了扩大自己的投资量和收益，其可以通过利用自己的固定资产或者个人信用获得社会上的债性资产，即向银行借贷。如此在股性教育金融制度下，在投资者环节就能够实现债性入股实现股性投资，增加了源头资金的来源。在投资者获得债性资金的扩大后将这笔资金完全投入到股性教育融资下，就产生了一个“杠杆收购”①。杠杆的产生可以让投资者用较少的成本获得较大的收益。在处理自有资金和借贷资金量上的比例问题就是投资者债股联动的主要内容，因为以股性资金投资学生教育能够获得较大的收益，这种收益减去借贷成本就是投资者的剩余利益，从利益的追逐性上来说投资者会追求较高杠杆来获得较大的收益。投资者在股性

① 杠杆收购融资是以企业兼并为活动背景的，是指某一企业拟收购其他企业进行结构调整和资产重组时，以被收购企业资产和将来的收益能力做抵押，从银行筹集部分资金用于收购行为的一种财务管理活动。对企业而言，采用杠杆收购这种先进的融资策略，不仅能迅速地筹措到资金，而且收购一家企业比新建一家企业要快，效率也高。

教育金融制度下使用债性合约进行杠杆融资能够带来以下的益处：一是投资者只需要投入相对少量的资金便可以获得较大金额的银行贷款用于投资学生，即杠杆收购融资的财务杠杆比率非常高，十分适合资金不足又急于扩大投资的投资者进行融资；二是对于银行而言，由于有拟投资教育的投资者的资产和股性教育金融制度将来的收益能力做抵押，因而其贷款的安全性有较大的保障，银行乐意提供这种贷款。但是这种杠杆是存在限制的，每个投资者给予教育金融投资的自由资本投资是有限的，而通过这个有限的股性资金给投资者做信用保证来获得银行的贷款进入投资者账户，再进入股性教育金融投资的量也是有限度的。那么每个投资者就需要根据自己的资金量投入和股性教育资金的总量来给予杠杆率一个平衡，这种平衡是通过市场对于股性教育金融产品的信用评级和借贷的利息成本的波动来动态实现的，也是市场上对于股性、债性的均衡联动。

资产需求理论为我们研究任何一种风险资产的选择行为提供了一个很好的框架。该理论认为，当我们决定是否购买某一种资产以及应该购买多少数量时，我们的决策要受制于以下因素：(1) 财富。一般而言，财富越多，对任何资产的需求都会越大。(2) 预期回报率。其他条件不变时，如果一项资产的预期回报率相对于替代资产上升，对这项资产的需求就会增加。(3) 风险。经济学假定人们都是风险规避者，都厌恶风险。风险意味着负效用，所以，如果一项资产的风险上升，或者替代资产的风险下降，对该资产的需求就会下降。(4) 流动性。流动性是一项资产转换为交易媒介的难易和快慢的程度。流动性强的资产具有更好的交易市场，转换为交易媒介的交易成本更低。股性资产和债性资产在学生融资阶段是共同组成同质资金保证学生接受教育的过程，进入了股性教育金融制度的利益分成阶段，投资者选择的收益方式也不一定是全部按照股性的方式，即债性合约的收益方式也是可选择的。股债合约在这个阶段处于竞争替代的地位，那么在被投资对象与投资者的情况不断发生变化的时候，就需要投资者在债性和股性之间进行选择，实际上就是对流动性、风险性和盈利性三者的比较。当股性合约和债性合约之间在股性教育金融制度中不能达到投资者和学生的收益分配要求时，就需要为股和债构建一个可转换的通道，那么债转股和股转债合约应运而生。这样在股性教育金融制度下，股性合约、债性合约、股转债合约、债转股合约并存，共同竞争、共同促进，使得投融资双方灵活应对、处理未来的不确定性风险，将股债合约各自的优势结合运用，匹配出最佳方案。股性教育金融制度对于其他性质合约的这种包容性也使得其能够有相对更强的适应性与机动性，也能够保证制度的延续性。

二、人力资本流的联动效应

任何金融制度能够实施的基础是金融制度所支持的产业能够实现价值增加,股性教育金融制度能够成功运行的基础是学生的人力资本积累成功能够带来巨大的收益回报,所以说人力资本的积累过程是股性教育金融制度的核心过程。在这个过程中,人力资本从教育供给方源源不断地输送给学生,人力资本流是否能够顺畅地从教育实施的每个环节传导下去决定了制度最终的运行效果。股性教育金融制度并不能够增加人力资本流的总量,使得每个学生能够获得更多的教育而实现价值增殖,而是通过将教育的各个环节之间的关系专业化、竞争化、市场化,使得人力资本流在流向学生时流失更少、更加有效。在制度中教育不再是一个单向链输出过程,而是人力资本和信息双链螺旋上行的过程。

在现有的教育制度安排下,人力资本流的走向非常简单与低效。教育供给方是学校,教育需求方是学生,学校按照固定的模式对学生进行培养,学生一旦选择了学校与专业,其所接受的人力资本积累的模式也就固定了。学生只能在自己的学校里选择有限的课程安排,而每个学校的课程设置与学校的软硬件条件是紧密相关的,而学校的软硬件条件是与学校的排名、地理位置、所属省市和类别相关的。所以学生的人力资本积累状况在很大程度上依赖于学校的情况,学校以固定的教学方式对一大批学生进行同质的教育,将相同内容的人力资本流流向学生。这个过程非常呆板,同时也很低效,因为学校缺乏有效的机制对其人力资本传递状况进行考核,在学生完成学业后,学校也不需要为学生的工作状况负责,所以学校与学生之间的人力资本流首先是低质的,其次是不灵活的。所以如果将学校比喻成一个理发店,那么这个理发店只能理出一种发型,而这种发型是否适合顾客却没有人负责和评判。现有的教育模式下人力资本的单向链输出如图 6-10 所示。

在股性教育金融制度下,人力资本的单向链方式被完全改变,学校对学生实施的教育成为整个人力资本流传递的一个部分,人力资本积累状况也不再只由学校和学生来决定,股性教育金融制度的管理设计已经将教育的链式本质通过链式的管理方式使人力资本流从横向和纵向都连接在一起。纵向的联动即链式管理下的人力资本流的从选择人力资本媒介(学生)到人力资本输入是一个动态过程,在这个过程中前后环节的联动影响最终的人力资本积累的总质量;横向的联动是在链式管理的每个环节,人

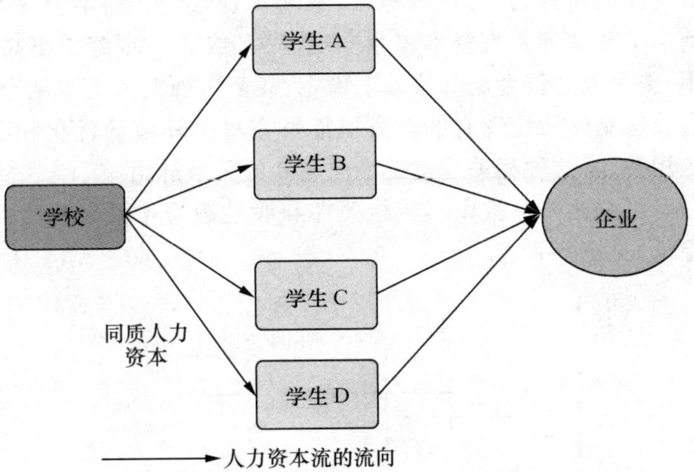

图 6-10　单向链人力资本流向

力资本流不仅仅单向从实施机构流向学生,学生对于人力资本信息的反馈也是人力资本的反输入过程。

（一）纵向联动

在股性教育金融制度中,学生的人力资本积累是按照链式结构从前至后的过程,学生从人才甄别环节到后续跟踪环节如同水涨船高,人力资本流越积累越多,同时人力资本流的质量越来越高。股性教育金融制度能够确保每个环节将自身的分工做好,将学生以最佳的状态输送至下一环节,这样每个环节的最优配置最终导致学生的人力资本积累实现最佳状态。图 6-11 是学生的链式教育的六大环节,也是纵向联动的流向。

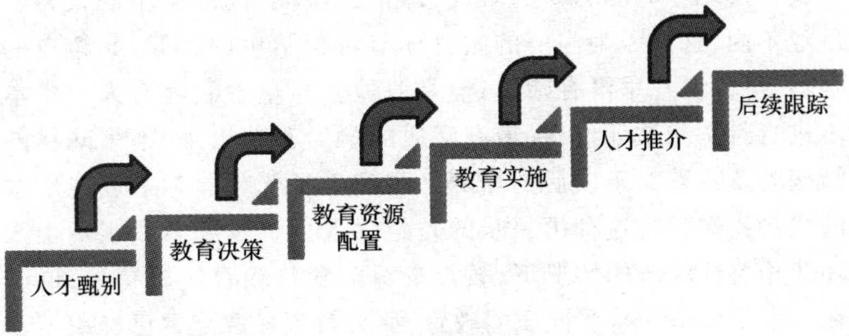

图 6-11　纵向联动的流向

从图 6-11 中可以看出,学生的人力资本积累状况在六大环节之间应该如同爬楼梯,从一节阶梯向更高的阶梯迈上去。一个合理的教育链应该是环节之间能够平稳过渡,同时下一个环节在前一个环节的基础上能够实现人力资金流的流入、人力资本积累，不断实现量变。而不合理的教育链将使得前一个环节的人力资本积累实现流失，或者一步跨得很高，下一步跨度很小，整个人力资金流的流入不稳定，甚至出现人力资本流出的结果。股性教育金融制度相比现有的教育就能够在每个环节的优化和联系上给予高度的相关性，这种相关性就是纵向联动的关系脉络。

我们可以对比一下教育环节相关性和股性教育金融制度之间的纵向联动的差距（见图 6-12）。

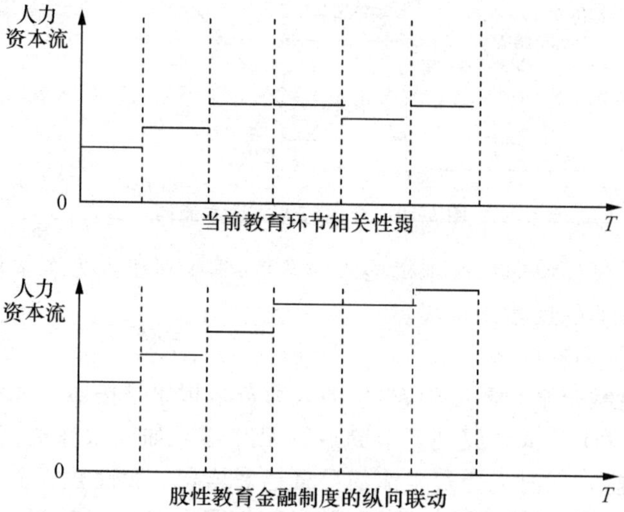

图 6-12 联动效应的对比

我们对上面的对比图进行解释，在时间轴上的六段表示教育链的六个环节。我们发现在时间为 0 的阶段，即筛选阶段，同样学生的人力资本状况就已经不同，这是因为当前的教育环节对于学生的天赋、兴趣点的筛选环节很弱，可以说几乎没有筛选；但是股性教育金融制度有人力资本公司对学生进行科学测试评价，将最有潜质的学生筛选出来，本来同样的学生经过筛选就意味着对于以后的培养已经产生了优势。为了表现出这种天赋上的优势我们就将这种第一步的差距以人力资本积累量表示出来。在教育环节相关性较弱的情况下，教育资源配置与教育实施持平，说明如果学生在一个学校里面接受同质的教育，那么教育资源配置已经决定了人力资本积累的水平，两者之间没有互动，方式非常单一。同时我们发现在学生进入人才推介阶段时，人力资本流出现降低的情况，这就反映了当前的学校教育与社会企业需求的脱节现象，学校的培养方式单一死板，与社会的发展更新速度不能同步，如此学生进入社会工作就会面临所学无用的局面，造成人力资本流的流失。但是在股性教育金融制度下就会避免这一情况的发生，因为学生的教育实施与人才推介由专业、统一的人力资本机构进行规划实施，学生所学的就是社会需要的，因此在这两个环节可以学有所用，无缝连接。从图 6-11 可以看出股性教育金融制度的纵向联动能够保证人力资本流稳定向上积累，不断流入学生，使得学生的人力资本积累的每个环节都有效，且为下一个环节打下更好的基础。

（二）横向联动

股性教育金融制度中，学生在接受人力资本积累的同时也会给予信息反馈与选择，即在新制度中，学生拥有更多的自主权。这种自主权带来的就是学生与人力资本积累的各个部门机构拥有互动，这种互动存在于链式教育六大环节中的每个环节里面，那么学生与每个环节执行机构之间沟通所带来的正面效益就是横向联动。

横向联动里的两个重要因素是人力资本流和信息，这两个因素是机构与学生之间产生互动关系的媒介。人力资本流从教育机构流向学生，使得学生完成人力资本积累，而信息从学生流向机构。信息的作用主要有两个，一个是信息能够给予机构一种反馈，这种反馈是对机构运行的建议与评价；另一个是信息能够给予一种市场信号，这种市场信号能够给予机构客观的评价，利于其他学生的选择。

因为六个环节中每个环节与学生的横向联动原理相似，我们在此仅分析一个环节来说明横向联动的机理。在股性教育金融制度中，教育资源的配置环节里面往往涉及的不是一个学校或者一个学校的某个专业，而是多个学校的多个专业。我们为学生选择出最适合该学生的专业方向，那么就需要尽可能地将这个方向的优秀教育资源集中起来为该学生进行人力资本流的输入。学生在接受完人力资本积累之后，并不像在以往的教育机制中那样，毕业就去工作，至于所学习的有没有用都没有人去管理。学生在使用完教育资源的配置后，对于不同学校的不同资源进行一个评估，这个评估就是对教育科学性的一个反馈。当这个评估发回教育资源的配置机构时，就会把这个信息传导出去，教育资源的配置环节能够根据信息对不利的部分进行修正、再配置。如果将人力资本配合机构当作一个人，学生针对教育资源配置的信息反馈就是另一种“人力资本流”。同时学生给出的信息有一种市场信号的作用，如某个学校的某专业的培养对于学生提升很大、科学性很强，学生就会给出积极的信息，那么在无形和有形中就加强了对该学校该专业的宣传，提升了其市场价值；相反如果该专业的设置是浑水摸鱼，那么学生传递出的消极信息就将调动市场的力量淘汰这些劣质的教育资源,从而起到优化教育环境的作用。由上可以看出,学生和教育资源配置机构的这种横向联动使得股性教育金融制度的人力资本流能够有效积累,快速反馈,不断优化。横向联动如图 6-12 所示。

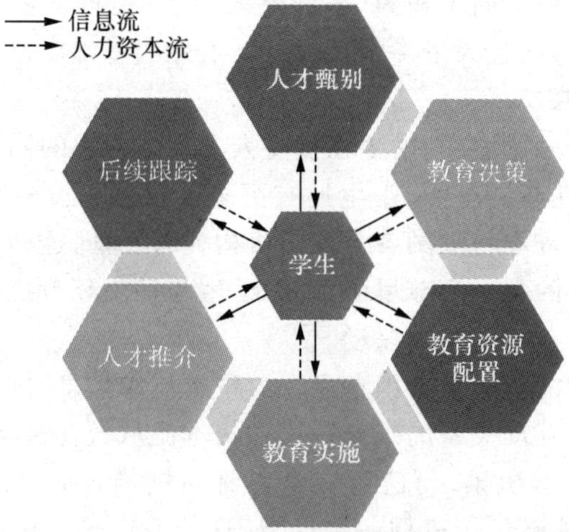

图 6-12 横向联动示意图

将人力资本流的纵向联动与横向联动连接起来看,就是一个简单的 6×2 网式结构,即学生和链式教育六大环节的执行机构之间的综合关系是一个网式联动。网式联动相比纵向联动和横向联动使得教育每个环节的微因子实现信息共享,能够最大程度地跟踪与执行学生的受教育情况。联动的最佳状态就是所有系统的所有因子能够进行互动联系,而网式结构是将各个因子相互联系最大化的一种结构,所以股性教育金融制度中人力资本的流动与积累是非常充分的。

三、资金流与人力资本流的联动效应

股性教育金融制度不仅带来了资金流和人力资本流各自的联动效应,更重要的是其带来了资金流和人力资本流的联动效应。资金流的动力源于人力资本积累的高回报性,所以人力资本流是资金流的基础,资金流的成功投入、产出需要人力资本流的顺利实现;同时人力资本流的专业管理是由资金流的提供来保证的,即学校、学生、中间人力资本机构只有都获得足够的资金流带来的支撑和收益,才能顺利地在各个环节进行下去,使链式传递得以成功。所以股性教育金融制度带来了资金流和人力资本流两者之间的联动效应。

资金流与人力资本流的联动就是一个产融结合的过程。在以往的教育中忽视了资金流与人力资本流的联系，将之分开对待。说到资金，永远看到的是教育风险大，资金缺乏；说到教育，永远谈到的是教育机制不好，需要改革。这就类似谈一个企业，要么只说企业缺乏社会资金的来源，要么就说企业的生产问题。其实，在教育中，资金流和人力资本流是不可分割的。一方面，人力资本的积累是一个无形的过程，但是这个过程需要投入资金，对于无形过程的投入资金就需要将这个无形投入的收益以有形的方式展示出来，所以就需要以人力资本积累后的资金流的输出作为人力资本积累成果的展示。另一方面，资金在没有被投资时，其只是一般货币，只能用于流通，但是一旦资金被投资，这笔资金就会带来增值，而人力资本是带来增值的主体，货币只是衡量与实现的载体。

在股性教育金融制度中，融的是学生的教育费用，产的是学生的人力资本。学生的教育费用向外界融，就是把闲置资金流引入产生增值的人力资本流的过程，而股性的方式使得投资者在给予资金后参与人力资本流的管理，那么人力资本流就能够以更高的成功率积累起来。学生完成了人力资本积累之后，可以创造价值，自己就能够将人力资本积累以资金流的方式输出。在学生完成资金输出的过程后，就能作为投资者为下一阶段的人力资本流做资金流投资了。在整个过程中，先资金流后人力资本流最后再资金流，股性教育金融制度就是将人力资本积累中的价值创造以显性的方式使资金流与之结合，产融关系清晰。关系清晰之后，也就能够实现联动。

第三节　联动效应的验证及预测

一、联动效应的验证

对股性教育金融制度联动效应进行研究，是因为联动效用能够带来教育金融抑制的缓解，本书的上一章已经针对发放的调查问卷对教育金融抑制的情况做出数理上的回归分析。对于股性教育金融制度联动效应的运作状况，只有在股性教育资金投入学生，人力资本积累的六大环节的相关参与体都运作起来的情况下才能实际考量。于是我们在问卷的第四部分设计了关于股性教育金融制度状况的调研，这部分的调查能够对于股性合约的联动效应做预期的调查，这部分调查主要是从资金流的变化来反映抑制的解除状况。抑制的解除是股性教育资金联动效应的结果，所以可以说本部分是从制度预期的结果来反映制度运行过程的特点。

针对股性教育金融制度的联动效应的调查,我们在问卷中主要设计了两类问题:第一类问题是学生对股性教育金融产品的认可度调查,该部分涉及了对于股性教育金融制度应具有特征的选择和对于股性教育金融制度融资比例的选择;第二类问题是假设在股性教育制度出现后,对于其他融资手段的选择结构。第一类问题是为了研究股性融资体系下,学生对于股性教育资金的需求状况,这能够反映资金流里投融联动的程度。因为在股性教育金融制度下,投资者的资金供给是充足的,投融联动的资金量是由需求来决定的。学生选择的股性金融产品的比例越大,教育融资金融化程度越高,市场化程度也越高,那么股性资金对于教育金融抑制解除的程度也就越高。第二类问题是研究学生在股性教育金融制度出现后对于其他融资来源的需求变化情况,这种变化一方面能够反映学生对于非教育金融方式获取资金的数量,另一方面更能了解到债性教育资金——国家助学贷款的需求状况,这样就能从需求者角度了解股债联动的程度。

有了反映联动效应结果的数据,我们就需要对这些数据进行统计,从调查的情况来分析出具体的状况。为了更清晰地表述本章在教育金融抑制体系下的地位和我们接下来处理数据的脉络,我们将联动效应的层次图呈现如图 6-13 所示。

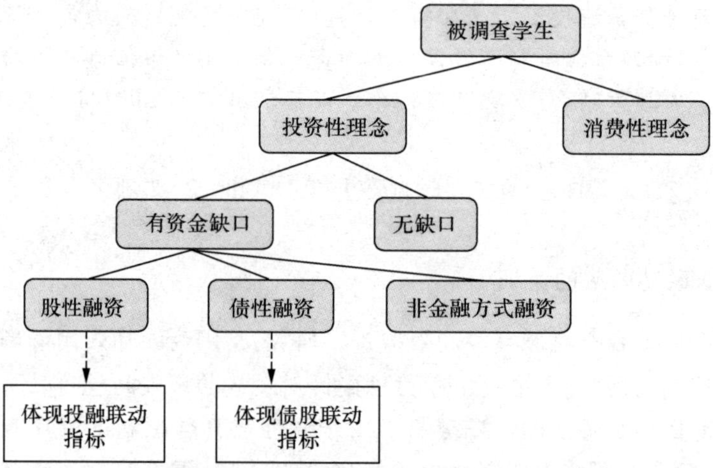

图 6-13 联动效应调研指标层次

从图 6-13 可以看出,在第一层次,我们将被调查学生分为教育投资性理念和教育消费性理念,教育投资性理念下的学生会有采取当期筹资接受教育将来还款的行为,而消费性理念则没有这种行为选择;在第二层次,持有投资性理念的学生有的是家境富裕,能够完整供给教育资金,那么这部分学生则是无缺口的,除了这部分之外的学生则有教育资金缺口,需要通过外界获取教育资金;在第三层次,主要将有资金缺口的学生的融资方式分为股性融资、债性融资和非金融方式融资。我们对于问卷数据的处理就是按照这样的顺序,在选择投资性理念的学生中,再选取有资金缺口的学生,接着再将这部分学生按对于不同融资方式的选用比率进行统计,主要是统计股性融资的选择量和债性融资的选择量。最终股性融资的选择量就为体现投融联动的指标,而债性融资的选择量则是体现债股联动的指标。

针对教育金融抑制的学生问卷,我们共计发放 1 000 份,其中实际收回问卷 728 份,通过对问卷的统计与处理,最终得到有效问卷 671 份。其中投资理念的参与者有 533 人,占总调查问卷的 79.43%;而消费理念的参与者有 138 人,占总问卷调查参与者的 20.57%。对联动效应的考察我们就以选择投资性教育理念的人需求资金的平均值来衡量。然后对投资型的参与人的人均融资数额进行计算,投资理念的人均融资金额是 113 491.5414 元,在教育投资理念下,教育资金缺口是 113 491.5414 元。存在教育资金缺口的人占总投资性理念的 40.112782%。接着对存在资金缺口学生进行资金来源需求结构的统计,发现他们愿意通过债性和股性融资的人均资金量是 49 603.94737 元,其中从股性教育金融制度中获得的股性资金是 9 108.468691 元。使用教育金融产品所占总融资的比例是 37.067670%,投资理念的融资方在进行融资过程中打算运用分成制教育金融产品进行融资的占存在资金缺口的平均比例为 42.07%。

对于联动效应的调查统计数据可以看出,对于股性教育产品这样的创新金融产品,能够为每个投资性理念下的学生提供大约 9 000 元的教育资金,这就意味着每个学生能够获得 9 000 元资金所能带来的教育资源。需要说明的是,因为存在资金缺口的人数为投资理念总人数的 40%,那么将股性资金完全投给存在缺口的学生,每个有缺口的学生平均能够获得 22 500 元 的股性资金,这个数据反映了有了股性教育制度后,社会上能够满足至少 22 500 元的投资资金需求。通过对于股债联动的调查,我们发现学生对于债性教育资金的需求为 40 000 元,但是这并不是完全可获得的债性资金,因为我们提到银行给予学生债性资金的支持是需要股性作为信用保证的,也就是说,每个学生获得的股性资金的量所给予的学生资金抵押能够帮助学生获得更多的债性资金。按照 70% 的抵押贷款率来计算,存在缺口的学生人均至少可以获得 $22\,500 \times 0.7 = 15\,750$ 元的债性资金。这里说明“至少”是因为我们是按照股性资金的量做抵押计算债性资金的可获得量的，实际上抵押贷款率是按照项目或者企业的价值来计算的，也就是说，科学上应该按照学生的人力资本积累后的价值来计算，这个价值肯定是大于股性资金的，所以 15 750 元只是债性资金支持的最小值，如此反映了股债联动的程度。

对于联动效应的预期调查，我们得出了以上的资金流数据，一方面股性教育金融制度的确已然给予了学生对于资金流的期望，另一方面股性教育金融制度的联动效应能够发挥更大的作用，因为假设存在教育资金缺口的学生全部使用股性教育资金来获得教育资金，甚至只要是投资性教育理念的学生不愿意给家里带来教育负担，那么这么大量的学生都是可以通过股性教育金融产品来获得教育费用，实现人力资本积累的，如此教育金融市场将更加有效、广泛。

二、联动效应的预测

通过对调查问卷的分析，我们对股性教育金融制度的联动效应进行了验证，但是这种验证只是从学生这一需求方的角度进行的，缺失了对投资方的分析就将使得联动效应的动力机制缺失重大组成部分。现实生活中，教育领域的股性投资者和债性投资者因为教育融资的市场化程度较低而基本不存在，因此基于资金供给方的联动效应，我们依据已有的市场融资行为做出预测。

投资者依据其风险偏好可以分为风险偏好型、风险中立型、风险回避型。这三类投资者对于融资市场的不同偏好程度使得市场资金总体分为股性资金和债性资金。风险偏好型的投资者喜欢收益的动荡胜于喜欢收益的稳定，他们选择资产的原则是：当预期收益相同时，选择风险大的，因为这会给他们带来更大的效用。股性教育金融合约本身就是风险较高同时收益也较高的合约，所以风险偏好型的投资者趋向于选择这种股性合约。风险回避型的投资者喜欢稳定的收益回报，当预期收益率相同时，偏好于具有低风险的资产。债性合约能够给投资者带来稳定的收益回报，合约风险可控、可预计，那么风险回避型的投资者更愿意选择债性合约作为自己的投资方式。

我们可以从中国最大的财经网站——和讯网发布的《2012 年宏观经济预测报告》中的统计数据来了解中国投资者的偏好分布情况。其中的《基民调查报告》显示，38.7% 的投资者偏好投资股票基金，基金投资者 78.5% 为中低收入者和低收入者。我们从对基金类型的偏好选择并不能准确得出中国投资者的具体偏好情况，但是可以从数据中对中国投资者的偏好趋势分布有一个大致的了解。基民投资偏好图如图 6-14 所示。

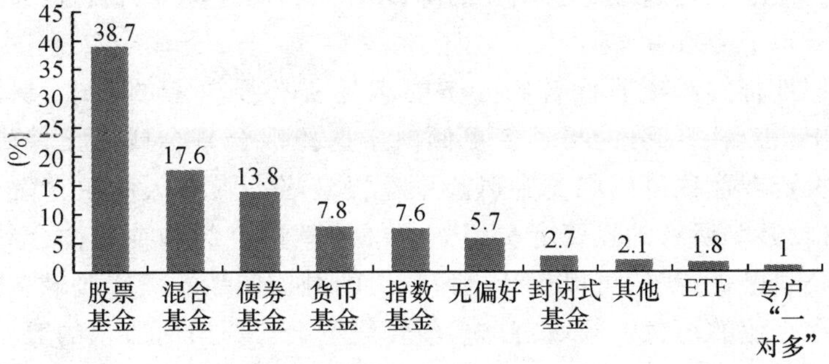

图 6-14　投资偏好分布

从图 6-14 可以看出，有 38.7% 的投资者选择的是股票基金，因为该基金类型具有基金的稳健性和股票的高收益性，二者结合相得益彰，能使收益最大化，然而风险相较于其他类型基金也稍大一些，但相对于股票来说风险则小很多；混合基金位列第二，占 17.6%，因为混合基金的风险比股票基金小，虽然收益也低一点，但是比其他基金高一些；债券基金、货币基金、指数基金和封闭式基金分别占据了 13.8%、7.8%、7.6% 和 5.7%，这些基金类型比较稳定，没什么大风险，虽然收益较低，但是"稳定第一"，而债券基金相对于其他几种同类型基金则数量多一些，因此投资者的比例也高一些。

从以上基金投资者的投资偏好可以看出，投资者投资于股票基金这类偏股性的融资产品与债券基金这类偏债性的融资产品的比大致为 3∶1。这就说明从投资意愿上看，人们很愿意将资金投资于股性合约。同样，在教育领域引入股性合约，能够吸引很大一部分社会资金进入教育领域，但是教育领域有了股性资金之后能够吸引债性资金从投资者那里流进来，单个投资者对于教育领域的投资意愿按照上面的比例大概为股性合约占 3/4，债性合约占 1/4。

但是我们再研究已经上市的公司的外源融资会发现，在外源融资中，债务融资占外源融资总量接近 50%，有很多公司的债务融资已经超过了 50%。从投资者意愿的 1/4 到实际上市公司所获得的 1/2，这中间的差距就是由于公司已经上市，获得股权融资之后的公司社会信用增强，债性资金不断融入融资领域，所占的比例不断增大，债性融资规模逐步与股性融资相同。自然人引入股性教育资金的过程相当于自然人的上市，当自然人的社会信用增强，那么依照上市公司，自然人能够在获得股性资金后获得更多的债性资金支持。因此我们可以预测，自然人在获得22 500元的股性资金之后能够获得超过之前验证的15 750元的债性资金，债性融资量可以达到22 500元甚至更多。

纯债性合约和纯股性合约并不能满足所有投资者的需求，从图6-14可以看出，相当一部分的投资者更倾向于选择混合基金或者无偏好基金，这部分投资者往往可以归类为风险中立投资者。自然人的教育融资市场也是一样，并非所有的投资者都愿意选择纯债性合约和纯股性合约，那么类似于公司融资，我们可以设计出债转股的融资产品。债转股现在被广泛地使用在企业的再融资领域：首先，债转股不会稀释当前股东的股权利益；其次，债转股的出现不会使得企业在股市的价格发生巨大变动，投资者能够选择适当的时机再选择以债券还是股票的收益方式实现投资。在教育金融制度中，针对投资者的不同投资意愿，债转股这样的融资工具会有极大的需求空间，既能满足自然人融资的增资需求，也可以作为首次融资的选择之一。

由此可见，联动效应不仅体现在股性资金对于债性资金的吸引上，也体现在股性合约、债性合约、债转股合约的灵活选择上。

第七章　教育金融抑制解除效应预测

教育金融抑制的解除能够有效地改善和优化学生及其家庭当期以及未来各期消费支出的行为以及资产账户。随着教育金融制度的不断完善，教育参与主体所占用的教育资源可以基本实现公平分配的目标，进而实现教育整体环境的改善、提升。而在宏观层面，教育作为国家长期发展的原动力，随着教育质量的逐步提升，会逐步平衡由收入差距、外部环境等所带来的差异性，整体地提升一国教育水平。本章将基于调研数据分析结果对学生与家庭、学校以及政府在教育金融抑制解除的情况下，对制度、理念和行为层面进行预测和合理估计：在微观层面上，重点研究学生与家庭在分成制作用下，在教育金融抑制解除后该微观主体在消费、投资和生活保障等方面的行为变化；在中观层面上，进一步分析对家庭间和区域间教育资源分配公平性的改善效应；而在宏观层面上，预测不同收入群体在分成制作用下消费和投资水平的改善效应，并且通过模型的构建分析分成制如何作用于高等教育国际竞争力的提升以及形成自身办学特色，最后基于分成制资金总量的估计，测算出教育金融抑制解除对我国整体居民消费和投资所起到的改善效果。

第一节　学生与家庭行为效应的改观

教育金融抑制解除对教育需求方及其家庭的改观是根本性的。从资金性质本源性角度，保持学生教育投入资金的原始性，即股性教育资金，能够显著地缓解由于教育资金性质转变对教育参与主体教育消费的扭曲；外部教育增量教育资金能够优化家庭消费结构；教育金融制度的完善以及资金的充裕能够最终从根本上改变学生及其家庭当期以及未来的支出预期，以达到教育产出以及家庭资产平衡的最优化结果。

为准确分析分成制出现对学生与家庭的行为所产生的效应，本节引入

“心理账户”①这一概念。通过考察学生与家庭不同时期的各项心理账户有助于了解分成制实现的具体效应以及有效估计出分成制实施前后各心理账户余额之间的配比关系。心理账户由三种不同类型的心理账户，即现期账户、资产账户、未来收入账户组成。心理账户概念的引入旨在解决消费者“双重偏好结构”②所引发的矛盾状态：假设消费者具有两个共存且互相矛盾的偏好，一个只关心短期利益，倾向于更多的眼前消费，表现出一种感情用事的行为，称为“行动者”；另一个则关心长远利益，实现终身效用最大化，希望为以后的生活进行足够的“储蓄”，表现出一种理性的行为，称为“计划者”。根据现阶段我国居民的消费行为（尤其是教育消费）和账户特征来看，分成制通过优化学生与家庭的心理账户内各项账户余额的结构，进而促进学生—家庭现期和未来的消费、储蓄以及投资行为。

一、消费意愿的提升

截至2012年年末，我国离财政性教育支出占国内生产总值的比重4%的既定目标还有差距，在各教育阶段（基础、中等、高等），家庭教育经费支出呈逐年快速上涨的趋势，部分已经接近或超过政府教育投入水平。另一方面，家庭教育支出的增长率远远大于家庭可支配收入的增长率。自1999年教育体制改革至今，家庭教育资金负担的日趋加重并没有削弱家庭对于教育的投资意愿，逐步显现出家庭教育经费需求的增量资金无法覆盖的问题。对于居民现期账户而言，教育消费的诱惑性和必要性急剧升高。随着现期教育消费增量资金的刚性需求不断增强，其对居民现期账户中的其他消费产生了强烈的挤出效应和替代效应。

分成制资金的引入实现了居民现期账户资金余额的阶段性增长，由此，教育消费所引发的挤出效应和替代效应将逐渐弱化，从而使得现期账户支出结构逐步恢复正常。账户资金来源的多样化分担了家庭对于学生所需承担的教育义务。从长期来看，分成制资金的引入促发了心理账户系统各账户间的重要特征——替代性。如图7-1所示，家庭教育经费支出预期增加会引起资产账户和未来收入账户调整账户余额。现期账户余额的增加并不会带来当期消费的增加，反而会减少每一期现期账户向资产账户和未来收入账户为实现资产跨期配置所转移的资金量。除此之外，随着未来收入账户以及资产账户的缺口扩大，当期消费意愿由此降低。

---

① 泰勒（Richard H. Thaler）和谢林（Hersh M. Shefrin）为了解决行动者与计划者之间的矛盾而引入了“心理账户”的概念。

② 来源于行为生命周期理论。

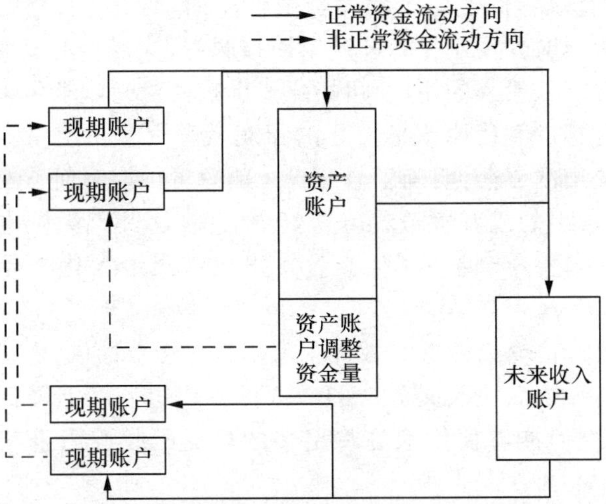

图 7-1　家庭各项心理账户资金流动情况

分成制资金的介入能够推动市场化条件下家庭各项账户余额。股性资金分阶段进入家庭现期账户，降低了教育支出占家庭可支配收入的比重，有效地改善了家庭未来收入预期，从而提升了学生与家庭在当期的教育支出以及消费意愿。

（一）教育支出的市场性增强

保证子女接受良好的正规化教育是每一个家庭应尽的义务之一。随着“养儿防老”等传统观念的弱化，父母对于子女教育投入所显示出的不求回报的义务性逐步增强，相反，如果子女由于父母教育资金供给不善而导致失学或辍学，则会给父母带来极大的负罪感。据调查，我国离乡在外务工的拥有孩子的农民中，66.4%的父母外出打工的主要原因都是为了保障子女能够拥有足够的教育资金完成学业。他们收入的80%都直接或间接用于教育投入。从这些数据中不难看出，家庭不计回报的教育投入是群体行为，而不是个别行为，充分显示出父母对于无法负担子女教育支出所承受的极大压力。

如前文所述，家庭对于子女的教育投入主要基于血缘关系。而基于血缘关系的教育资金投入—产出回报的平衡关系已经发生了根本性的改变。传统的理念中家庭教育资金具备股性特征，即希望现期的教育投入能够充实家庭未来收入账户。但从实际情况来看，投入义务性的加强和产出回报意识的弱化双向作用不仅威胁家庭现期收支状况，同时也可能波及家庭未来收入账户。

市场化股性资金的实现从资金层面部分替代家庭对子女所投入的教

育资金,同时有效降低了由于教育资金性质而"偏离"股性的可能性。市场化股性资金同时作用于投入和产出回报两端,从根本上改变了投入—产出的参考标准。从投入的角度,市场化资金投入量是以学生个体人力资本积累最大化为标准替代原本标准化的家庭教育资金供给量。市场化资金明确了教育支出的方向,明确了教育投入的总量预期。而从产出回报的角度,学生教育产出的或有性随着市场资金的引入,其人力资本资产的属性随之显现,这也进一步促使学生教育支出以产出最大化为导向选择教育支出。

分成制资金的介入能够有效优化家庭教育资金构成,弱化家庭教育投入义务性,另一方面,投入义务性的降低可在一定程度上降低教育债务存在的可能性,进而能够促使家庭将更多的可支配收入用于其他家庭消费支出。

（二）家庭现期账户结构优化

家庭现期账户是指家庭收入(支出)账户,是心理账户的表现形式之一,也是行为个体最为基本的表现形式。分成制的推行将有效地解除学生和家庭教育资金短缺的问题,同时,就股性资金性质而言,股性资金的加入将在无形中给被投资者和被投资者家庭传达出正面信号,即所谓"增信机制"。以市场化为导向的股性资金能够专业地、系统地、全面地判断被投资者的某一项或某几项特定的潜能,并有针对性地对其进行培养。能够有效改善家庭对于子女的教育投入理性盲目、"随大流"的现状。教育资金增量问题的解决和增信机制的实现能够有效地改善家庭现期账户结构以及形成对家庭未来收入账户改善的预期。

如图 7-2 所示,家庭消费水平会随着教育投入所带来的谨慎度的提高而逐渐降低,当到达 λ_0时,居民消费倾向到达最低点;超过 λ_0点后,居民的消费行为又将随着谨慎度升高而随之缓慢升高。其原因在于,家庭的边际消费倾向由于受到严重挤压,使得家庭敢于以牺牲未来为代价而做出非理性的消费行为。分成制资金的引入,能够使得家庭现期收入账户较之前更加丰盈,因而家庭的消费的极值点将从 λ_0推向 λ_1,以提高家庭消费支出的缓冲区域。由于分成制外源资金的进入,家庭现期收入账户负担能力的提升将会促进家庭消费水平的上升,降低家庭非理性消费预期,从而进一步优化家庭整体消费行为。

分成制增信机制的逐步实现,有助于家庭对子女教育投入形成更为理性的判断,进而实现更为理性的教育投资。更为重要的是,分成制的加入会使家庭对子女的教育收益形成一个良好的教育收益预期,并能降低家庭

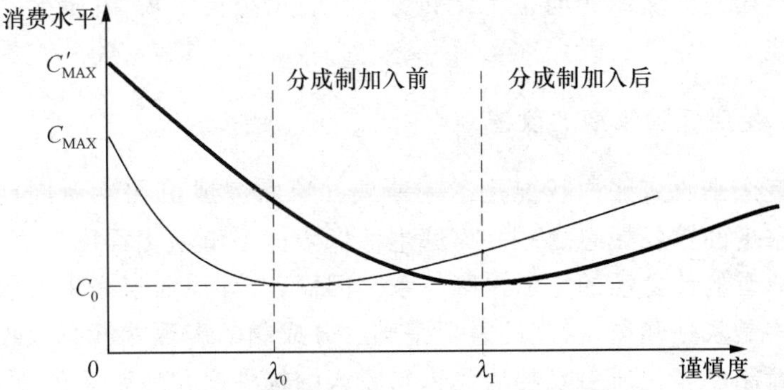

图 7-2　家庭消费水平与谨慎度的关系

针对子女未来教育收益不确定性而采取其他补救措施的成本。因此,子女未来教育收益的保障能够在很大程度上影响家庭当下的消费行为。随着分成制教育金融制度,尤其是增信机制的不断成熟,家庭的消费行为受来自家庭对子女未来教育收益低下而需要担负额外支出的影响,将逐渐被弱化。家庭成员将逐步从现有教育负担和未来可能的教育效率低下所引发的负担中逐步解脱出来,逐步实现以生活水平和质量为参考的消费理念。

(三) 教育消费"挤出效应"降低

从家庭现期消费结构来看,房贷、车贷、信用卡还款等都反映出我国居民的消费习惯已经逐步向"超前消费"的理念在转变。假设居民年收入增长速度与通货膨胀速度持平,那么,在家庭日常消费结构中:日常生活用品和食品支出基本保持恒定,而各项超前消费的还款,如房贷、车贷,在正常利率水平波动下且不新增家庭资本性支出的情况下不会对消费结构造成巨大冲击。而反观教育消费,根据统计数据,我国每年教育支出增长速度远远高于人均可支配收入的增速,换而言之,教育消费是主要威胁家庭消费支出结构的源头之一,由此对其他消费支出的挤出效应是不可避免的。维系家庭正常生活是一个短期收效高、必要性大的行为,而教育投资则是长期收效高、必要性也大的行为。面对"双重偏好"博弈的情况,家庭只能通过外部资金的引入,才能进一步化解教育消费增长所带来的矛盾。

在分成制实现的前提下,股性教育资金能够化解由教育资金需求增量给家庭正常支出所带来的压力,从而进一步弱化家庭在维系生活和教育投资之间的"双重偏好"博弈。增量资金的满足既能够使得教育需求方所需要的教育资源得到满足,又能使学生不会因家庭教育支出的增加给家庭带来的负面作用的影响而做出非理性的教育决策或降低其参与教育的积极度。因而,分成制能够有效地实现教育投资增量资金压力的转移,同时也能够促进居民消费结构向正常化和更加优化的方向发展,并提升居民的日常消费能力。

二、生活保障预期的改善

家庭未来收入账户状况是老一辈或几辈家庭成员在生命周期后期生活保障水平的重要标志之一。家庭生活保障体系市场化程度的逐步深化,打破了原有的计划性的生活保障体系。因而,合理规划家庭未来收入账户收支结构是家庭和谐、稳定的重要基础。分成制的出现能够有效地缓冲因生活保障制度变化所引发的居民未来收入结构性变化所带来的不利影响,同时也能有效地对冲由于生活理念转变给家庭带来的未来收入账户中教育收入来源缺失的风险,进而有效地提高学生与家庭整体的生活保障水平。

(一)缓冲制度改革的负效应

2000 年前后,我国在居民生活保障方面实行了多项体制改革措施,包括教育体制改革、住房改革、医疗体制改革、社会保障体系改革等。住房改革、医疗改革,甚至社会保障体系改革从表面上来说主要针对城镇居民,而对农村居民直接影响并不大。但从中长期来看,各项制度的转变也对农村居民的生活保障水平产生了较大影响。相对于其他几项改革,高等教育改革的影响则是全国性的,对城镇居民和农村居民都产生了重大影响。

几乎所有家庭,尤其是低收入或弱势群体的家庭,都希望能够通过子女在学业上的功成名就实现向上层阶级流动的目标。而 1999 年高等教育改革标志着:由国家主动的教育资源支持系统逐渐的退出以及教育自主性的提高。取而代之的是以家庭为单位为学生提供教育资金的新体系的逐步建立。制度的转变使得家庭开始承担高等教育阶段的教育支出负担,由此引发了家庭支出结构的重大转变,同时也存在引发家庭未来收入账户危机的可能性。通过对比可知,在美国,中产家庭的教育支出一般占家庭收入的 1.6%,但在我国,中等收入阶层家庭的教育支出占家庭收入的比重达到了 16%,是美国的 10 倍。在教育上的过多消费必然会挤占家庭的其他消费支出,尤其是生活保障类消费支出,对那些贫弱家庭来说尤其危险。

医疗支出需求相对于养老、住房等支出属于刚性需求,是居民生活保障最基本的体现之一。从图 7-3 中可以看出,我国医疗支出占 GDP 比重仅略高于低收入国家,另外人均医疗支出仅为 90 美元左右,介于低收入国家和高收入国家人均医疗支出之间。长期以来,居民医疗支出过低反映出家庭“有病不敢医,有病没钱医”的窘境。而分成制的实现虽不能在当期内直接作用于医疗、养老、住房等诸多方面，但能够随着教育支出负担的减轻以及教育收益的增加提升居民未来收入账户水平预期，从而提高家庭生活保障水平，克服由于制度改革所引发的负面效应。

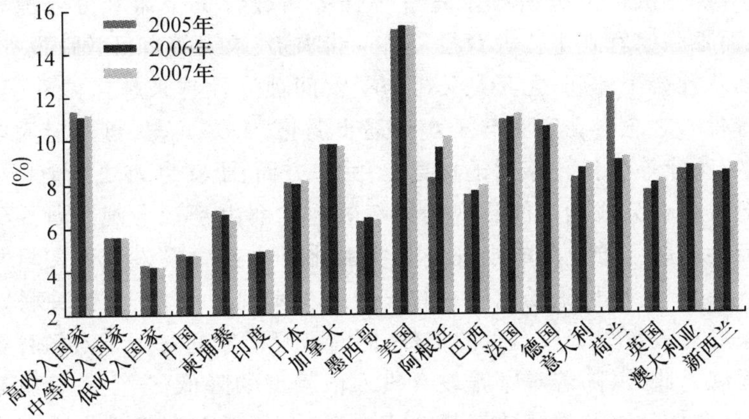

图 7-3　全世界医疗支出占国内生产总值比重(2005—2008 年)

资料来源:世界银行 WDI 数据库。

分成制资金的大量进入可以直接解决部分学生和家庭受教育制度改革影响所面对的教育资金的相关问题，尤其是高等教育资金无法自给自足、教育决策扭曲等问题。从制度层面来分析，分成制的实现对教育制度改革进一步推进和深化过程形成了有机的补充，也为进一步强化教育需求方(及家庭)教育自主性提供了保障。再者，分成制教育资金的加入不仅填补了制度改变过程中所留下的资金缺口，同时也降低了由于制度改变所导致的教育需求方出现的教育决策偏差的可能性。

(二) 家庭未来收入账户改善

分成制的实现在体制层面是对教育制度改革的有效补充，而在教育理念层面，分成制通过实现教育需求方及其家庭的教育理念的转变进而影响学生及家庭的各项教育活动，进而影响学生和家庭其他方面的各项决策。

根据财政部一项研究结果表明，居民储蓄的主要用途分别为医疗、养老、教育，其中 40% 是用于教育的(潘海岚等，2005)。从数据中不难看出，与教育相关的储蓄额占家庭储蓄总额近半，而此数据仅仅是一个平均数据，部分地区此项数据的占比可能会更高。由此说明，在传统教育理念的推动下，家庭对于教育投入和预期教育投入都赋予了更高的权重和期望值，因此，为满足教育投入的资金需求而牺牲未来生活保障的可能性也随之大增。

相比家庭教育投资资金，分成制资金是一项更为理性的投资于教育的资金。分成制资金能够有效地遏制义无反顾式,甚至因教致贫式家庭教育投资理念的蔓延,同时也能够树立起合理、适当的教育投资理念。分成制作为人才甄别和推送市场的“中介机构”能够较好地掌握必要信息,利用信息来源充分、信息分析技术先进等优势向教育资金需求方分配教育资源,从而根除家庭在进行教育投资时一味求多、求大等盲目教育投资理念。

随着社会个体间,尤其是父母与子女间独立性越来越强,“养子防老”等教育投入观念会在家庭与子女间逐步弱化,一方面,父母不能完全将晚年养老、医疗等责任转移到子女身上;另一方面,子女也无法完全负担父母的养老重责。分成制则能从现实中有效地化解由于社会观念所导致的社会保障性问题。分成制的出现进一步强化了在教育投入方面父母与子女之间的独立性,通过市场化机制的渗透逐步实现了两者“义务关联性”,降低了家庭对教育投资所肩负的责任,同时减轻了家庭对于子女教育收入的依赖程度。此外,随着对家庭教育投入依赖度的降低,学生教育决策自主性、教育责任度以及教育效率都会相应提升,从而有利于学生实现更高的教育收益。分成制的实现不仅有效地保障了家庭老一辈成员的未来收入账户的水平,也为学生(即家庭下一代)未来收入账户的积累奠定了基础,有效地实现了资产跨时期配置的目标。

三、家庭资产账户的优化

家庭财产性收入及资产账户余额偏低是我国家庭长久以来存在的普遍现象。而我国居民财产性收入偏低的原因除了经济增长、财富禀赋、资产收益等外部因素之外,主要源于居民自身内在因素:多余的可支配收入和财产性投资的意愿。分成制的实现能够有效降低家庭资产账户由于非理性的教育投资所引发的“高杠杆性”,由此提高家庭资产组合的流动性,分散教育投资风险,实现家庭教育投资的替代性,优化家庭资产账户结构,提高多余的可支配收入和财产性投资的意愿,从而实现家庭资产账户与教育投资“松绑”,最终实现提高家庭资产账户稳定性、流动性、安全性的目的。

(一) 家庭教育投资去杠杆化

去杠杆化的提出是根据杠杆化的概念而提出的,杠杆化指的就是借债进行投资运营,以较少的本金获取高收益的方式。就目前而言,家庭对学生的教育投资可视为家庭资产账户中最为重要的一项。从教育投资的角度来看,家庭资产账户内应包括财产性投资和教育投资。自高校教育制度改革以来,家庭作为学生教育投资的主要承担者,凭借其自身的能力维系学生求学所需负担的教育投资,甚至不惜通过家庭借贷、抵押借贷等方式筹措教育投资所需资金。从家庭角度而言,教育投资更多的是一种义务行为,是非理性行为,而不是投资行为。以牺牲其他投资收益、大额教育借贷为代价进行教育投资的群体多为中等及中等以下收入家庭,这部分家庭是风险承受能力最差的群体。在家庭负担子女教育义务的推动下,中低收入群体教育投资的杠杆化程度随之加剧,教育投资的风险程度也逐步提高,中低收入群体由此被迫成为风险偏好型“投资者”。在教育投资信息极其不对称的情况下,因教致贫的现象就无法避免。

我们根据教育金融学会 2012 年暑期调研测算出平均生均资金缺口量为 16 079.1 元(具体测算详见本章第三节)。为验证由教育支出所引发的杠杆性,选取我国 31 个省、区、直辖市 2011 年城镇居民人均可支配收入和消费性支出的数据;用人均可支配收入与居民消费性支出做差得出结余金额,同时用调研测算所得结果除以计算所得的结余金额。如图 7-4 所示,在不存在分成制的情况下,要满足教育资金缺口,在我国发达地区需要进行相当于结余资金 50% 的负债,而这一数字在相对欠发达地区可达到 350%。平均而言,我国人均每年结余资金占人均可支配收入的 30%—40%,换而言之,为满足教育资金需求,发达地区居民要为此形成占到人均可支配收入 15%—20% 的负债,而欠发达地区甚至会形成其每年人均可支配收入的 105%—150%。由此可见,分成制融资渠道的实现能够极大地改善家庭因教育支出而形成的杠杆性,最大限度地改善家庭的资产账户结构。

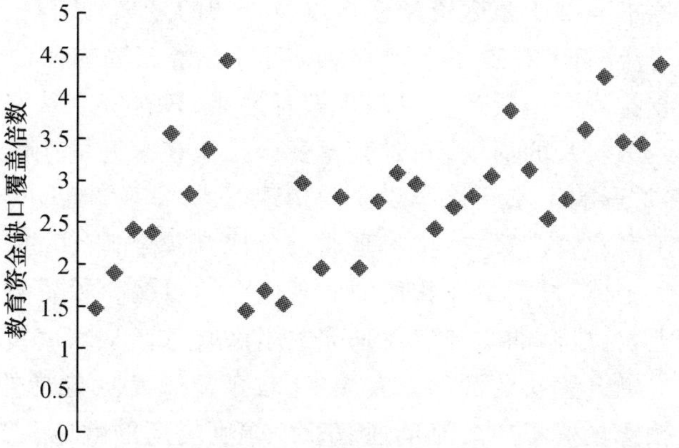

图 7-4　我国 31 个省、区、直辖市教育资金缺口覆盖倍数

除此之外,分成制作为具备教育信息收集和分析优势的一方能够有效地帮助非理性的教育投资回归到理性投资者的队伍中，使学生和家庭能够合理地对是否应该进行杠杆化教育投资有一个理性判断和甄别。在此基础上，分成制资金能够有效地减少或消除家庭因教借贷、因教抵押贷款等“高杠杆”筹资和投资行为发生的可能性，逐步实现家庭教育投资去杠杆化的目的。

教育投入杠杆化的现象并不鲜见，也是教育投入盲目性日益增强的主要推动力。教育家庭资产组合去杠杆化的实现有助于提高其流动性，同时实现降低中等以及中低等收入群体的教育投资风险，将非理性的家庭教育投资理性化，并逐步实现家庭投资资金层面的松绑。从风险分散的角度来看，分成制能够帮助家庭资产组合实现教育投资主体风险的转移和教育收益风险的降低。同时，教育资产与家庭资产组合的脱离，以及与分成制资金账户资产置换，不仅为家庭在资金层面进行松绑，同时也为家庭资产组合提供了自主选择承担风险大小的机会。

在分成制下，家庭教育投资去杠杆化的实现有助于降低家庭投资组合整体杠杆倍数，降低家庭投资组合风险系数，有效地将投资组合风险控制在家庭所能承受的范围之内，有利于提升家庭投资其他资产的意愿，从而构建更为合理的资产组合。

（二）资产账户流动性提升

从传统教育观念角度，家庭在进行教育投资过程中对教育投资进行费用化而非资本化处理，其根源在于教育投资的结果对于家庭而言是一项或有资产，更多的是一种期望现实化的行为，无形中就触发了一个潜在家庭资产流动性危机。基于家庭资产账户以及资产的定义，教育投资的结果实质上是一项资产（简称“教育资产”），预期将会给家庭未来收入账户或资产账户带来收益的一项资产。但基于教育性质，教育资产从开始到最终形成收益需要经历较长的周期，同时教育资产投入在家庭资产账户所占比重较大，因而严重影响了家庭资产账户的变现能力，即资产账户流动性较弱。

分成制于家庭资产账户，实际是通过分成制基金替代家庭作为学生人力资本的投资主体，投资主体置换的实现则是通过教育投资资金置换的实现。从表面上，分成制的实现仅仅是完成了教育资产从家庭资产账户到分成制基金账户资产置换的活动。实质上，教育资产置换实现了家庭资产账户和分成制教育投资账户的流动性双双大幅度提高的效应。其中，家庭资产账户中教育资产的置出使得家庭获得了更多的可支配收入用于其他资产项目投资，进而不仅缩短了投资回收期，也降低了家庭资产账户的流动性风险。同时，教育资产与家庭资产账户的分离会促进分成制教育资金池的构建，教育资金池的构建为使用金融创新手段提升教育资产流动性奠定了基础。分成制的实现以及教育资产的分离共同促进了教育资产流动性的提升。

第二节　教育环境的改善

一、教育公平的本质

市场化条件下，教育公平是一个多层次、综合性的结果，可将其分为三个层面。第一层面：受教育权利的保证，即保证原则；第二层面：机会平等，即事前原则；第三层面：按照能力进行分配，即事后原则。义务教育制度的实现基本完成了"受教育权利的保证"这一层面，并向"机会平等"的第二层面过渡。第一层面向第二层面的过渡主要依赖于政府行为，而要实现第二层面以及第二层面向第三层面过渡则需要在政府行为的基础上，辅之以市场化支持的行为。当前由政府主导的教育制度基本无法实现市场辅助功能。

分成制是对以现行教育借贷为主的债性教育金融方式有效的补充，也是现行教育制度缺失的最优填补。分成制依据能力进行教育资源分配，把受教育者的能力同自身（包括投资者）的切身利益紧密地结合在一起。从实际效果来看，这有利于调动每个受教育者的学习积极性，也有利于激发教育资金支持系统的活力。分成制的实现能够更好地引导政府完善教育制度，促使政府主动解除由制度所造成的教育水平、教育资源、受教育机会地区差异化等问题。通过实现第二层面与第三层面的结合，具备能力的教育需求方才能够在获得平等的教育机会、教育资源的基础上参与到市场竞争中，从而推动教育公平的逐步深化。至此，通过教育公平三个层面的相互转换以及各层次的制度匹配，教育公平的本质便能够逐步显现出来。

二、微观主体间教育公平的显现

分成制的出现使后义务教育时期教育机会不平等性和教育资源分配的不合理性等教育公平性缺失的问题逐渐得以解决。从参与教育的微观主体之间的角度来说，分成制实质上是通过解除家庭内部和家庭与家庭之间的教育机会不平等性和教育资源分配不合理性，进而解除微观主体之间所存在的教育不公平问题。一方面，外部股性教育资金有助于缓解家庭内部子女间所形成的“二选一”或“多选一”的教育资源竞争格局;另一方面,合理的人力资本筛选机制又能从根本上改进家庭进行教育投资所存在的教育信息不对称等问题所引发的教育投资盲目性的问题。由此,股性资金按能力分配的制度设计能够极大地弱化家庭教育资源竞争所带来的不良影响。

除此之外,由家庭之间所产生的教育资源分配差异性问题也能够通过股性资金的介入而逐渐得以解决。教育机会平等化是分成制解除家庭间教育公平问题的突破口。教育机会依据提供的来源可分为:社会提供的机会和非社会提供的机会。换而言之,社会提供的机会和非社会提供的机会的集合是实现教育机会的基础。如图 7-5 所示,非社会提供的机会在教育机会分配中扮演了举足轻重的角色,在机会一定的情况下,拥有非社会提供机会的教育需求方在教育机会占有上具有相对优势,相应地,其教育资源配置较其他教育需求方而言也是具有一定优势的。

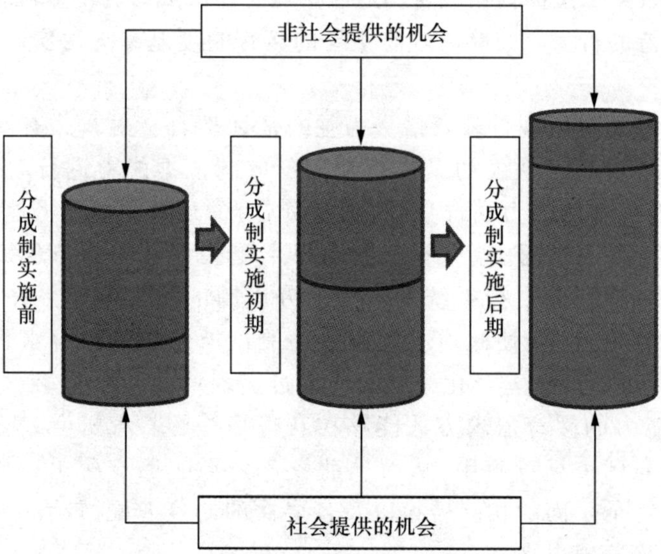

图 7-5　分成制实施前后教育机会变化对比

在市场化条件下,分成制在教育机会以及教育资源分配上是按照被投资者能力及其未来收益最大化原则进行运营的。在过去非市场化条件下,非社会提供的机会对参与者而言机会成本低,边际教育收益较高,容易形成“群体规模”效应,但总体收益减少。随着人力资本评价体系的实现以及分成制下教育收益逐步提升,非社会提供机会的机会成本会逐渐提高,边际教育收益会逐步下跌;另一方面,在分成制作用下,社会提供的机会依据按能力分配的原则实现了个体和总体收益最大化的目标。随着分成制的逐渐深入,社会提供的教育机会将逐渐取代非社会提供的教育机会,帮助具备人力资本积累条件的教育需求方实现教育收益最大化,进一步推进差异化家庭间教育公平化进程。

分成制教育制度的实施对微观主体之间的教育公平实现起到了有效的填补作用,为现行教育制度添加了市场化元素。人力资本价值的实现需要通过市场的检验和证明。因而,一个市场化、多维度的人力资本衡量体系是解决教育制度缺陷的重点。相较于过去,人力资本实现的途径已经实现扩大化,然而现有的教育制度却并没有相应做出调整。著名作家、赛车手韩寒"剑走偏锋"的成长发展路径可能被很多人所诟病,但从另一个角度却证明了市场化教育资源供给体系有助于教育需求方获得与其能力相适应的教育资源并实现资源使用效率最优化,获得人力资本价值收益最大化。

市场资本参与教育投资不仅能够解决个性化教育资金供给难题,促进形成分类、分级、分层的人力资本评价体系,以引导市场对人力资本进行准确衡量和定价,而且能够进一步平衡微观主体之间由于家庭财产、资源、能力禀赋所形成的差异。不仅如此,分成制也纠正了按单一标准分配教育资源的缺陷,扩展了人力资本资源获取和实践的有效途径。

三、区域间教育环境公平性的改进

经济发展是否具有可持续性等是一个地区具备发展潜力的重要影响因素。区域经济发展的好坏不仅要依靠外部投资和国家政策扶持,更重要的是需要依靠地区内涵式发展。地区内涵式发展的核心是科技的发展,是人才的发展。因而,地区教育实现的好坏将直接决定了地区是否能够可持续发展。目前,我国经济发展已呈现出"东高西低"的发展现状,这与教育资源分配不公平密切相关。随着地区与地区间教育资源分配差异的扩大,"东高西低"的情况将越来越严重。

分成制的实现并不能直接对一个地区教育资源的实际分配产生重大影响,但随着分成制的逐步深入,按能力分配教育资源的理念可以通过使各地区人才数量逐渐平衡而产生连锁反应,从而促进地区间教育资源的合理分配。

案例一

考523分的落榜了,421分的反而能上大学

一个湖南的小伙儿,在上海的一个建筑工地当农民工,偶然间和建写字楼的设计师聊上了天,没想到他们竟然都是在1999年参加的高考,那个时候全国都是一样的考题。

湖南的农民工小伙子当年考了523分,落榜了;设计师当年在北京考了421分,上了沈阳建筑工程大学。

若干年之后,命运竟然有如此差异。

教育的不公平:安徽每7826名考生中才有一个人能上北大,而北京每190名考生当中就有一个人可以上北大,这样算下来,北京学生考进北大的概率是安徽考生的41倍,是广东考生的37.5倍,是贵州考生的35.4倍,是河南考生的28倍。

虽然都是高考,但是在不同的地方高考,升学的难易是不一样的。

2012年高考前夕,"中国教育在线"发布《2012年高招调查报告》,报告中指出,2011年北京考生考取北大的机会是河南考生的46.5倍,而上海考生上复旦的机会是河南考生的95.8倍。

高考结束,分数线出来了,北京市高考一本线理科为477分,文科为495分,比河南的理科540分、文科557分分别低63分和62分。北大在有7万多名考生的北京投放了414个招生名额,而在有80万考生的河南只投放了108个名额。

据《21世纪经济报道》公布的数据,在北京,考取清华的可能性是1/362;在河南考上清华的可能性是1/8855,两者相差25倍。"看似高考公平,实际高考不公平。"起点公平、过程公平、结果公平,才能称之为公平。

第一,起点的不公平。现在的城乡差距、教育资源严重投入不足,以致城乡教育失衡。农村和城市相比,起点就不公平;一线城市跟二线城市、三线城市教育资源不均衡,也出现起点不公平。

第二,考试的过程不公平。有些地方管得严,有些地方管得松。录取的分数线不一样,不公平。出的选题不一样,难度不一样,不公平。

第三,结果的不公平。不同的地区录取的比例不一样。更重要的是还有一个不公平,很多有钱有权的人,孩子考不上好大学,在高考以后通过转学的方式,从低层级学校转到高层级学校,这是一个巨大的不公平。

这种不公平甚至能改变考生的一生。

资料来源:湖南电视台。

分成制的实现对于地区间教育资源竞争和分配起到了理念转型的作用,教育资源分配不应仅仅以一个地区发展现状为依据,还应以该地区具备的人力资本积累总量作为参考。随着国家在区域间教育资源分配上观念的转变以及分成制市场化机制的引导,教育资源投向将更加明确,地区内由于教育投资负效应所引发的“教育贫困”将逐渐消除,最终迈入地区与地区之间教育资金流和人力资本流等全流通的时代。

(一)缩小基础教育差异化

在教育资源市场化改革过程中,要以实现权利公平、机会公平、规则公平,使所有人都能通过自己的努力获得应有利益为目的。分成制相比公共资源配置具有明晰的权责制,以学生为单位进行分配和投入能够极大地提升教育资源配置和使用的效率。随着市场化资金对自主选择阶段教育的结构性补充作用增强,国家公共教育财政支出则可着力于平衡义务教育前教育阶段和义务教育阶段的各区域教育经费支出。公共教育发展水平对于各区域基础教育发展水平起到保障性作用,也能进一步促进教育资源市场化改革的逐步深化。在分成制下,国家财政教育经费对于义务教育后阶段的投入可逐步向补贴和辅助的角色转变。

分成制的进一步深化对于区域内部以及区域间教育资源平衡化起到了引导作用,分成制增量资金对区域内部教育资源实现了有效的补足。由于我国东西部经济发展水平存在较大差异,优质的教育资源大都集中于东部沿海发达地区,因而导致教育基础建设存在显著差异。教育资源分配在“大一统”的计划分配制度下,难以有效平衡各地区教育发展的差异。在缺乏市场资金进入教育系统前,公共教育资源全面、单一标准的投放模式是保证国家优秀人才培养的唯一选择。而随着分成制资金以教育收益最大化为导向,对区域间教育资源的差距进行差异化的满足,从而克服了由于户籍制度、地区文化差异等因素对人才培养的影响,进一步强化了市场化对于区域间教育资源合理配置的引导作用,有效弱化了公共教育资源在后义务教育阶段的责任和义务,使得公共教育资源明确其教育资源投向,着重于基础教育建设和解决各地区由于经济发展不均所导致的教育基础建设差异化问题,同时也为分成制资金在后义务教育阶段的教育投资提供了稳定的潜在优质人力资本资源。

社会资本投入高等教育能有效地提升高等教育的质量,促进教育产业系统的快速发展。其一,从宏观环境角度,我国经济处于转型阶段,市场化标准的人才需求量逐渐增加,分成制资金作为一种市场化资金,能够满足市场对于教育质量要求提高所对应的教育资金增量,同时,在"谁受益,谁投资"的原则下也相应地承担了社会对教育应尽的责任和义务;其二,公共教育资源着力打造良好的基础性教育成果,可以起到正确的政策引领作用,吸引更多投资者参与到教育产业中来,促进教育产业整体发展;其三,分成制的逐步深入能够通过市场化实现人才按能力分配教育资源和社会资源,弥补先天性教育资源分配差异所引起的区域间人力资本积累差异化问题;其四,国家财政支持的弱化必然会强化学校与学校之间的良性竞争关系,各高校的关注点将从如何抢夺公共教育资源、建设一流校园等硬实力方面转向如何培养市场所需的优秀人才等软实力方面,逐渐改善人力资本在争夺公共资源过程中产生的人力资本租值消散状态。

(二)抹平高等教育收益区分度

在分成制市场化机制的引导下,公共教育资源以实现区域间教育均衡发展为目标的方式进行配给,并根据国家发展所需参与到市场化教育资源分配体系中,成为市场机制下教育资源的供给者之一,以替代之前的唯一性角色。我国教育资源地区分布的差距是历史、经济、政治等多种因素长期作用形成的结果。在过去三十多年的改革中,教育对人均产出的贡献远没有资本投资重要。教育为适应各区域资本投资的需要进行差异化发展,由资本投资带动教育投资使得具备发展先行优势的地区进一步强化其长期区域优势,教育收益的外部环境的差异性也逐渐放大。

由表7-1中的数据可知,北京、上海、江苏、山东等省区的高等教育竞争力排名稳定在前5名。海南、西藏、青海、宁夏等4个省区却连续5年排名倒数前4。在一定程度上来说,教育落后是经济落后之果,又是经济继续落后之因。而随着外部资本投资边际收益率逐年递减,以外部资本投资拉动教育发展的模式将逐步被美国经济学家罗默、卢卡斯等人提出的"新增长理论"模式所替代,即通过教育和培训获得特殊知识和专业化的人力资本是经济增长的主要因素,具有溢出效应,形成递增的边际生产率,从而保证了长期的经济增长。如表7-2所示,我国城镇家庭可支配收入从总体上看贫富差距有逐渐缩小的趋势,这也从侧面反映出,相比农村人口,城镇人口受教育水平的提高有助于教育收益环境的逐步改善,教育收益区分度逐渐缩小。

表 7-1　大学教育地区综合竞争力排名历年变化情况表(2006—2010 年)

地区＼排名	2006 年	2007 年		2008 年		2009 年		2010 年	
	排名	排名	变化	排名	变化	排名	变化	排名	变化
北京	1	1	不变	1	不变	1	不变	1	不变
江苏	2	2	不变	2	不变	2	不变	2	不变
上海	3	3	不变	3	不变	6	降 3	6	不变
山东	4	4	不变	5	降 1	3	升 2	4	降 1
广东	5	6	升 1	6	不变	4	降 2	7	降 3
辽宁	6	5	降 1	4	升 1	5	降 1	3	升 2
陕西	7	8	降 1	7	升 1	7	不变	8	降 1
湖北	8	7	升 1	8	降 1	8	不变	5	升 3
四川	9	10	降 1	10	不变	9	升 1	11	降 2
河北	10	13	降 3	11	升 2	10	升 1	9	升 1
……	……	……	……	……	……	……	……	……	……
广西	23	23	不变	20	升 3	19	升 1	18	升 1
甘肃	24	24	不变	24	不变	24	不变	25	降 1
新疆	25	25	不变	25	不变	27	降 2	27	不变
内蒙古	26	26	不变	27	降 1	26	升 1	26	不变
贵州	27	27	不变	26	升 1	25	升 1	24	升 1
海南	28	28	不变	28	不变	28	不变	29	降 1
宁夏	29	29	不变	29	不变	29	不变	28	升 1
青海	30	30	不变	30	不变	30	不变	30	不变
西藏	31	31	不变	31	不变	31	不变	31	不变

表 7-2　2009 年全国主要城市薪酬差异系数

城市	差异系数	城市	差异系数	城市	差异系数
上海	1.06	苏州	0.83	长沙	0.70
深圳	1.03	天津	0.83	郑州	0.70
北京	1.00	厦门	0.80	太原	0.70
广州	0.98	重庆	0.76	青岛	0.68
杭州	0.90	大连	0.74	武汉	0.68
东莞	0.88	成都	0.71	哈尔滨	0.68
南京	0.86	珠海	0.70	西安	0.60

注:以上数据均以北京为计算基数。

分成制作用于制度和理念层面，以缓解由于区域性“先天性”差异所引发的不同区域间教育参与主体的教育成本与收益失衡的问题。人力资本投资形成是对实体经济资本投资的有效补充。随着我国逐渐步入知识经济时代，人力资本特别是高等人力资本更是促进区域经济发展的决定性因素。从分成制资金作用的角度来看，分成制资金是实现培养高等人力资源以获得高等教育收益的资金。分成制资金的实现可以借助区域高等教育的自身优势，有针对性地培养出地方经济建设、区域主导产业发展和产业结构调整所急需的各级、各类专业人才，实现人才教育收益最大化。同时也能适应和吸引其他外部资本投资，从而推动区域经济发展和教育收益外部环境整体收益性的提高。

分成制资金主要来源于市场，具有强烈的趋利性，是促成教育向生产力转换，实现高等教育收益的资金。因而，分成制资金能够产生完善的激励机制。从生产的角度看，激励机制的完善才能使得教育和生产力的潜能被充分激发。换言之，人力资本必须是在分成制的作用下才能转化为最为高效的现实生产率，其价值才能得以体现。分成制的实现有效地缓解了过往由于劳动力市场改革相对滞后以及激励扭曲使得许多企业的人力资本实质上只是一个“符号”的现象。在分成制的带动下，区域发展和教育成果发展真正实现了相互作用的市场化对接，两者逐步形成相互促进和相互制约的关系，逐渐减小各个地区之间由于教育资源不平衡所导致的长期经济发展的差距。

从产权学派的观点来看，分成制下激励机制的完善是调度人力资本的基础，否则人力资本所有者可能“关闭”自身的人力资产，“以至于这种资产似乎从来就不存在”（周其仁，1996）。分成制下，区域教育收益环境的不断改善能够进一步形成对人力资本的吸引力，形成人才聚集效应，并获得相应的外溢效应。在分成制高等人才输出的配合下，外部资本投资也会在区域投资和开发过程中获取更高的收益。从人力资本投资的角度看，合乎市场条件的回报激励机制形成了，个人和企业才可能有动力去投资人力资本。在市场化条件下，分成制解决了人才培养过程中的激励机制缺失的问题，促进了各区域实现人力资本向人力资产的转换。相对地，外部资本投入构成的完善的回报激励机制形成了人力资产和教育收益最大化实现的平台。在人才培养的激励和合乎市场化条件的回报激励机制的相互作用下，区域间教育收益差异的外部环境将获得极大的改善，同时促进区域间教育公平性的进一步实现。

第三节 宏观效应的预测

从宏观层面来说,教育外部性具有明显的门槛效应,即教育程度低于某一水平时,教育的私人乃至社会收益率都是很低的,而一旦超过这一门槛,更高的教育程度便具有较高的私人收益率和社会收益率。从长远来看,分成制的实现将对不同教育参与主体产生重大且深远的影响:教育制度和教育环境的改善将进一步刺激居民在知识经济时代中通过教育改善自身收入的意愿和信心;学校作为知识传授的主要场所能够在不受资源约束的情况下形成自身办学特色,继而具备国际竞争力,提升我国教育的国际声誉;国家各项产业将受益于教育专业化和质量水平的逐步提高所产生的良性效应,加快产业升级和转型速度,进而提升国民经济质量。

一、不同收入群体消费改善效应预测

教育是影响居民收入分配差距的众多因素中的主要因素之一,教育获得的不平等将对个人收入分配产生重要的影响,同时个体收入差距也将会对个体的教育获得产生影响。对于不同的收入阶层,教育效率是实现教育的重要参考因素。不同收入阶层对于教育考虑的侧重点有所区别:中低收入群体侧重关注是否有足够的资金上学的问题;中高收入群体侧重关注教育投资收益问题;而高收入群体则更关注教育质量问题。分成制有助于具备资质但教育资源存在缺失的群体通过人力资本传导机制与收入分配之间的桥梁,实现"教育平等⟷收入平等"良性循环的作用机理,以实现不同收入群体的学生及其家庭收入分配改善的效应,从根本上提升学生和家庭的投资和消费的潜能。

如图 7-6 所示,$U_i(i=0,1,2)$代表人们对收入(I)和闲暇时间(L)(闲暇时间为总时间减工作时间)的无差异曲线。

学生期初有 E_0数量的财富。在接受义务教育的基础上享受 I_0的收入及对应的闲暇,直线 DA、CE、CF、BG 的斜率就是不同教育程度下的人力资本价值实现率(简称"工资率"),不难证明,随着教育水平的提升,学生的工资率也将随之提高。教育需求方希冀在分成制资金引入后能够有效地提高工资率,同时不给家庭带去更大的、负的外部性,即 E_0-e 为负的情形,取而代之的是正的外部性,以及无差异曲线向外移动,获得更高的效用。

(一) 分成制资金需求量测算

分成制资金需求量的测算主要根据教育金融学会 2012 年暑期调研结

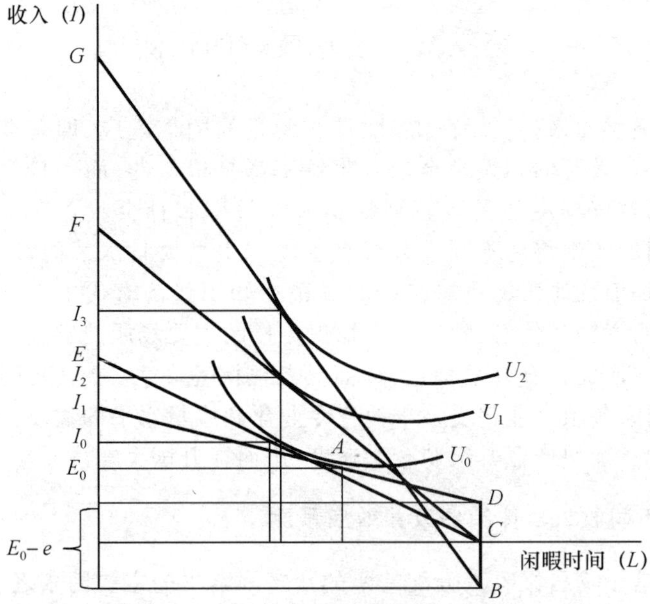

图 7-6　收入—闲暇的无差异曲线

果进行测算。如图 7-7 和图 7-8 所示,不同收入群体对于分成制的接受程度以及分成制资金介入程度都有着明显的区分度。中低收入和高收入群体对于分成制的参与意愿基本上保持在 50%,这与该群体对分成制的单一性诉求有着密切联系,或是资金需求或是分成制的增值服务需求。而对于中高收入群体的学生对分成制存在一种复合诉求:既要满足资金需求量,同时也需要通过分成制的增值服务实现向上层阶级流动的需求。

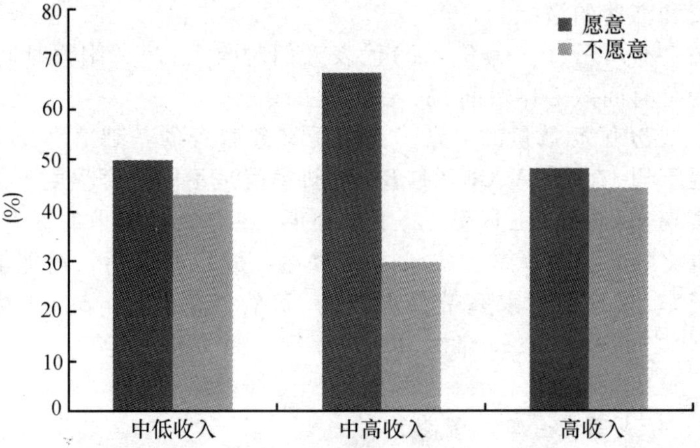

图 7-7　各收入群体参与分成制的意愿

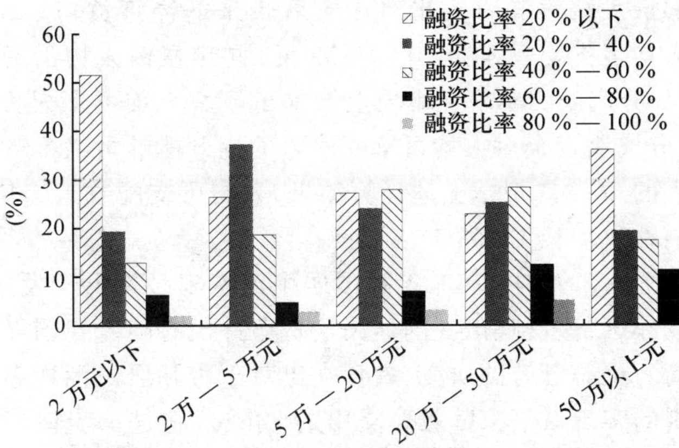

图 7-8　分成制资金需求量和融资比率对比

从图 7-8 可以看出，融资额度在 2 万元以下群体中，融资比率 20% 以下占比超过了 50%，且主要集中在中低收入群体，反映出中低收入群体教育意愿由于历史原因受到极大的抑制。而相对地，在融资额度在 50 万以上群体中，融资比率 20% 以下占比接近 40%，且主要集中在高收入群体，这与其希望通过分成制获得增值服务意愿大于资金需求意愿的事实相符。

因而，分成制资金需求量测算应主要依据中等收入群体需求，主要原因如下：(1) 中高收入群体教育投资理念比较先进，分成制观念接受度相对较高；(2) 该群体行为具备较强的象征性和引导性；(3) 调研中发现，中高收入群体受访者的数据反馈可信度相对较高。综上，本节将以中高收入群体反馈信息作为估算分成制资金需求量的标准。

单位分成制资金需求量以教育金融学会 2012 年暑期调研结果为参考，以加权平均作为计算方式，按资金需求量的不同进行划分，并计算出该区间内不同分成制的融资比例，融资比例和分区内不同融资比例人数权重相乘的结果再与各分区融资额度的平均数相乘，最后将结果和该分区在所有调研结果中所占比例和重要性权重相乘得到该分区分成制资金加权数。最后将各个资金分区计算结果进行加总得到最终结果。根据调研结果、分析过程和计算过程，分成制资金介入的加权平均值为 80 398.02 元，在受访者中，多数人以完成研究生为目标，因而我们将分成制资金分摊到 5 年，故平均每人每年教育资金改善程度为 16 079.61 元。

(二) 居民消费率显著提升

根据 2011 年度《中国家庭教育消费报告》，家庭每月用于教育消费支出的平均金额为 1 370 元，即每年教育开支为 16 440 元，占家庭总支出的 44%。这一结果与分成制资金介入量计算结果基本吻合，更加印证了分成制的介入能够最大缓解教育支出对于家庭带来的经济负担。2011 年,我国城镇家庭人均可支配收入为 20 607.33 元,同年城镇人均消费性支出为 12 767.81 元。分成制的实现从本质上增加了家庭人均可支配收入。按三口之家计算,分成制资金对人均可支配收入的提升能够贡献 5 360 元,占人均可支配收入的 26%。根据上述计算结果,人均可支配收入增长 26%,可以带动居民消费率增长 17.68%。

如表 7-3 所示,1990—2011 年我国居民消费率长期低于发达国家,甚至低于东南亚邻国,这反映出我国居民消费率并没有随着我国经济快速增长而有所提高。根据已有的研究,教育支出对于边际居民消费影响程度为 16%。分成制的实现对于家庭教育支出的"解放"将进一步促使我国居民消费水平的逐步提高,如图 7-9 所示。

表 7-3 全世界主要年份居民消费率统计(1990—2011 年) (单位:%)

国家和地区	1990 年	2000 年	2005 年	2007 年	2009 年	2011 年
中国内地	46.2	46.7	36.5	36.3	36.8	34.0
美国	66.7	69.0	70.8	71.2	69.6	68.5
日本	52.5	56.2	57.0	56.3	56.2	57.0
中国香港	57.1	59.0	58.2	60.2	60.5	61.0
法国	57.1	55.7	56.9	56.7	57.1	56.9
德国	57.7	58.9	59.0	56.8	56.5	59.0
马来西亚	51.7	43.8	44.8	45.8	49.6	54.3
泰国	56.8	57.2	57.8	53.7	55.9	58.8

资料来源:世界银行 WDI 数据库。

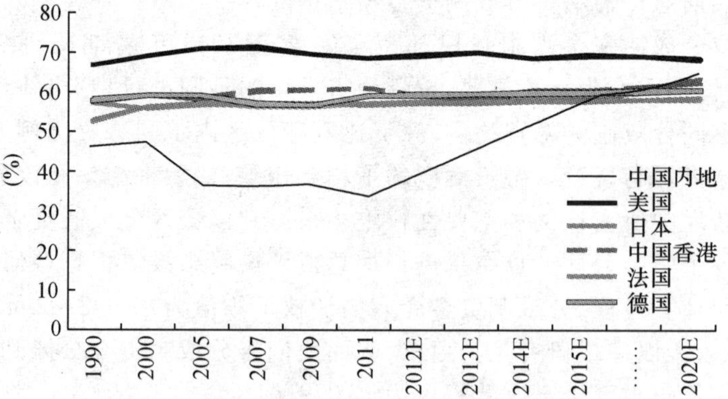

图 7-9 世界主要国家未来 8 年居民消费率预测

资料来源:世界银行 WDI 数据库。

由此估计,到 2020 年,在我国基本实现小康社会的情况下,我国内地居民消费率可以由此提高至 63.5,与日本、法国、德国和中国香港等国家和地区的居民消费率基本一致,逐步接近美国居民消费率水平。

（三）不同收入群体消费改善效果预测

1. 中低收入群体消费改善效果预测

如图 7-10 所示,调研结果反映出,过去中低收入群体教育支出覆盖倍数较低。这一收入阶层的学生及其家庭的收入难以覆盖其高昂的求学成本。超过 70% 家庭的收入覆盖倍数仍不到 20%,因而,市场教育成本的逐年升高对于中低收入群体的教育选择弹性的影响效果微弱,因此对于居民消费的影响程度也不高。

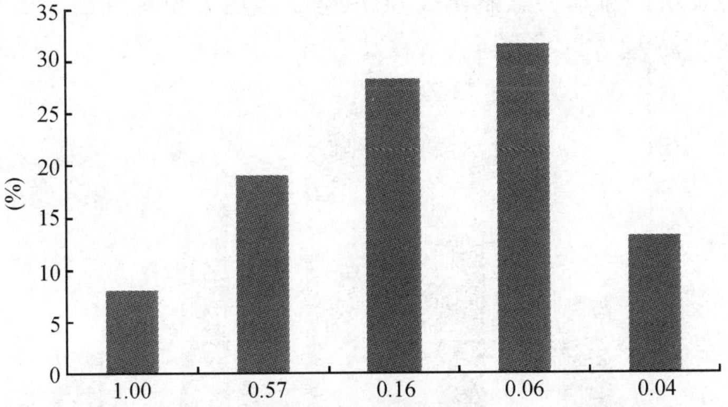

图 7-10　中低群体收入覆盖教育支出平均倍数

中低收入群体受访者虽然显示了强烈的求学意向,但在现行的以债性为主的教育融资体系中,中低收入群体对于与收入不相匹配的教育投入已经形成放弃态度,因而也不会对消费倾向构成较大的影响。

分成制资金进入能够极大地促进中低收入群体学生教育需求的上升,有效地改善中低收入群体的受教育现状,提升中低收入群体的受教育水平。理论上已经证明,居民受教育程度对于消费倾向会产生正效应。因此,分成制的实施虽然不能够在短时间内对中低收入群体的消费倾向产生影响,但从长远来看,受教育水平的提升能够带动中低收入群体消费倾向的提高。如此往复,中低收入群体的消费质量和生活水平将逐步提高。

2. 中高收入群体收入消费改善效果预测

中高收入群体作为一国消费的中坚力量,也是受到教育支出约束最为严重的一部分群体。根据调研结果显示,中高层收入群体参与分成制动因的集中度相比中低收入群体的集中度更高。

从图 7-11 中可以看出,中高收入群体覆盖教育支出倍数整体呈现正态分布,覆盖倍数由高至低分别为 3.25、1.86、0.78、0.19、0.13。从分布情况来看,收入无法完全覆盖教育支出的比例占到近35%。根据2011年度《中国家庭教育消费报告》,预计每年教育开支为16 440元,而分成制资金能够保证每人每年教育资金为16 079.61元。考虑到《中国家庭教育消费报告》的主要调研对象为中高收入群体,分成制资金能够覆盖求学意愿最强群体的教育支出的97.81%,故可切实解除教育支出对于家庭消费的影响。如图7-12所示,教育支出对于家庭可支配收入产生了巨大影响。接近60%的中高收入群体会受到来自教育支出的影响。分成制参与意愿强是以下多因素反馈的结果:(1)对于高层次教育需求的渴望程度高;(2)向上流阶层流动的意愿强;(3)风险承担能力相对较强。

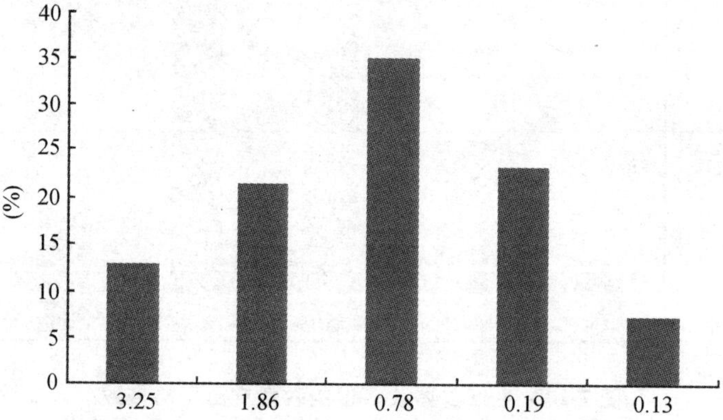

图7-11 中高群体收入覆盖教育支出平均倍数

注:在计算收入覆盖倍数所参考的平均教育意愿支出分别为20 000、35 000、125 000、350 000、500 000。

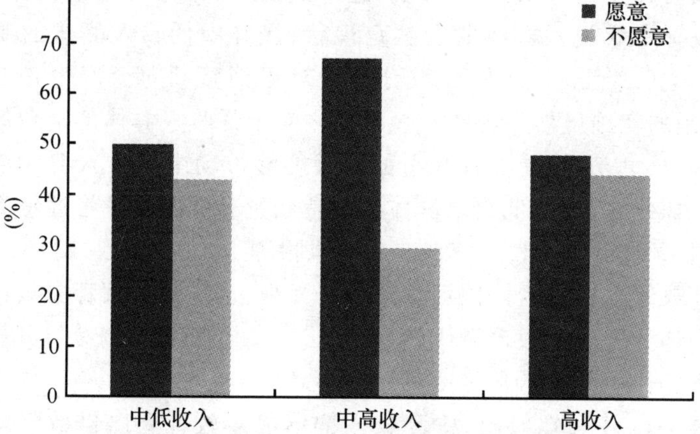

图7-12 各收入群体参与分成制的意愿

综上可以看出，对于中高收入群体，分成制的实现不仅能够填补债性教育融资制度的缺失，而且股性资金能够释放家庭的当前边际消费倾向并减少为教育进行的教育储备，进而实现学生和家庭储蓄减少对消费平滑水平提高的目标。随着分成制教育资金的深入，这一群体的家庭便能够逐步实现其家庭的消费目标。此外，在调研中发现，中高收入群体家庭子女的教育决策独立性相对较差，但令人意外的是这一群体的教育需求方个人承担风险的意愿较强。由此可以预期，在分成制实施后，家庭边际消费率会有较大幅度的提高，另一方面，教育效率也会有大幅度的提高，这也迎合了分成制实行的根本目的——实现教育决策的独立性。随着该收入群体中教育需求方的教育决策独立性的增强，学生一方面摆脱了家庭对于自身教育意愿的影响，另一方面能够提升个人未来教育预期。在具备优质的基础教育积累的基础上，更有利于其发挥自身潜能。对于家庭而言，将期内教育支出完全排除在家庭支出结构外，会促进该群体产生可观的消费增长，同时，在分成制授信机制作用下，子女未来收入的保障也会进一步改善家庭配置资产的合理性，进而优化家庭未来收入账户结构。

3. 高收入群体消费改善效果预测

对于中低收入群体和中高收入群体而言，教育决策容易受到现有教育筹资体系的限制。但对于高收入群体而言，参与分成制的意愿没有差别，目前尚未显示出强烈的参与意愿。提升教育效率和实现自我价值是高收入群体参与分成制的重要原因。

如图 7-13 所示，随着教育需求层次化递进，高收入群体收入基本能覆盖教育支出，加之高收入群体占有更多的非社会资源，高收入教育需求方对分成制的实施并没有显示出强烈的参与意愿。分成制的实施短期难以作用于高收入群体的受教育者，而从长期来看，随着分成制深入，非社会资源优势会逐步被削弱，高收入群体由于“先占”优势所形成的差异会逐渐消失，市场化人力资本评价方式将逐步发挥其市场职能。分成制资金的实施并不会改变高收入群体的边际消费倾向，这与前文所涉及的内容相符。

二、高等教育国际竞争力效应的预测

目前我国高等教育的竞争力尚处于中游水平，与其他发达国家高等教育发展水平相去甚远。随着分成制的实现，分成制通过解除高等教育所面临的创新影响力不足、一国平均受教育水平不高、高等教育经费不足等问题，将大幅提高我国高等教育国际影响力，巩固教育在我国产业升级和经济转型中所扮演的重要角色。

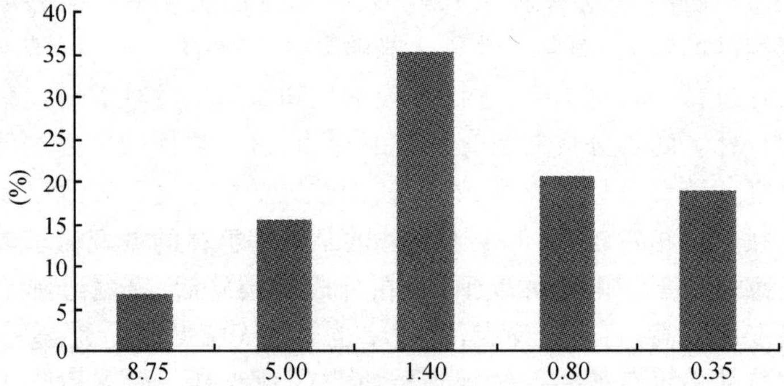

图 7-13　高收入覆盖教育支出平均倍数

（一）高等教育国际竞争力模型和实证分析结果

以高等教育国际竞争力的钻石模型为基础（见图 7-14），参照联合国教科文组织和经合组织关于教育和高等教育的指标，可构建出高等教育国际竞争力评价指标体系和模型框架。

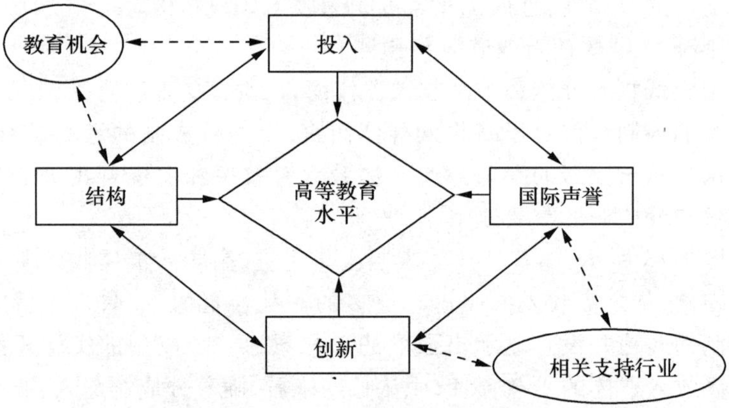

图 7-14　高等教育国际竞争力钻石模型

钻石模型的 4 个基本要素和 2 个辅助要素构成了评价体系的 6 个一级指标，在一级指标之下分解出 24 项二级指标。其一，经费投入：包括公共财政教育经费占 GDP 的比例（X6），研发经费占 GDP 的比例（X11）；其二，结构：包括高等教育经费占总教育经费的比例（X7），高等教育生均经费指数（X8），私人部门提供的高等教育经费占 GDP 比例（X9），公共部门提供的高等教育经费占 GDP 比例（X10），5A 类学生比例（X12），5B 类学生比例（X13），博士生比例（X14），生师比（X15）；其三，国际声誉：包括留学生占全球国际生比例（X16），世界大学学术排行前 500 的高等教育机构数(X17),《泰晤士高等教育增刊》世界大学排行前两百的高等教育机构数(X18);其四,创新性产出:包括高被引论文数(X14),师均 EI 论文数(X21),师均 SCI、CPCI、IC、CCR 论文数(X22),Nature 论文折合数(X23),1951—2009 年获诺贝尔奖国别人数(X24);其五,相关支持行业:包括人均 GDP(X1),国民计算机普及率(X5),百万人口中研发人员数(X19);其六,教育机会:包括人均受教育年限(X2),15—17 岁人口高中教育的毛入学率(X3),18—24 岁人口高等教育毛入学率(X4)。

另外,1999 年是中国高等教育开始大规模扩张的标志性时刻,因此从发展的维度选取了 1999 年、2002 年、2006 年、2009 年 4 个年度的数据来反映中国高等教育在规模扩张进程中的国际竞争力的变化情况。参照周群英等(2010)一文数据引用途径,所有数据全部来自第三方数据,所获取或估计的数据一般在误差许可的范围之内,保证了研究的信度和效度。

1. 样本数据检验

样本因子分析需要考察信度检验中的 KMO 样本充足度测度(Kaiser-Meyer-Olkin Measure of Sampling Adequacy)和巴特莱特球体检验(Bartlett Test of Sphericity)。根据学者(Kaiser)的观点,如果 KMO 的值大于 0.5,巴特莱特球体检验的显著性小于等于 0.01 时则标志被检验样本数据可以进行因子分析。综合 1999 年、2002 年、2006 年、2009 年 4 个年度的结果,具体情况见表 7-4:

表 7-4　KMO 样本充足度测度和巴特莱特球体检验

		1999 年	2002 年	2006 年	2009 年
KMO 样本充足度测度		0.687	0.603	0.583	0.613
巴特莱特球体检验	近似卡方值	1 032.134	996.235	987.334	1 002.341
	自由度	265	265	265	265
	显著性	0.000	0.000	0.000	0.000

根据表 7-4 检验结果,四个年份的 KMO 样本充足度测度分别为 0.687、0.603、0.583、0.613,且同时大于 KMO 值为 0.5 的要求,因而说明 1999 年、2002 年、2006 年和 2009 年 4 个年度的 24 项指标适合进行因子分析。

2. 因子分析

在检验合格的基础上,采取特征值大于 1 的方法提取公因子,如表 7-5 所示,4 个年度公因子的累积方差贡献率都已超过 70%(由于篇幅略去 F4、F5 公因子),检验结果表明公因子能够充分解释观测变量,并能反映原始数据所表达的信息。

表 7-5 1999—2009 年间各年度提取的公因子

	1999 年			2002 年			2006 年			2009 年		
	公因子包含变量	提取后		公因子包含变量	提取后		公因子包含变量	提取后		公因子包含变量	提取后	
		方差贡献率	累积方差贡献率		方差贡献率	累积方差贡献率		方差贡献率	累积方差贡献率		方差贡献率	累积方差贡献率
F1	X16、X17、X18、X20、X23、X24	35.260	35.260	X16、X17、X18、X20、X23、X24	33.189	33.189	X16、X17、X18、X20、X23、X24	31.435	31.435	X16、X17、X18、X20、X23、X24	29.563	33.189
F2	X2、X3、X4、X19	22.543	57.803	X1、X5、X11、X19、X21	21.436	54.625	X2、X3、X4、X19、X22	23.428	54.863	X2、X3、X4、X19	26.332	59.521
F3	X6、X7、X8、X9、X10	13.340	71.143	X2、X3、X4、X8、X19	14.450	69.075	X5、X6、X7、X8、X9、X15	15.671	70.534	X6、X7、X8、X9、X10	17.431	76.952

基于因子聚类分析结果,对比 4 个年度高等教育竞争力公因子包含变量,得出以下分析结论:F1 公因子包含 X16、X17、X18、X20、X23 和 X24 等指标,根据构成该公因子的指标类型来看,可以归结为高等教育创新能力因子;F2 公因子主要包含 X2、X3、X4、X19 等指标,可以归结为教育机会因子;F3 公因子主要包含 X6、X7、X8、X9、X10 等指标,可以归结为教育经费因子。

综上检验结果分析,提升高等教育国际竞争力主要表现在高等教育创新能力、教育机会水平以及教育经费的充足程度。自 1999 年我国实行高等教育改革以来,我国在教育经费、教育机会以及高等教育创新能力方面虽有所提高,但与其他众多国家相比,我国高等教育竞争力仍处于中等偏下的水平。

(二) 教育经费和教育机会改善效应预测

1. 高等教育经费量增质优

根据我国实际情况,教育经费在资金量的充足性和资金来源结构的合理性是教育机会因子提升的基础。分成制资金主要面向学生,结合因子分析结果,分成制资金的介入能够大幅度提高私人部门提供的高等教育经费占 GDP 比例(X9)和高等教育生均经费指数(X8)。具有市场属性的资金进入教育产业能够带动政府教育投资并明确其投入资金投向,能够刺激公共教育经费占 GDP 比例(X6)、公共部门提供的高等教育经费占 GDP 比例(X10)和高等教育经费占总教育经费比例(X7)的提升。

基于未来利益化最大化、风险可控的资金属性,分成制的实现也会呈现阶段性特征。首先,不同时期人力资本积累程度对于学生未来现金流测算的识别程度存在着一定的差异。从风险控制的角度而言,分成制实现初期的主要资金投向会主要集中于具备高等教育潜质或高人力资本积累"显现"的教育需求方,但相应地,投资回报期缩短虽然实现了风险相对可控,但也会相应地降低教育收益。随着体系的不断成熟,分成制资金会逐渐从高等教育资金池逐渐向下渗透。例如中国科技大学针对天才儿童已经进行了多年的独立招生和培养,其效果可以作为分成制资金向下延伸的重要参考。

其次,从指标设定来看,我国目前仍然主要使用各项教育支出占 GDP 比重作为衡量指标,其主要目的是考察 GDP 增长对于教育的外溢效应。但随着我国 GDP 增速逐步放缓,单纯采用教育支出与 GDP 比例的方式已经不足以反映出教育资金的满足状况。在短期内,分成制资金能显著提高高等教育经费占 GDP 的比例。由于教育经费支出增长率每年都高于 GDP

增长率，到 2012 年年末，我国教育财政性支出占 GDP 比重已经达到了 4% 的既定目标，但从高等教育生均经费指数来看，此项指标仍然与其他可比国家存在显著差异。由此，我们不难得出，分成制教育资金投入量的扩大将对公共部门提供的教育经费占 GDP 比重产生一定的压力，将进一步促使公共部门提升教育经费供给数量，最终使得高等教育经费占教育经费总支出的比重增加。

分成制资金不仅在高等教育培养方面实现资金补充，同时也有利于提升各项研发经费。如图 7-15 所示，研发经费占 GDP 的比例（X11）中，2006—2011 年研发经费总支出复合增长率为 18.16%，其中政府研究经费支出增长速度为 18.11%，社会（企业）研发经费增长速度为 18.21%，政府研究经费支出与社会研究经费支出的绝对值相差较大。

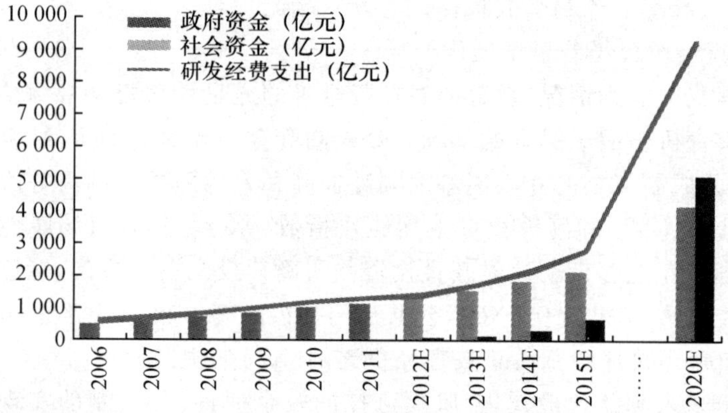

图 7-15　研究经费现状及预测

分成制资金的实现有助于学校形成自身办学和研究特色，提高研究水平，吸引校企合作开展基础性和应用性研究。由此可预测，分成制的实现将有助于以国家战略目标为导向的政府研究经费保持长期匀速增长，相应地，企业研发经费也会大幅度上涨。参考美国高等教育研究经费增长速度和分成制资金增量，可以预计，我国社会研究资金将保持每年 50% 左右的增长速度。到 2020 年，政府研究经费支出和社会研究经费支出能够实现基本平衡，高等教育研究水平得到显著提升，有助于带动我国产业升级和转型。

2. 教育机会平等性的增强

教育经费充足的直接效应就是教育机会相对公平性与区域教育资源平衡性的提高。基于高等教育国际竞争力钻石模型，教育机会均衡性的强化受限于教育投入和教育资源分配。在有关教育公平的那一节已经提出，随着分成制的深入,政府主导下的教育经费将逐渐向基础性教育倾斜,而分成制资金将主导高等教育及其延伸教育。政府主导下的教育经费支出已经逐步实现人均受教育年限(X2)、15—17 岁人口高中教育的毛入学率(X3)和 18—24 岁人口高等教育毛入学率(X4)与世界发达国家逐渐靠近的目标(见图 7-16)。

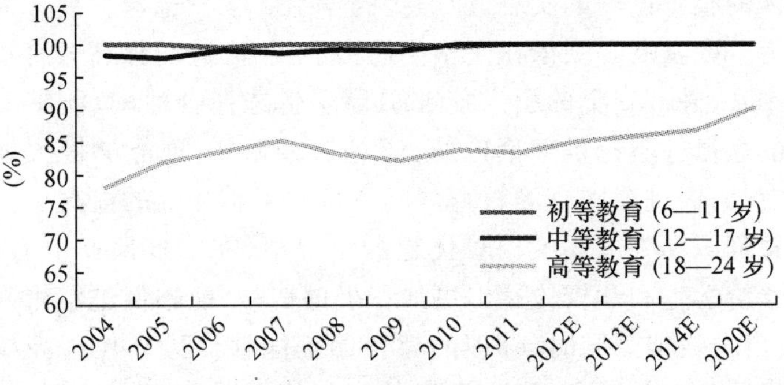

图 7-16　“三级”教育毛入学率

随着我国义务教育的不断深化和发展,初等教育和中等教育在统计上基本实现了 100% 的毛入学率;2004—2011 年间,我国高等教育的毛入学率长期保持在 83% 左右。毛入学率的下降主要归结于我国现行教育制度和教育资助体系中“非摩擦性”高等教育毛入学率丢失。分成制资金专业引导性和资金的补足能够部分实现高等教育毛入学率的提高。

除此之外,如表 7-6 所示,2004—2011 年,我国每千人口高等教育学生数量长期不足 60 人的现状,极大地制约了我国人均受教育年限(X2)的提高,进而制约了区域间教育机会平等性的实现。我国每千人口高等教育学生数量会随着由分成制资金的不断进入而带动教育机会的出现而提高。同时,人力资本投资对象选择的范围也会扩大,最终实现我国人均受教育年限的提升。

表 7-6　每千人口高等教育学生数　(单位:人)

2004 年	2005 年	2006 年	2007 年	2008 年	2009 年	2010 年	2011 年
58.8	58.7	59.1	59.2	59.4	58.7	58.6	58.5

(三) 有助于从机制上解决教育创新能力低下的问题

创新能力是高等教育国际竞争力最为重要的参考指标。根据因子分析结果,创新能力的解释力度始终保持在 30% 以上。不论是其指标构成还是解释力度都相对稳定,其依据为一国高等教育学府世界声誉和创新性产出(学术能力)。

过去几十年,改善居民生活条件一直是我国政府工作的重点,而在促进创新力发展等方面都落后于其他发达国家。我国以往通过引进技术推动经济发展,将越来越多地转向依靠自主创新能力的提升。创新能力的缺乏,一方面源于我国高等教育制度中激励机制和特色化的缺失;另一方面,源于推动学生和学校进行创新活动的资源和外部条件有所欠缺。以学生为投资主体的教育制度的实现,能够提高学生和学校选择发展方向的独立性。学校为争取发展必须依托于学生能力的提升,进而提高教育质量。从外部条件来看,外部资金的引入能够引导学生选择合适的、能够实现人力资本价值的途径。不论是理论创新,还是实践创新,都能够极大地发挥学生自身的专长,促进我国高等教育国际竞争水平整体性的提高。

在教育资源和外部环境相对优越的情况下,在制度层面上看,分成制的实现能够给学生和学校传达出更加积极的信号,能够促进学生发挥自身特长,完善自身技能。同时,合理的教育制度能够促进高校与高校之间以学生作为资源争夺的对象,形成良性的竞争格局。在理念层面上看,在教育资源以及人力资本价值实现等方面顾虑的减少,一方面能够极大地提高学生自身潜能的开发,另一方面,作为教育实施者的学校,能够逐步形成竞争意识。教育理念的转变将会逐渐形成"适者生存"的局面。在效应层面上来看,在教育资源和选择相对宽裕的情况下,不以培养学生为主要目标的高校将失去竞争力,同时也会失去教育资源供给,从而逐步实现高等教育"市场"。"择优汰劣"效应的形成也将逐步使得高等教育创新能力得到提高,进而提升我国高等教育的整体竞争力。

三、我国消费投资改善整体效应预测

最终消费、资本形成总额和净出口是拉动 GDP 增长的主要力量。自 1978 年至 2011 年,我国最终消费率总体呈现下降趋势,从 62.1% 下降至 49.1%,虽然我国 GDP 保持着高速增长,但是消费对于 GDP 的贡献程度却日渐下降;相比而言,我国资本形成率自改革开放以来反而保持着相对稳定的增长态势,资本形成率从 1978 年的 38.2% 上升至 2011 年的 48.3%。投资对于我国 GDP 保持着长期稳定的、与 GDP 增长相适应的增长速度,如图 7-17 所示。相比消费和投资对 GDP 相对稳定的贡献度,货物和服务净出口由于受到外部环境的影响,故对 GDP 的贡献度波动较大。

由于全球经济总体形势不是很乐观,全球贸易市场面临急剧萎缩的局面。过去一段时间,中国进行了大量投资。随着投资力度逐渐下降,投资收益率将不会再像以前那样高,经济整体增速可能因此下降。未来十年,

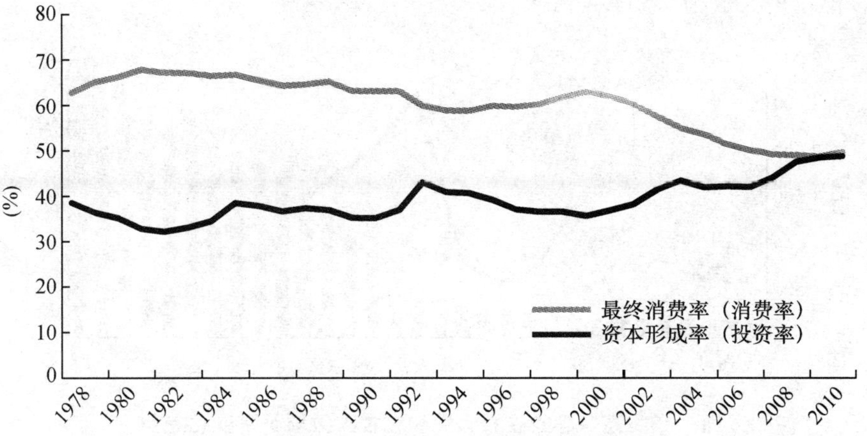

图 7-17　1978—2011 年最终消费率和资本形成率

中国经济要保持 7% 到 9% 的增速，扩大内需、提高居民收入、刺激居民消费就成为必要之选。

分成制的实现首先作用于学生，使得被投资者群体在更好地获得人力资本回报的同时，减少家庭教育负担，由此，分成制的个体效应逐渐显现；分成制教育资源分配主体由学校变为学生，加大了人力资本的流动性和教育资源的充足性，从而促进学校与学校、区域与区域之间形成具有格局特色的局势，促进学校和区域的平衡发展，这是分成制的区域效应；分成制资金规模不断扩大能够逐步对国家财政教育支出和国家财政支出结果产生重大影响。分成制通过提升教育经费总量，优化教育支出结构，来提高国家整体公共福利，并带动国家消费和投资的增长，其所造成的宏观效应也将逐步显现。

（一）分成制资金规模总量测算

根据教育金融学会 2012 年暑期调研测算估计出人均每年获得分成制资金量为 16 079.61 元，为准确估计分成制资金规模总量，我们参照不同地区学生参与分成制的意愿，以及该地区高等院校在校人数测算出参与分成制的人数（假定愿意参加分成制的受访者即为分成制参与的实际人数）。根据分成制参与人数和每年高等院校在校人数变化量和教育成本增长趋势，最终估算出未来几年分成制资金规模总量。

根据调研结果，加权平均各省市人数和参与意愿结果，得到分成制的参与人数为高等学校在校总人数的 56.7%。截至 2010 年年末，我国高等学校在校人数为 2 231.79 万人。从总体趋势来看，我国高等学校在校人数自 2008 年起增长速度逐渐放缓，如图 7-18 所示。预计在 2015 年我国高等学校在校人数为 2 537.4 万人。

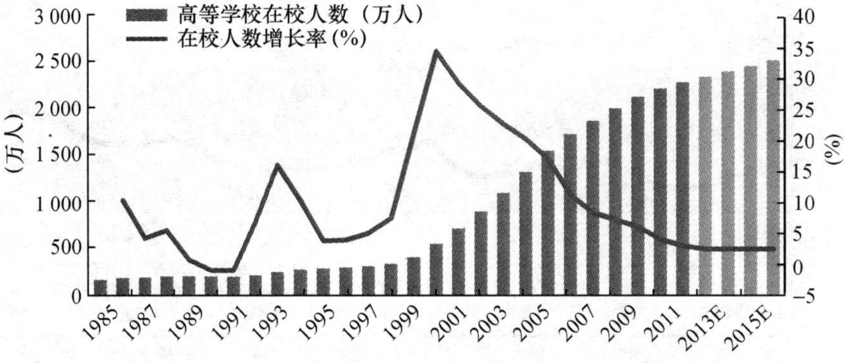

图 7-18　高等学校在校人数和在校人数增长率变化趋势

根据近几年家庭教育支出增长率，我们假定分成制教育资金增长率与教育支出增长率均为 18%。

如图 7-19 所示，如果现在实行分成制，结合分成制参与人数的变化可以估算出分成制资金总量为 2 148.2 亿元，占 GDP 的比重为 0.46%。照此计算到 2015 年，分成制资金总量规模可以达到 3 800.9 亿元，占 GDP 比重为 0.66%。

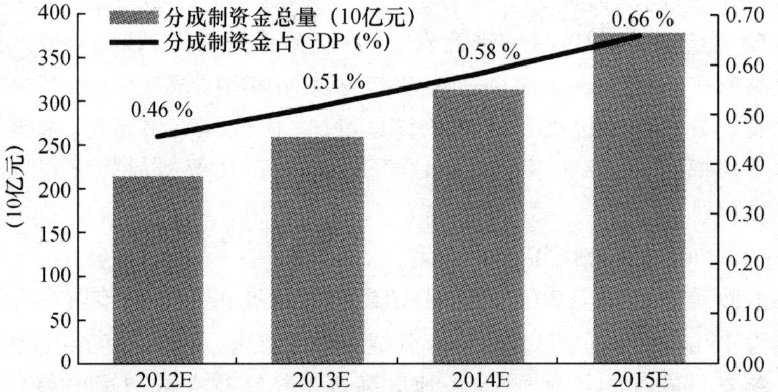

图 7-19　分成制资金总量测算和资金总量占 GDP 比重

（二）居民最终消费水平显著提升

分成制的实现能够极大缓解政府教育支出的压力，2011 年政府教育预算支出为 14 262.91 亿元，按此计算，分成制资金按 2 148.2 亿元为计算基准，占财政教育支出的比率达到 15.06%。分成制资金的加入能够将我国教育支出占 GDP 比重大幅提升，可以较快实现我国教育支出占 GDP 比重 5% 的目标。分成制资金的进入，有利于政府经费支出的结构化调整。

除提高教育经费外,外部资金的注入能够提高公共福利水平。在实现教育支出占 GDP 比重 5% 这一目标的过程中,政府在教育支出中的资金将被大量“节约”下来投资于其他政府公共福利项目。

公共福利支出主要包括政府财政在教育、医疗、失业、养老等社会保障方面所提供的商品与服务。非公共福利支出,根据定义,其为政府总支出减去公共福利支出的余额,主要包括一部分经济建设费和政府的行政管理费等。根据贺京同(2009)研究表明,在现阶段,政府财政的公共福利支出对居民消费具有互补效应,而非公共福利支出对居民消费具有替代效应,并且前者明显强于后者。根据行为经济学的基本理论与方法,假设居民的心理账户的安全性是决定其消费行为的重要因素,而公共福利支出是影响心理安全的重要因素。检验发现,当公共福利支出满足居民心理安全需求的能力下降时,居民的消费增长对收入增长的反应系数显著变小。增强公共福利支出的供给力度,可以维持居民的心理安全,进而达到提升居民消费意愿、刺激居民消费增长的目的。根据财政部公布的一项数据,我国居民储蓄中约有 40% 的储蓄被用于家庭教育事业。分成制的实现可以极大地缓解教育支出压力对心理账户安全的不良影响。同时,分成制资金具有对财政教育支出增量资金的增量的替代作用,进而实现其他公共福利项目支出的提高,能够加强居民的心理安全,进而提升居民的消费倾向。

根据实证研究,在我国现阶段,政府财政中的公共福利支出对居民消费存在显著的互补效应,互补程度系数约为 0.4,即公共福利支出每增长 1 单位,居民最终消费率能够提升 0.4 个单位。

在 2011 年财政支出结构中,教育支出增量资金的转移能够提高医疗、住房、养老等方面福利。

如图 7-20 所示,以 2011 年为计算基础,住房保障支出占比为 14.11%,医疗卫生占公共福利支出的 29.26%,社会保障和就业占比为 56.63%。社会保障支出、医疗支出和住房保障支出保持着年均 24.12% 的增长率。为便于计算,分成制资金所替代的教育支出增量资金按照现有三项保障性支出占比同比率增加,按照转换率为 1 进行计算,最终实现 9.63% 的复合增长率,综合其公共福利支出对消费影响系数,分成制资金的实现对于居民消费提升的贡献程度可以达到 4.14%。

（三）投资回报提高与投资结构优化

目前,我国正处于经济发展初期向经济发展中后期转化的阶段。经济发展的初期,实物资本相对人力资本稀缺,实物资本相对人力资本的比率较低,从而使得实物资本的回报大于人力资本的回报。但随着实物资本的

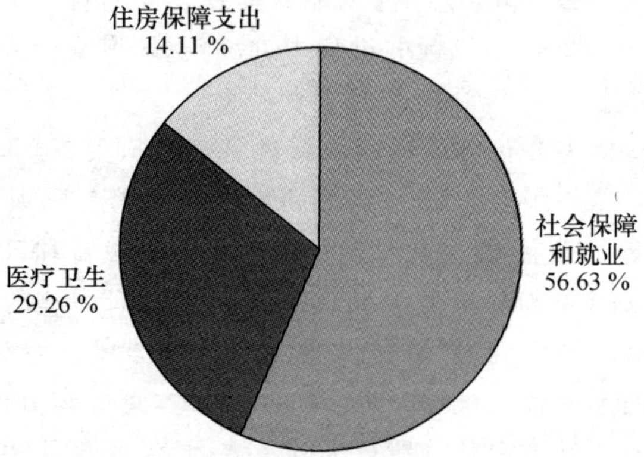

图 7-20　医疗卫生、住房保障支出、养老支出在公共福利中占比

线性积累与人力资本的非线性(凹函数)积累,在经济发展的后期,人力资本相对实物资本稀缺,实物资本相对人力资本的比例变高,此时,人力资本的回报相对实物资本更高。

根据测算,1998 年,我国教育收益仅为 4.3%;2003 年,我国教育收益达到了 11.3%,时至 2010 年,中国城市教育收益率已经达到了 16%—20%。随着资本收益率边际增长率的不断下降,根据白重恩等(2007)的估算,平均而言在 1979—2005 年间,中国的物质资本收益率高达 20% 左右。

而从政府投资的角度,参考中国 2008—2010 年对营业收入和资产总计在 5 亿元及以上企业的主要经济效益指标进行的统计:国有控股企业三年资金利润率仅为 6.3%(见图 7-21)。如果将政府视作企业的股东来看,净资产收益率 6.63% 远远低于人力资本收益率。

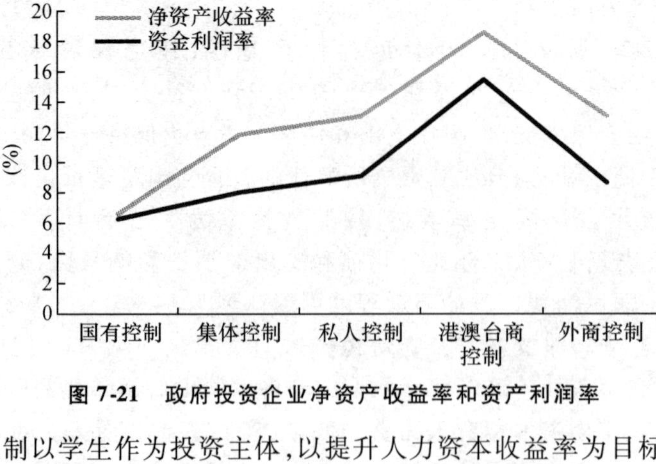

图 7-21　政府投资企业净资产收益率和资产利润率

分成制以学生作为投资主体,以提升人力资本收益率为目标。分成制实现的信号作用能够提高一国或一个地区整体教育收益，同时引起公共资源向教育产业的流入。从分成制运营结果角度看，分成制投资群体的教育收益率会远远大于社会平均教育收益率。

不仅如此，分成制机制的实现能够使得一个地区或国家通过教育投资不仅获得教育收益，同时还能够享受教育外部性所带来的收益。研究表明教育外部性具有一定门槛效应，即教育程度低于某一水平时，教育的私人和社会收益率都是很低的，而一旦超过这一门槛，更高的教育便具有较高的私人收益率和社会收益率。实证研究表明人力资本溢出效应在高科技行业比传统行业要显著（Moretti，2004）。

第八章　分成制对高校教育金融的深化

学校是教育发生的场所，各利益相关方在这里聚集，以学校为主体可以完整地展示教育金融深化全貌。因此学生金融抑制研究只有落实到学校，才能指导教育金融深化的实践，实现其研究价值。高校作为我国最主要的非义务教育主体，是我国教育金融抑制发生的高度集中地，教育金融问题在这里最为突出和典型，以高校为主体研究教育金融深化，既抓住了我国教育金融抑制的主要矛盾，也为其他学校解决教育资金问题提供了参考和指导。

分成制为解决学生金融抑制提供了一整套的机制，打破了学生筹资难的瓶颈，改变了学生无法支付高校精品教育费用的历史，疏通了股性资金通过学生流向高校的渠道，是高校教育金融深化的主要机制。其实施的前提是对我国高校教育资金流动机制和高校教育资金现状的全面把握，落脚点是我国高校教育理念和经营机制的转变，深化的最终结果是教育资金行为模式的转变和学生金融抑制的解除。

第一节　高校教育资金流动机制

高校教育资金流动机制反映的是高校利益相关方之间的教育资金关系，高校教育金融深化只有遵循教育资金流动规律，才能取得成功。同时对教育资金流动机制展开研究，有助于更好地把握高校教育资金流动的脉搏，推动教育金融深化。

一、高校利益相关方

高校利益相关方指参与高校教育教学活动的各主体，包括政府、教师和学生三大直接参与方，与社会和家庭两大间接参与方。高校利益相关方是流动机制分析的基础，只有理清高校利益相关方内在逻辑关系，才能准确把握不同利益主体间的教育资金关系，才能深入刻画教育资金的流动机制。

（一）相关方的教育关系

高校作为教育活动开展的场所，高校利益相关方之间的关系首要的是教育关系，这种关系集中体现为政府与学校、学校与教师、学校与学生以及教师与学生的关系。而社会和家庭与高校的教育关系，分别隐藏在政府和学生与高校的教育关系之中。高校利益相关方的教育关系如图8-1所示。

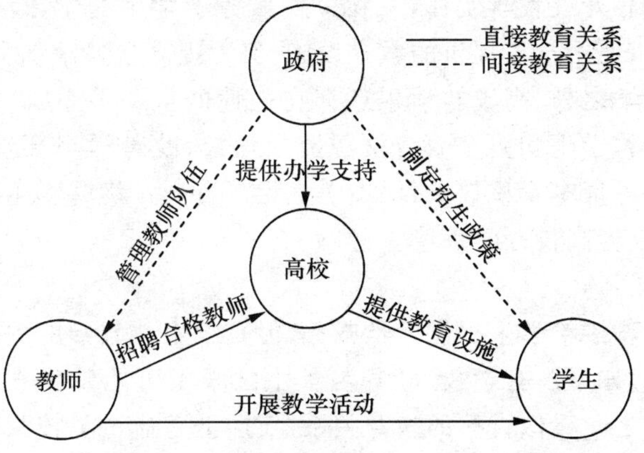

图8-1　高校利益相关方之间的教育关系

1. 政府与高校

作为社会代言人的政府需要高校提供的人才推动社会发展，同时，高校需要政府提供的财政资金和政策支持才能更好地培养人才。在知识经济时代，发展教育对提升综合国力，实现民族国家崛起和经济持续发展作用重大，成为各国政府推动社会进步的战略手段。

政府制定教育政策，提供财政资金引导高校发展，为高校发展创造良好的外部环境和提供强大的资金支持，这是高校教育活动顺利开展的先决条件，影响着其他教育关系的建立和发展。高校发展则为国家社会培养和输送大量建设和创新人才，为国家社会的持续发展不断注入人力资本，提供国家社会持续发展的人力资本保障。

2. 高校与教师

高校对于教师就像理发馆对于理发师，在市场条件下，学校为教师提供教学场所，教师以学校名义提供教学服务，双方相互依存，不可分离，一方离开另一方将导致教育活动无法正常进行。教师使用学校提供的教学楼、图书馆、实验室等传授知识，教育学子，开展教学工作。教师要把自己的发展纳入学校发展之中，关注学校发展方向，为学校发展尽自己最大的力量，充分利用学校提供的平台提高自身的教学能力，与学校共同成长。

学校只有打造一支高水平的教师队伍,才能提供高水平的教育服务,培养一流的人才。因此高校有义务招聘优秀教师,组建一支素质过硬的师资队伍,为教师的成长和发展创造条件,为教师事业发展提供便利,把自己打造成教师事业成长的摇篮。

3. 高校与学生

教与学是高校与学生的核心教育关系,可以归纳为:学校教育学生,学校以学生为中心开展教学工作,一切工作服务于学生的学习活动;学生在学校接受教育,使用学校提供的教育设施,努力提高自身学识水平。

除了教与学之外,高校与学生还存在隐性的声誉关系,高校良好的声誉能够吸引优秀学生和更多教育资源流向学校,改善学习环境,提高学生学习效率和人力资本累积效果,增加学生无形资产。优秀学生同样能够增强高校声誉,改善高校办学环境。

4. 教师与学生

虽然教师直接给学生提供教学服务,但是学生与教师的关系是通过学校建立起来的,如果没有学校,教师与学生之间不可能发生教育关系。因此教师与学生之间看似直接的教育关系,实质上是通过学校联系起来的间接关系。教师与学生的关系是高校整个教育关系体系中最关键的一部分,整个教育关系都服务于这一关系,就如图 8-1 所展示的那样,是整个教育活动的基座,是整个教育关系的基础。

高校教育关系是一个相互影响、相互作用的生态系统,尽管阐述各主体间关系是分别进行的,但是教育活动的开展从始至终都是一个联系紧密的整体,不能只见树木不见森林。综观教育全局,我们可以发现政府就如同提供阳光和空气的太阳和大气层,为高校教育活动的开展提供财政资金和教育政策的生态支持,也是学生参与教育活动的强有力后盾;高校就如同提供庄稼立足之地的大地,为教育活动开展提供用武之地,各方资源在此汇聚转化成培育学生成长的养分;教师如同在土地上辛苦耕耘的农民,耕耘施肥,合理调教,促成学生的快速成才;学生则是茁壮成长的禾苗,只有阳光充足、土地肥沃、辛苦耕耘,作为禾苗的学生才能快速健康成长,结出硕果。

(二) 相关方利益原则

高校是教育关系的枢纽点,是教师与学生、政府与学生、政府与教师之间关系的中转站,教育活动通过高校得以开展。高校要保证教育活动的顺利开展就必须提供相应的教育设施和人才,这需要大量的资金支持。换言之,教育关系必须有强大的资金支持才能够建立,教育关系背后隐藏的是各主体之间的利益关系。分析各主体的利益流向,可以发现教育相关方遵循"谁受益谁出钱"的利益分配原则。

在教育活动开展前,教育作为一种准公共产品,具有很强的正外部性,教育发展能够提升科技水平,促进社会进步。因此政府必须承担一定的教育发展经费,提供财政上的支持。同时,教育在一定范围内又具有私有产品的性质,对个人发展和收入提高具有巨大的促进作用,学生为了获取高校提供的教育服务,必须支付一定的费用,这也是高校事业性收费的依据。在教育活动过程中,教师为学校提供教学服务,学校必须支付教师相应的工资和福利,激励教师努力工作,提高教研水平。

由于教育具有"成链"的特性,在教育利益分配中利益的享用者具有相对性,实质上教育资金流动是一种利益交换。因为政府在支付财政的同时获得了教育的外溢价值,学生支付学费的同时获得了人力资本的增值,高校在支付教师工资福利的同时获得了教师提供的教学服务。利益交换决定了教育背后的利益关系必然与教育关系方向相反,高校教育关系是教育资金关系发生的原因。

二、高校教育资金关系

高校教育资金关系是高校教育活动相关方利益关系在教育资金领域的折射和反映,理清高校教育资金关系,有助于摸清高校教育资金的来龙去脉,明晰高校教育资金的流动机制,发掘教育金融抑制的原因。

(一)利益相关方教育资金关系

高校利益相关方按照是否直接参与教育活动分为直接相关方与间接相关方,因此利益相关方的资金关系同样分为直接教育资金关系与间接教育资金关系。直接教育资金关系包含高校与政府、高校与教师、高校与学生间的资金关系以及高校内部的资金关系。间接教育关系主要是社会和高校与家庭和高校间的资金关系,间接教育资金关系依赖直接教育资金关系,是隐性的资金关系。

1. 直接教育资金关系

第一,高校与政府教育资金关系。政府通过财政资金引导高校发展,配置教育资源;高校使用财政资金为国家培养人才,提供经济社会进步所需的人力资源。政府财政拨款是高校教育资金第一大来源,为高校教育事业发展提供了物质保障和基础。财政资金不足导致高校教育资金紧张,制约了高校快速发展。财政资金使用效率低下,加剧了高校教育资金紧张。总量不足和效率低下是我国高校教育资金普遍抑制的重要原因。

第二,高校与教师教育资金关系。教师校内津贴及补贴是高校支付给教师工资的主要形式,由高校自主分配。高校的资金状况决定着津贴和补贴的额度,高校资金充裕,津贴和补贴的额度会提升,反之则下降。津贴与补贴额度对调动教师工作积极性和吸引优秀教师人才至关重要。高校教育资金不足就无法提供吸引优秀教师人才的工资,这将影响高校教学水平;高校教学水平降低会减少对学生的吸引力,学校生源萎缩,高校的事业费收入相应减少,形成恶性循环。因此高校必须在自身资金的承受能力和提供有吸引力的教师工资中做出权衡。

第三,高校与学生教育资金关系。学生事业性收费是高校教育资金的第二大来源,是高校自主支配资金的主要来源。学生接受高校提供的教育,支付相应的学费,学费是学生在校期间的主要支出。高校收取学费,部分用于支付教师工资的津贴和补贴,调动教师工作积极性;部分用作贷款融资担保,获取银行贷款用于高校建设,改善高校基础设施,提高高校教学硬件水平,为学生创造一个更好的学习环境。因此当生源不足或者学费上限受到限制时,高校获取的学费收入受到抑制,这是高校教育资金出现短缺的重要原因。在市场机制条件下高校挖掘学生学费潜力,打破学生学费不足限制,是破解高校教育资金困境的重要手段。

第四,高校内部的教育资金关系。高校从政府、学生和社会获取办学所需的教育资金,除了用于支付教师工资之外,高校还必须支付大量资金用于自身建设,形成高校内部的教育资产。高校使用教育资金,购置教学设备,修建学生公寓、图书馆、教学楼和学生生活设施等,大量教育资金沉淀在高校内部的教育资产中。高校教育资产价值缓慢释放,给高校带来现金流,但是建设往往相对集中,教育资金流出量猛增,造成高校财务困难。近年来我国高校过度负债现象主要是由没有合理安排高校内部建设,盲目扩张和兼并,导致现金流断裂造成的。

2. 间接教育资金关系

第一,社会和高校教育资金关系。社会与高校不存在直接的教育关系,因此社会对高校不直接负有支付教育资金的利益责任,两者之间不存在直接的教育资金关系。然而政府是社会权力机构,是社会利益的代言人,社会向政府缴纳税收,形成国家财政资金,国家将部分财政资金专项用于支持教育,形成财政性教育资金,是高校教育资金第一大来源,社会通过政府与高校发生间接的教育资金关系。

此外,高校为社会输送了大量人才,部分社会成功人士为了回馈和支持高校教育活动,通过慈善捐赠的形式,向高校转移教育资金,这是当今世界高校教育资金的重要来源，在高校资金来源中的地位越来越重要。因此社会转移渠道越发达、越健全，人们的积极性越高，社会流入高校的教育资金量越大，高校教育资金出现短缺的可能性越小。

第二，家庭和高校教育资金关系。家庭是学生教育资金主要来源，家庭通过代际转移为学生提供学费、生活费、书本费等各项教育资金。学生缴纳给学校的各项费用，归根结底是家庭资金。然而家庭并不与高校存在直接的教育关系，家庭与高校的关系通过学生连接。但是家庭资金的多少，对学生能否参与高等教育，参与何种程度和形式的高等教育影响巨大，对高校收取学费的上限也产生限制。因此家庭能够转移给学生的教育资金，决定着高校能够获取的教育资金，影响着我国高校教育金融抑制状况。

高校利益相关方的教育资金关系是一个不可分割的完整体系（见图8-2），应将其放在高校教育活动中全面分析和综合研究。从教育资金关系可以看出，高校教育资金缺乏主要是由财政资金不足、学费不足和社会捐赠缺乏与教育支出庞大共同导致的。

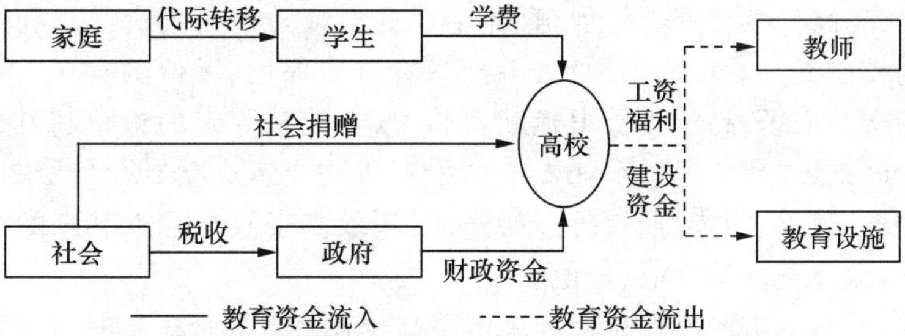

图8-2　高校利益相关方教育资金关系

（二）高校与金融市场间教育资金关系

利益相关方向高校注入资金，也使用着高校教育资金，当高校内部教育资金均衡时，高校不会与金融市场发生资金关系。然而实际情况是高校教育资金收支绝大多数处于失衡状态，高校与金融市场频繁发生教育资金关系。高校与金融市场的教育资金关系是一种双向的资金关系（见图8-3），当高校教育资金不足时，金融市场资金会流向高校，弥补高校资金的不足；反之当高校盈余时，教育资金会流向金融市场，参与金融市场的投资活动。

当高校教育资金不足时，金融市场是主要的弥补渠道，通过提供担保，高校可以从银行获取贷款弥补资金缺口。高校使用银行资金需要支付相应的利息，并在一定期限内偿还本金和利息。如果高校在一定期限内不能

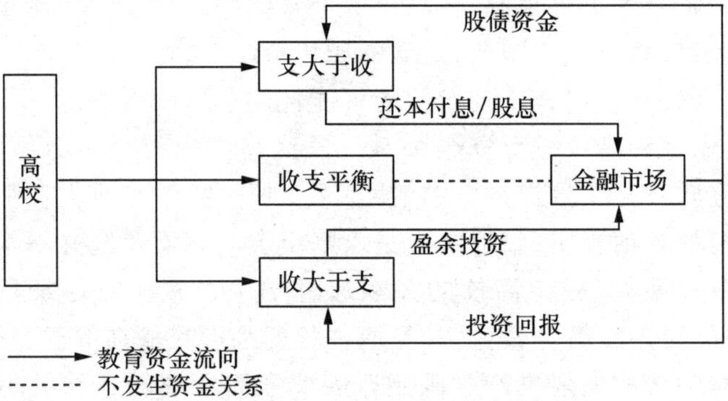

图 8-3 高校与金融市场双向教育资金关系

改善资金状况,贷款会加剧高校财务危机。同样,高校可以发行股票,筹集股性资金,由于不需要偿还本金和利息,对高校的财务压力小。但是由于我国法律政策的限制,高校从金融市场上无法获取股性资金。

当高校教育资金存在盈余时,高校将盈余资金投资于金融市场,获取回报,实现高校教育资金的保值、增值。此时金融市场投资工具和投资渠道对高校投资收益影响重大,关系到教育资金保值、增值的实现。在相对落后的金融市场,高校投资渠道相对狭窄,主要是固定的银行利息。在发达的金融市场,高校通过委托专业的投资机构或者成立专业投资机构,投资于债券、股票、期货、期权等金融产品,获取高于银行存款利息的收益回报,实现教育资金的保值、增值。

因此,金融市场的发达程度决定了高校在教育资金短缺时能够获取的资金总量和使用成本,也决定了高校在教育资金盈余时能够获取的投资收益。因此,在探寻解决高校教育资金困境中,必须高度重视金融市场的作用,理顺金融市场和高校教育资金关系。

三、高校教育资金流动的机制

高校教育资金流动的机制,主要阐述教育资金流动状况和流动路径的结构与性质,是教育资金流动机制的核心。高校教育资金的流动反映了高校的资金来源和资金去处,考察流入量与流出量的差距对于研究高校资金的使用效率有着重要参考作用;同时,教育资金的流动性分析能够为金融手段引入高校资金募集管理提供依据。

(一)高校教育资金流动状况

1. 高校教育资金的"来龙"和"去脉"

教育资金流入流出是教育资金流动机制的直观反映,是分析教育资金流动机制的基础。高校教育资金的流入流出,以高校为核心展开,首先分析高校教育资金的来源。

高校教育资金来源按照其投入主体可以分为财政资金、学生学杂费资金、社会公益捐赠、校办企业利润。在高校教育资金来源中,财政资金和学生学杂费稳定性最高,具有流入时间和数额相对固定的特点,高校对这两种资金的管理能力最强。但是社会公益捐赠和校办企业利润,与前两种资金来源相比具有很强的波动性,流入的时间和数额变化极大,高校无法准确预期,对其管理的难度较大,是高校教育资金来源中的不稳定成分。

高校教育资金支出按照主体可以分为教师工资福利、学生奖助学金、高校自身的软硬件设备购置。高校教育资金流出的大部分用于支付教师工资福利和购置自身的软硬件设备,小部分用于支付学生奖助学金。尽管高校教师工资福利和学生奖助学金的支出具有很好的规律性,但是高校自身软硬件设施的购置支出,比较难以把握,受到政府政策的影响比较大,常常造成高校短期内负债飙升。

2. 高校教育资金流动的路径结构

高校教育资金各条流动路径以高校为中心展开,形成以高校为中心的星形网络拓扑结构。高校是教育资金流动路径的中心节点,其他主体与高校直接联系搭建流动路径,其他主体间的教育资金联系通过高校完成,各主体之间不单独进行教育资金的转移行为,主要流动路径结构如图 8-4 所示。

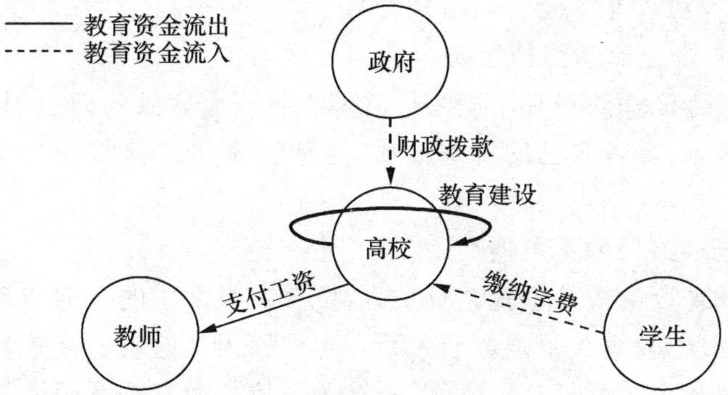

图 8-4　高校教育资金主要流动路径结构

在以高校为中心节点的星形流动路径结构中,所有教育资金的调动分配均通过高校完成,高校易于统一控制和管理教育资金,提高教育资金使用效率。高校可以借助中心节点的信息优势,加强对教育资金变化和异常波动的监管,当部分主体出现异常情况的时候,有针对性地处理,保证教学活动的顺利开展，如贫困学生无法按时缴纳学费，可以有针对性地开设绿色通道，协助其办理助学贷款。

对于长期内的资金变化，高校可以调整相应的行为应对教育资金的不利变化，如我国教育适龄人口下降，长期内教育资金尤其是高校学费收入必将呈现出长期下降的趋势，高校可以在保证当前教育水平和条件的情况下，减少学校教育设施建设投入，降低教育资金不必要的流出，应对学费收入长期下降的趋势，保证高校教育资金的稳定。

对于其他主体来说，虽然各主体之间存在教育关系，但是并不存在直接的教育资金关系，这种流动路径的设置可以降低各主体之间的谈判和交易成本。高校一方面代表教师与学生谈判，另一方面代表学生与教师谈判，借助高校这一主体大大降低了主体之间分别进行谈判和交易的成本，极大地提升了教育效率，促进了教育的发展。

在享受星型流动路径结构所带来益处的同时，我们必须看到这种路径设置，使得高校承担了教育资金失衡的全部风险，高校必须承受教育资金所有的不利变动。高校缺乏相应的风险共担主体，当教育资金出现极端不利变化时，高校将会失去教育资金路径的中转功能，教育资金无法在各主体之间顺利流动，教育关系将会因为资金关系的断裂而终止，从而导致整个教育活动的瘫痪。这启示我们要解决高校教育资金问题，除了开源节流，借力金融市场匹配流入流出时间之外，还必须完善教育资金流动路径的结构体系，分散高校承担的教育资金风险。

（二）高校教育资金流动路径特性

1. 教育资金流动路径性质

教育资金流动路径是不同主体之间教育资金联系的通道，与高校教育活动紧密联系，具有自己的特殊性质，这种性质是教育资金流动机制的内在反映。

（1）流动路径的不可逆性

高校教育资金关系依托教育关系，资金关系发生的方向与教育关系发生的方向相反，教育关系是资金关系发生的原因。这表明高校教育资金的流动路径对教育关系具有依赖性，资金关系依托教育关系而展开。

高校教育资金主要流动路径的这一特性，源于人力资本培养的不可逆性，这决定了教育资金流动路径具有单向性和不可逆性。因教育活动产生的教育资金只能从学生和政府流向高校，而不能从高校流向学生和政府，同样，教育资金的流出只能从高校流向教师和自身教育设施的建设，并且这种流入和流出都具有不可逆性。需要指出的是不可逆性与高校向学生支付奖助学金并不矛盾，因为奖助学金并不基于教育关系，本质上是一种转移支付。

（2）流动路径时间的不对称性

教育关系的存在具有持续性，通常会贯穿高校教育活动的始终，但是对每一个主体来说，教育活动有固定的周期。在教育活动周期开始时刻，学生向高校一次性缴纳学费，教育资金一次性流入高校；政府的拨款每年经过预算确定，在固定的时间段划拨到位。这表明高校教育资金主要流入路径具有时间上的周期性，在教育活动周期开始时教育资金通过路径集中流入，在周期期间教育资金流入路径暂时性关闭，直到下一个周期再次打开。

再观察教育资金流出路径，教师工资的支付相对来说比较稳定，具有时间上的持续性，但是教育设施的建设，通常是一次建设、持续使用，在建设期间需要大量教育资金投入，形成高校的教育资产，这造成高校教育设施建设这条流出路径具有偶发性和不可预测性。流出周期时间的差异使得教育资金流出路径出现分化，对教师而言，教育资金流出路径具有时间上的周期性和预测性，流量相对稳定，但是对于高校教育设施建设来说，这条流出路径既不具有周期性，也不具有可预测性，只有少部分时间处于流动状态。此时大量资金流出，造成高校短期内教育资金失衡。

此外流动路径的时间特性还表现在高校可以持续存在，教师和学生由于涉及具体生命体的特定阶段，因此当学生和教师跨越特定阶段以后，教育资金流动路径便会自动断裂，不再延续。教育资金流动路径的非持续性与人力资本积累的特点密切相关，是特定生命体具体阶段的人力资本行为，跨越这一阶段之后便会脱离教育关系的链条，教育资金路径终结。

这决定了高校拥有的教师队伍和学生数量不稳定，在短期内，教师和学生数量的微小变化对高校教育资金流动的影响很小，但是从长期来看，高校拥有的教师和学生数量将会有巨大的变化，这种变化带来教育资金流出和流入的剧烈波动，对高校教育资金流动均衡产生缓慢而巨大的冲击，这种冲击对高校的影响十分深远，甚至决定高校的生死。

第二节　高校教育资金现状分析

高校教育资金现状重点在于分析我国财政教育资金的效率、教育供求双方的债性和股性状况，指出了我国高校教育资金存在的主要问题，寻找教育资金短缺和教育金融抑制的现实根源，探寻高校教育金融深化的客观原因,为深化高校教育金融提供现实依据和着力点。

一、财政教育资金效率堪忧

我国财政资金在拨付过程中,由于大部分直接拨付高校,作为直接需要教育资金的学生获得的资金量有限,加之近年来高校扩编,大量资金被后勤人员消耗。同时,我国教育资金受到政策和制度限制,对高校和学生的资金担保和增信作用机制很弱,政府通过教育资金昭示的政策导向不明显,这些都造成我国高校教育资金整体效率低下。

(一)财政教育资金流失严重

在教育资金中直接拨付给学生的财政教育资金主要是奖助学金和困难补助费,在2011年约占整个财政教育资金的12%。从学生角度考察,直接投入学校的财政资金是间接资金,直接发放给学生的奖助学金和困难补助费则是直接资金。与间接资金相比,学生能够获取的直接财政资金数量非常有限。

财政教育资金以间接支付为主,直接支付为辅,意味着财政教育资金在流向最终受益主体学生的过程中,大部分资金需要经过高校的再分配。对于地方类高校的财政教育经费拨付还需要经过地方政府财政中转,近年来我国屡屡爆出地方教育部门挪用财政教育经费的案件,大量教育经费在流向高校的途中就已经被挪用,出现财政教育资金的第一次流失。

对于拨付到高校的财政教育资金来说,由于高等教育经费管理不够规范,损失浪费现象比较普遍。部分高校财务不重视成本管理,对二级院校以收付实现制代替成本管理,控制支出不严,分配制度不科学,支出的随意性较大。尤其是内部财务工作没有建立健全有效的管理机制,监督流于形式。学校“既缺经费又浪费经费,既没钱花又乱花钱”的现象较为普遍。

此外,高校行政和后勤的运行成本过高,也成为高校可持续发展的沉重包袱。同国有企业一样,学校“办社会”,不仅导致大量低水平重复建设,严重浪费教育资源,同时还造成机构臃肿、人员冗杂,非教学类后勤、行政和管理人员严重超编,有限的经费难以用在教学科研上,导致财政教育资金的二次流失。

经过地方政府财政和高校再分配之后,财政教育资金最终能够用到教育科研上的资金与最初拨付的资金相比已经大大减少,这使得本来就不宽裕的教育资金显得更加紧缺,教育发展资金紧缺状况进一步恶化,学生金融抑制更加严重。

(二)财政资金引导作用弱

财政教育资金效率还体现在政府对教育的引导上,一方面,财政资金在专业化高校与综合性高校之间的选择,可以引导高校专业化发展进程;另一方面,昭示政府政策导向,引导其他资金流入政府导向的专业和学校。

1. 高校专业化引导作用弱

财政资金拨付方向体现国家对于教育发展方向的选择,政府应该尊重社会需求,借助财政教育资金引导不同类型高校和不同专业均衡发展。2000年起,我国高校进行扩招,政府积极推动高校合并,鼓励和引导综合性大学建设,国家将大量财政教育资金投入到综合性高校。依据2012年我国高考填报志愿公示的,全国高校共有675所,其中文、理、工、商、法、医科较齐全的大学有283所,以理工类为主的大学有217所,跨两个以上学科的高校占我国高考填报志愿高校的74%。

综合性大学大量涌现有两大弊端,这两大弊端恰好说明我国财政教育资金使用效率低下。第一,高校和专业同质化严重。近年,我国高校甚至出现哪个专业热,就开设哪个专业,高校追着市场跑,理工科学校开设文科专业,文科类学校开设理工科专业的现象。结果是高校宝贵财政资金被分散,原本专业优势未能保持和提升,反而逐渐丧失,新开专业尚未成熟,市场已经转向。高校在培养人才过程中心浮气躁,大量宝贵财政教育资源浪费在专业的重复建设中。

第二,人力资本积累效率低下。自新中国成立以来,基础研究和创新研究能力长期不足,仅以诺贝尔奖为例,自新中国成立以来在基础学科和应用学科尚未培养出一位诺贝尔奖获得者。欧洲工商管理学院(INSEAD)日前发布的"2011年度全球创新指数"报告显示我国创新能力位居世界第29位,这与我国世界第二的GDP总量和"世界工厂"的地位明显不相符合。

专业重复造成各高校毕业生能力同质化严重,毕业生之间就业竞争加剧,毕业生就业形势日益严峻。毕业生能力同质化导致高校提供的人才不能够满足社会经济建设对人才多样化的要求,出现人才结构性缺陷。近年来,我国创新人才和技术人员缺乏,高校长期无法满足市场需求,高校重复建设与财政资金引导不力负有不可推卸的责任。

2. 对教育资金引导力不足

在市场经济条件下,财政资金投向是政府政策最佳风向标,为其他类型资金进入教育领域提供政策和资金两大担保,我国财政资金对教育资金引导力不足在这两方面均有体现。

首先从政策担保角度来看,财政资金投入变化反映政府政策动向,投入力度可以显示政府扶持决心,投入持续性表明政府政策稳定程度,跟随财政资金可以降低资金进入的政策风险。由于现阶段我国财政教育资金面临的主要问题是总量不足,政府和社会关注重点在于提高财政教育资金总量,对各类高校投向比例保持相对稳定,财政教育资金投向结构调整不多,使得财政教育资金政策导向作用被极大削弱。

其次从资金担保角度来研究,财政资金投入增加特定主体拥有的资金量,能够为其他资金提供隐性担保,降低其他资金承担的财务风险。但是目前我国绝大部分财政资金直接拨付高校和教师,只有少部分以奖助学金形式流向学生,各利益相关方获取的只是财政教育资金的部分,财政教育资金被分散,其资金担保作用也随之减轻。同时,财政教育资金在金融市场中并未与其他资金结合,以债性资金为例,目前高校银行贷款多使用学费收入作为借款担保,财政资金不允许为银行贷款提供担保,这阻断了财政资金的担保渠道,不能够引导更多债性资金流入高校。

二、教育供求双方债性资金扭曲

高校和学生在参与教育活动过程中,都存在教育资金短缺的状况,借贷是弥补资金不足,保证教育活动顺利进行的重要手段。但是高校与学生在教育资金短缺时面临的债务环境存在巨大差别,高校过度负债与学生银行借贷受限形成鲜明对比,双方债性资金严重不对称,债务资源配置严重扭曲。

(一) 高校负债过度

我国高校教育资金总量的增加速度,无法满足高校短期内规模扩张的需求。高校在融资渠道不足的情况下,为了迅速扩张,银行贷款成为高校的唯一选择。高校获得足够银行贷款,进一步刺激了高校扩张的欲望,于是高校进一步扩建和增加教职工人数,向银行继续贷款,形成高校债务链的恶性循环,具体贷款扩张流程如图 8-5 所示。这种扩张的最终结果是高校不堪债务重负,出现财务危机,规模扩张中断。

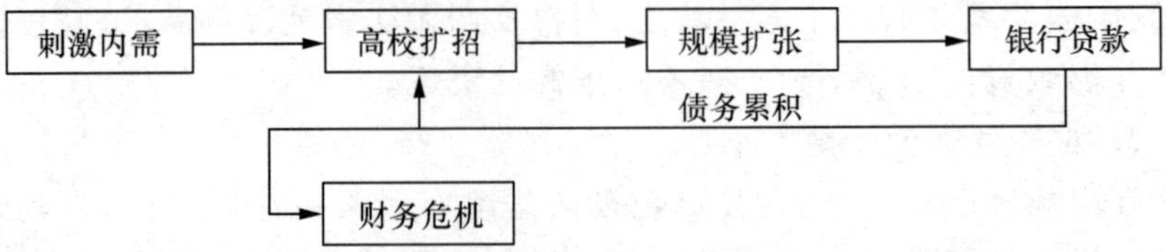

图 8-5　高校债务累积流程

目前我国高校共有 2 800 亿元的银行贷款,2008 年前后,还款高峰期来临,但是目前众多高校并不具备还款能力,这就面临着破产危机。高校过度负债带来巨大还本付息压力，高校资金周转出现困难，部分高校甚至出现拖延教师工资和科研费用的情况，这些严重地影响了我国高校的教育质量。高校过度负债已经成为我国教育发展的一大难题，成为社会各界普遍关注的焦点。

案例一

吉林大学财务危机之殇

吉林大学财务危机肇始于2000年的国家扩招政策。2000年，在国家政策推动下，吉林大学与吉林工业大学、白求恩医科大学、长春科技大学、长春邮电学院五校合并。正所谓一波未平一波又起，2002年，吉大与珠海市联合兴建珠海校区；2004年，中国人民解放军军需大学并入吉林大学。至此，吉林大学仅在长春市就拥有6个校区8个校园，占地超过622万平方米，在全国范围内拥有近万亩的空前规模，仅新建的珠海校区，占地面积已达330多万平方米，超过5 000亩。

在短短的四年内，吉林大学通过合并新建使得"美丽的长春市坐落在吉林大学校园当中"，规模迅速膨胀成为全国规模最大的学校之一。为了适应学校规模迅速膨胀和克服校区分散、办学困难的局面，吉林大学兴建校舍面积达338万平方米，通过铺设光缆和计算机网络把所有校区连为一体，如此巨大的工程将吉林大学慢慢地推向资不抵债的深渊。而珠海校区仅一期建筑面积就有12.5万平方米，这进一步加快了吉林大学财务危机的爆发。

2000—2006年间，吉林大学每年新增贷款达4.6亿元，至2007年，负债规模已达30多亿，每年净利息就已经高达1.7亿，学校已经濒临破产的境地，被迫向广大师生征集具有建设性、操作性强的合理化建议来应对危机。经过7年的积累，吉林大学财务终于走到崩溃的边缘，出现现金流断裂，教师工资难以正常支付的窘境。吉林大学的财务危机一经爆出，教育部工作小组三下吉林大学，寻求解决之道。在经过各方协调和磋商之后，最终教育部出面免去吉林大学所负担的部分债务，帮助吉林大学渡过危机。

吉林大学财务危机的爆发，使得高校债务危机第一次引起了社会各界的广泛关注。然而吉林大学只是我国高校负债过度的冰山一角，要真正彻底解决我国高校存在的过度负债，必须探寻制度层面的变革。

据相关部门反映,2007年,全国高校进了偿债高峰期。据有关部门统计,仅72所部属高等院校就负债高达360亿元,平均每所高校负债5亿元。《2006年中国社会形势分析与预测》社会蓝皮书称,2005年,我国高校向银行贷款总量约在1500亿至2000亿元之间。通过这些数据可以看出,经过2000年的扩张浪潮后,过度负债已经是我国高校普遍存在的现象,吉林大学只是中国高校过度负债的冰山一角。

高额负债给高校带来巨大财务压力,对正常教学活动产生极大的冲击。由于高校债务通常是中长期的建设贷款,按照3—5年的贷款利率6.40%计算,2008年我国高校负债总规模在2800亿元,每年需要偿还的利息为179.2亿元,相当于300万学生一年6000元的学费收入,即高校所有在校生七分之一的学费被用于偿还银行贷款利息。

如果在利息基础上计算每年偿还的本金数额,高校每年偿还债务总额将会更加庞大,按照五年等额偿还所有本金计算,并且不考虑新的负债,高校每年支付的本息和已经高达740亿元。对我国高校来说,巨额的本息负担,使得众多高校不堪重负,不少高校甚至面临破产的境地,财务处于极端困难的境地。

面对如此庞大的负债规模,不禁要问银行的风险管理在哪里,高校为什么能够向银行借到如此庞大的资金呢?这与我国国家办教育密切相关,高校属于事业单位,政府为高校提供隐性担保,银行在高校贷款过程中顾虑较少,对高校的贷款条件十分宽松,除了担保贷款之外,还向学校发放部分信用贷款,这为高校负债规模迅速膨胀提供了条件。

(二)学生银行贷款受限

学生为教育投资向银行贷款受到众多贷款条件的限制。首先申请助学贷款需要当地民政部门出具贫困证明,不少贫困家庭由于种种原因不愿或者无法向民政部门申请开具贫困证明,使得不少贫困学生和家庭,只能是望"助学贷款"而兴叹。而且,贫困证明给学生打上贫困印记,这给申请助学贷款带来了一种心理上的无形限制。

在我国,学生可以向银行申请国家助学贷款和生源地贷款。国家助学贷款和生源地贷款均规定学生最高申请额为每人6000元/年,我国本科生平均学费每年是6000元,每年平均生活费在10000元左右,即使学生全额申请到国家助学贷款,对于贫困家庭来说,学生在校生活的费用压力仍然巨大。助学贷款最高额度较低,限制了助学贷款对贫困家庭的帮助作用。

此外,国家对学生申请助学贷款的比例也有严格限制,如贵州省曾规定申请比例不能高于当年录取人数的10%,中国扶贫基金会估计我国贫困生平均比例在20%左右,西部省份比例则更高,这一比例的设置明显不合理,限制了助学贷款的作用范围。目前国家助学贷款平均获得额是2 000 元,只占最高额度的三分之一,每年学费和生活费按照16 000 元计算,贫困生能够申请到的平均资金占总教育支出比例只有12.5%。在高校实际执行过程中,各校能够发放的助学贷款额度指标有一定限制,在指标内依据申请人数和家庭经济情况确定审批比例,不少贫困生由于申请比例的限制并不能申请到助学贷款。

国家为克服商业银行贷款积极性不高和助学贷款总量不足的问题,推出商业助学贷款,虽然没有资金额度限制,但是需要家庭提供担保才能获取低息贷款。对于贫困家庭来说,提供充足担保基本上是不可能的,贫困家庭想获取商业助学贷款也只能是一种梦想。

在我国,学生银行贷款不管是助学贷款还是商业助学贷款,对学生都有重重条件限制,经济困难学生通过银行能够获取的资金量严重不足,学生金融抑制严重。学生银行贷款融资受限;融资额度有限,向高校转移的债性资金不足;高校被迫自行负债,承担债务带来的财务风险;教育供求双方债性资金配置严重扭曲。

三、分成制教育资金萌芽

分成制教育金融制度在我国尚未建立,完全意义上的分成制股性资金还不存在,但是具备分成制因素的制度已经得到成功尝试,准股性资金在这些制度中潜滋暗长,随着这些制度发展和分成制实施条件的具备,分成制教育资金正在萌芽。

(一)分成制资金缺失

分成制教育金融制度发展不足,形成我国高校教育金融多债缺股的局面。我国分成制教育资金的缺失主要体现在,我国学生缺乏分成制融资渠道,高校无法通过学生获取分成制教育资金。众所周知,在一个健全完善的金融市场上,股性资金和债性资金应该占有相当份额比例。但是在我国,股性教育资金缺失,只有债性资金能够用于弥补高校教育资金的不足,存在结构性的缺陷,具体如图8-6所示。

分成制的功能和作用在于能够在高校缺乏教育资金时,通过介入分成的方式补充股性资金。分成制通过参股教育需求方为学生提供股性资金,学生教育资金增加,为高校提升学费收入,提供精品教育创造了条件。同时,分成制可以与其他融资渠道结合,创造新的融资渠道和融资形式,形成联动效应,增加高校教育资金的补给量。

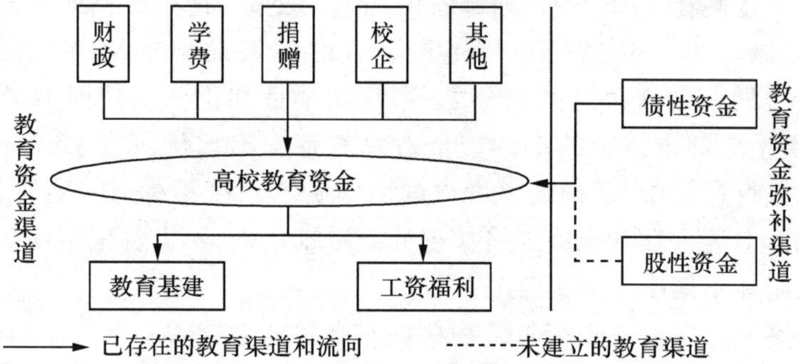

图 8-6　高校教育资金渠道结构

高校缺乏分成制教育资金，损失的不仅仅是通过分成制渠道筹集的教育资金，还有股性教育资金为债性资金提供担保而获取的债性资金增加部分。更为严重的是，股性缺乏使得量化人力资本投资风险收益成为泡影，限制了金融市场在教育投资领域的作用，使得高校教育金融抑制得不到有效解决。

（二）准股性资金潜滋暗长

分成制教育金融制度是对相关制度中分成制因子进行提炼与推演的结果，分成制因素不是分成制教育金融制度所独有的，在其他制度中同样可以存在分成制成分。因此含有分成因素的制度，可以提供“准股性资金”。准股性资金是分成制资金的萌芽形式，其发展壮大是分成制资金的试水，为分成制教育金融制度的推广和实施提供经验。

在人力资本培养领域提供资金的制度中，含有分成因素的制度主要有明星—经纪人制度、NBA 联盟制度等，其中明星—经纪人制度最成熟，分成因素最明显。明星—经纪人制度诞生于美国，已有 60 多年的历史，这种制度主要应用于明星的发掘和培养。随着社会进步，文化产业的发展，明星—经纪人制度从演艺行业逐渐扩展到体育行业，地域也从美国逐渐向世界扩展，其应用越来越广泛，成为特殊人才培养的主要制度。

在明星—经纪人制度中，经纪人给具有特殊才能的人才投入资金，进行培养、包装、打造、宣传、拓展和维护，培养成功后依照合同从明星收益中获取一定比例的回报。可以看出分成因素在明星—经纪人制度中得到很好的运用，也正是通过分成将经纪人和明星的利益紧密连接，经纪人才有积极性和动力投资与培养明星。

尽管在明星—经纪人制度中分成因素的应用程度较浅，应用范围也仅仅局限于拥有特殊潜力的人才，与分成制教育金融制度所指的分成制资金还有相当的距离，但是这种准股性资金的存在和发展，表明分成制度具有执行和实施的基础，分成制教育金融已经在现有的制度中孕育和成长。

第三节　分成制对高校教育金融的拓展

分成制改善了高校教育金融面临的制度环境和投融资环境，教育投资理念逐渐被高校利益相关方接受，金融市场力量在教育资金领域迅速壮大；另一方面，分成制强化了高校之间的竞争，扭转了高校传统行政经营机制，促使高校从成本收益角度考虑，积极提升自身专业化水平，加强教育资源共享，实现优势互补。

一、分成制化教育为投资

在分成制推动下，教育投资理念逐渐取代教育消费理念，教育是人力资本投资的观念逐渐被接受。投资理念的深入奠定了高校教育金融深化的思想基础，为高校利用金融手段运作筹集教育资金开辟了道路。

（一）教育理念投资化

教育金融深化过程必然从理念开始，因为只有转变理念，才能推进教育金融机制和行为的转变。

1. 教育理念投资化的必然性

对于教育是消费还是投资的理解，经历了一个逐步转变的过程。在经济发展中，经济学家日益感受到教育的重要性。20 世纪 60 年代，美国经济学家舒尔茨基于社会经济发生的变化和教育在社会经济中的地位提出“人力资本”，正式将人力资本和物质资本并列，成为教育投资理念发展史上的里程碑。

然而教育投资理念并没有因为人力资本的提出而被广泛接受，教育在众多地区尤其是相对落后地区仍被视为一种消费行为。教育消费理念在家庭、政府和学校的教育决策中均有体现，量入为出是一种典型的表现。教育相关主体依据资金量决定教育支出，富则多支，穷则少支，依据现实资金状况决定参与教育的程度和水平，很少考虑教育未来收益所带来的价值增殖。

消费理念的存在，与我国教育金融制度和教育金融市场发展滞后息息相关，分成制要从根本上改变传统教育金融制度，推进我国教育金融市场发展，必然带来一场教育理念的革命。分成制在教育金融领域首先带来的必然是教育理念从消费到投资的转变。

2. 投资理念办教育

投资理念办教育,要求我们放弃量入为出的习惯,不能以拥有的资金为限控制教育的投入,而应该以教育投入带来的价值增殖为标准,按照价值增殖潜力大小决定投入的资金量。最优教育水平由价值边际增殖现值和教育边际投入决定如图 8-7 所示,当两者相等时教育水平最优,此时人力资本价值净增殖最大,因此在提高教育水平的教育边际投入小于价值边际增殖现值时,应该增加教育投入资金。如果资金不足,只要以不高于价值边际增殖贴现率的利率筹集资金,就应进行融资增加教育投入,以获得更高的人力资本净增加值。

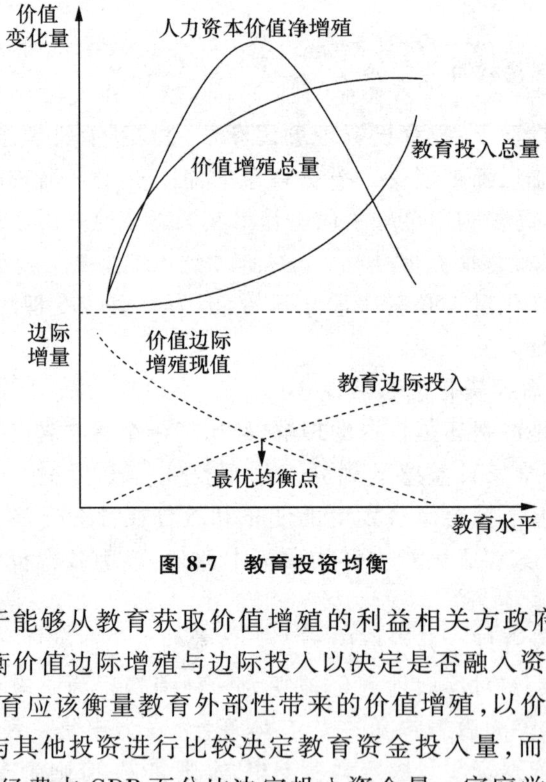

图 8-7 教育投资均衡

因此,对于能够从教育获取价值增殖的利益相关方政府、家庭与学生来说,应该权衡价值边际增殖与边际投入以决定是否融入资金及融入资金量。政府办教育应该衡量教育外部性带来的价值增殖,以价值边际增殖的现值为标准,与其他投资进行比较决定教育资金投入量,而不应该简简单单以财政教育经费占 GDP 百分比决定投入资金量。家庭学生参与教育应该以教育带来的人力资本价值边际增殖现值为标准,当家庭学生资金不足时,就应该融入资金以补充教育资金不足,实现人力资本价值增殖。

对于不能够直接通过教育获取价值增殖的其他利益相关方来说,为教育提供服务或者为其他主体提供融资,是分取教育价值增殖收益的重要手段。高校和教师是教育提供方,教育价值增殖与高校和教师没有直接关系，但是成功的人力资本价值增殖可以为高校和教师带来声誉，这是一种间接的收益共享机制。此外，随着教育投资理念的深入，高校和教师凭借在人力资本培养过程中的信息优势通过参与分成制同样能够获取报酬。

对于广大潜在投资者来说，教育投资理念办学使得高校利益相关方对教育金融需求大增，借助分成制，投资者可以迅速开辟渠道，参与到人力资本积累过程中，分享人力资本积累带来的价值增殖收益。

（二）教育金融化

教育投资理念扩大了教育融资需求，利益相关方参与教育金融市场的积极性提高，教育资金更多地通过金融市场进行配置，教育资金呈现出金融化的特征。金融化最直观的表现是金融机制在教育资金领域应用的增多，高校教育资金更多地通过金融机制进行配置。当出现资金短缺，高校使用的主要筹资渠道是金融市场而非传统的行政求助。在教育领域应用的金融机制主要有基金机制和证券化机制。

1．基金机制

基金是分成制落实的重要机制，包含集合投资、专业理财、风险分散三大优势，可以与股债等基础金融工具相结合。利用基金机制能够克服单个投资者资金量有限和人力资本投资风险巨大的矛盾，通过集合投资和风险分散使得分成制教育金融制度具有实践的基础和依据。基金机制对高校教育金融深化的作用主要体现在以下几方面。

第一，为高校提供教育资金来源。基金通过分散投资将人力资本积累过程中的个人特有风险通过组合投资进行分散，降低了直接投资人力资本面临的巨大风险和违约成本。同时基金经理的专业投资理财经验可以确保资金投资的回报，通过基金运作，投资者投资高校教育的风险被降低，从而调动社会资金投资人力资本的积极性，大量资金通过基金汇聚，形成高校教育资金的重要来源。

第二，深化高校投资理念，扩宽高校金融投资渠道。基金不仅可以为高校筹集资金，拓宽高校教育资金来源渠道，同时基金也为高校盈余资金投资提供了渠道，强化高校资金运作意识和投资理念。高校投资教育基金可以发挥自身在教育领域的专业优势，减少投资风险，投资回报可以增加高校资金流入量，从而更好地促进教育发展。

第三，强化政府财政资金引导力，更好地发挥财政资金作用。政府成立教育引导基金，在基金中部分出资，吸引其他资金进入，借助杠杆作用，财政资金可以撬动更多的资金参与教育活动。基金的专业理财和市场化运作，能够避免财政资金在拨付过程中的流失，极大地提高财政资金在选择与投向上的运行效率。基金回报形成财政资金可持续性的投入，实现了财政教育资金的可持续发展，缓解了政府教育支出的巨大压力。

基金机制是增加高校资金，促进教育资金良性发展的良好机制，随着教育投资理念的深入，教育投融资需求的增加，教育金融领域对基金运作机制的需求也日渐增长；而基金机制的应用反过来进一步刺激了投融资需求，为分成制最终实现奠定了机制基础。

2. 证券化机制

资产证券化必须具备可预期的收入，即可以预期的现金流，高校内部能够提供稳定预期现金流的教育资产有学费资产和教师收益资产及它们的组合资产。从广义资产证券化角度考察，价值量比较大的资产，即使没有稳定预期的现金流，通过未来残值提供担保同样可以进行资产证券化，因此高校的大额固定资产同样可以用来证券化。高校资产证券化关系结构如图 8-8 所示。

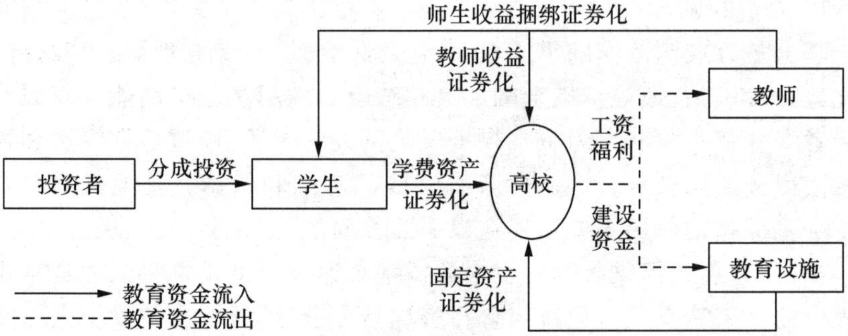

图 8-8 高校资产证券化关系结构

从图 8-8 中可以看出高校资产证券化主要有四类：学费资产证券化、师生收益捆绑证券化、教师收益证券化和固定资产证券化。在分成制教育金融制度下，高校利益相关方利益达到空前一致：最大化人力资本价值。为了完成这一目标，分享人力资本价值增殖带来的报酬，各方证券化的积极性被调动起来。随着分成制发展和政策放松，高校资产证券化必然会不断增多，证券化机制在高校教育资金中的作用将会日益增大。

证券化在高校教育资金运作过程中的作用有两个层次，第一层次是拓宽高校教育资金融资渠道，从资金流变化来看，高校资产证券化盘活了高校资产，为高校提供了一种金融化的资金获取手段，通过证券化，高校将沉淀资产转化为现阶段现金流，缓解了高校短期内教育资金不足的压力，有助于解决我国高校普遍存在的过度负债现象。同时，大量资金流入为高校改善硬件设施，升级软件服务，提升整体教育服务水平提供了资金支持，有助于改善教育条件,提高人力资本积累效率。

第二层次是扩大高校利益相关方共同利益,深化了教育链。高校教育成链必须建立在各方共同利益基础上,以往教育链条的割裂主要是由于各方利益不统一,存在分歧。通过证券化,学生、高校、教师、投资者和家庭紧密联系起来,学生利益与高校利益、教师利益与学校利益、家庭与学校利益、投资者与学生利益开始一体化,教育链开始显现。

基金机制和证券化机制使得高校利益相关方参与教育金融程度大大加深,金融在高校教育资金配置中发挥越来越重要的作用,金融开始由传统的教育资金弥补渠道向主要渠道过渡,渗透到教育各方的教育资金运作过程中。

二、高校借分成制引入市场机制

受传统计划经济影响,我国高校教育中一直存在浓厚的行政色彩,高校市场化经营机制尚未建立,高校“办社会”的现象依然存在,这些都与教育投资理念格格不入。因此,必须引入市场竞争机制,完善高校专业化和资源共享机制,发挥比较优势,提升教育资金效率。

(一) 市场机制强化高校竞争

分成制深化教育投资理念,为教育资金引入金融力量,表明分成制本质是教育金融市场化机制。市场机制的重要特征是竞争性,通过价格机制、供求机制和风险机制促进主体间竞争,实现优胜劣汰,达到资源优化配置。在分成制教育金融制度下,宏观上,政府制定法律法规,鼓励高校发展,不干预高校具体运营;微观上,高校成为独立市场主体,自负盈亏,关注自身命运,努力提高教学服务水平,吸引更多教育资源,求得长久发展。

1. 政府专注宏观管理

改革开放已有三十余年,但是在教育领域,传统计划经济烙印依然存在,政府行政干预高校运作时有发生。政府角色定位模糊,在高校运作过程中拥有双重身份。一方面,宏观上,政府制定法律法规和政策,是高校运作的制度支持者;另一方面,政府常常干预高校具体运作,插手高校决策,成为微观管理者。

政府干预束缚了高校的活力,高校作为市场独立主体的个性被压抑,成为政府教育政策的执行机构,缺乏主动性和竞争意识,限制了市场机制功能的发挥。随着分成制教育金融制度的建立和发展,市场在配置教育资金中的功能得以显现,政府行政分配教育资金的作用将不断被削弱。同时,分成制教育金融制度的发展,需要政府提供法律法规的支持,政府宏观管理地位凸显,强化了教育对宏观管理的需求。

因此,政府专注于宏观管理,减少行政干预,重新定位政府的教育职能,成为教育市场化发展的必然趋势。政府专注于宏观管理,一方面,高校长期被压抑的活力得到释放,参与市场竞争的主观积极性提高;另一方面,可以为市场化机制提供更好的法规政策,有利于市场机制的发展。

2. 高校市场化运作

政府专注于宏观管理,高校从行政干预的束缚中解放出来,为高校市场化运作提供了可能。高校作为独立市场主体参与教育活动,高校间竞争集中体现在教育资金筹集过程中。

分成制教育金融制度改变了现有教育资金筹融资渠道,分成制基金和政府教育引导基金成为高校教育资金主要来源,金融机制成为教育资金主要分配机制,市场"无形之手"逐步取代政府"有形之手"在教育资金分配中的主导地位。教育资金配置的市场化,吸引了大量社会资金流向教育领域,增加了高校教育资金总量,为解决学生教育金融抑制和高校资金短缺奠定了雄厚的资金基础。

在市场化条件下,高校获取教育资金的渠道主要有两种:一是学生获取分成制教育资金,高校向学生征收学习费用,市场化教育资金通过学生间接流入高校,这是分成制教育金融制度的主要形式;二是高校直接融资,市场化教育资金直接流入高校。高校无论是间接还是直接获取市场化教育资金,都必须面临其他高校的竞争。

借力分成制间接获取市场化教育资金的前提是高校拥有足够数量的学生,没有学生,间接教育资金便无法流向高校,高校只能"望钱兴叹"。为了获取更多教育资金,争取生存发展的资本,高校之间必然会展开激烈的生源争夺。直接获取市场化教育资金,高校的风险回报与其他高校相比必须具有竞争力,才能争取更多教育资金的流入。总之,高校市场化带来的是高校竞争的加剧和学校教学质量的提升。

(二) 高校专业化与教育资源共享

市场机制引入,高校间竞争日趋激烈,高校必须集中优势资源迅速在某一领域做大、做强,打造声誉品牌,为发展占取一席之地。此外,为了应对竞争,高校必须提高资金使用效益,降低运作成本,加强校与校之间的合作,共享资源。

1. 高校专业化

高校专业化主要是指高校在办学过程中,根据自身师资力量和客观条件,发挥自身优势,做大、做强某一个或某几个专业,打造高校在这一专业领域内的声誉。高校专业化意味着高校有选择地开设优势专业,不能哪个专业热就开设哪个专业,紧紧围绕自身的师资优势和办学优势,打造自己擅长专业的精品教育。这样一来,各高校充分发掘自身优势,专注强项,不断做大、做强,形成良性循环,这样在全国范围内,每所高校都有自己的优势专业,就会形成百花齐放、百家争鸣的局面。各高校之间同质化竞争减少,教育资金得到节约和高效使用,既避免了资源的浪费,也使得人才获得更加专业化的优质教育。

高校专业化,一方面,为学生接受高品质的教育提供了契机,高校也能够借助优势专业开展精品教育,增加收入,借助自身优势专业与特定行业产业结合,形成高校与特定行业产业相互促进、共同发展的新局面;另一方面,分成制投资者可以更好地选择投资的专业领域。尤其在分成制教育金融制度能够广泛使用的应用型高校,高校专业化使得投资者能够通过高校专业化筛选投资对象,这大大降低了分成制投资者的筛选成本,提高了分成制投资者的积极性。

投资者借助高校专业化筛选投资对象,通过投资对象向高校注入分成制教育资金,这就形成一个高校专业化与分成制教育金融制度共同发展、相互促进的良性循环。分成制的推广应用本身就包含着投资者对教育需求方的专业化服务,在高校专业化水平达到一定程度后,分成制投资者借助高校专业化力量服务于教育需求方,降低投资成本。同时,投资者对教育需求方的选择,将会引导教育资金流向特定的专业,从而为优势专业提供充足的资金和生源保证高校的专业化发展。

因此,我国高校专业化水平的提高与分成制教育金融制度的推广是一个相互促进、共同发展的过程。高校专业化有利于分成制教育金融制度的发展,分成制教育金融制度的建立通过教育资金投向反过来进一步促进高校专业化,双方形成一个相互依赖、共同进步的互利机制。

2. 教育资源共享

教育资源共享指高校间通过学生相互选课,就近共用教室、实验室、公共设施等,是高校实施差异化发展战略,节约教育资金和降低教育成本,提高教育资源使用效率的客观要求。教育资源共享是市场竞争机制和提高教育效率的表现。

在我国,综合性高校占据绝对主导地位,高校之间专业设置重复严重,大量宝贵教育资源被浪费。高校专业化发展,必然要求高校放弃部分专业,集中优势力量发展优势专业。但是与之相关的专业设施不能遗弃不用,如果遗弃不用就是极大的浪费,既不经济也不科学。高校可以将这些宝贵的资源重新利用,租借给其他具有优势的高校使用,既可以为本校带来租金收入,也可以节约其他高校重新购置设施的成本,是个双赢的行为,从整个教育行业考察是对资源利用效率的极大提高。

随着社会进步,综合型人才越来越受重视,高校专业化虽然集中力量办"优势",但是不免限制了学生知识面的宽度和广度。此时高校之间,尤其是不同专业优势的高校之间达成学生互相选课合作协议,高校间专业优势可以互补,节约各自的成本。高校间相互选课利用了别校的优势弥补自身弱势,使得强强联合,优势互补,双方的声誉都得到了提高,学生人力资本积累效率也得到了提高。

第四节 分成制优化教育资金行为模式

高校教育资金行为模式是高校教育资金运作理念和机制的外在表现,教育投资理念的深入和高效经营机制的转变必然引起教育资金行为模式的改变。要打破教育资金困境,消除学生金融抑制,理念和机制是保障,行为是执行和实施,两者相辅相成不可分割。

一、转变行为模式思路

我国高校传统的教育资金行为模式有以下几大特点。第一,政府依赖。遇到资金困难首先寻求政府支持,缺乏市场意识和独立自主的法人意识,以吉林大学为例,在出现财务危机之后进行政府公关,请求政府减免债务。政府援助可以暂时解决高校教育资金危机,但是这种行为不具有可持续性,高校过度依赖政府只会将教育资金的危机缓慢积累。

因此高校转变行为模式,最先需要改变过度依赖政府的习惯,在决策前要全面考察分析自身资金状况,进行详细的预算,摒弃先上马,出事后找政府的心态,杜绝把包袱扔给政府。同时,政府需要重新定位自身在教育资金领域的地位,减少对高校教育资金行为的干预,给高校自主发展的空间,培养高校独立自主的责任意识,不给高校依赖的可能,强迫高校认真负责地搞好财务管理工作。这样一方面,可以淘汰一批管理不合格的高校,加强高校的危机意识,另一方面,迫使高校放弃依赖政府的观念,更为自主和有效地教育资金管理。

第二,教育资金管理机制落后,预算不到位,缺乏有效的预算执行激励机制。高校筹集和使用教育资金的整个过程缺乏明确的预算,对预算执行情况缺乏奖惩机制,我国高校普遍过度负债从侧面反映了这一情况。在年度预算制定完成后，高校对经费项目执行结果缺少考核，没有建立相应的奖惩制度，对合理开支经费和节约使用经费的单位没有进行必要的鼓励，调动其合理使用经费的积极性。

所以，我国高校要想转变行为模式，就需要严格预算机制，不能只搞表面工程，制定预算不执行，执行不力不惩罚，领导随心改变教育资金预算，使得预算形同虚设。严格预算可以减少教育经费的浪费，合理使用教育资金，避免随意改变教育经费用途，在一定程度上可以确保教育资金的收支均衡，避免高校财务危机的出现。严格合理的预算可以对教育经费支出项目时间做出安排，使得高校对需要资金支出的项目做到心中有数，通过合理调配教育资金收入应付相关项目的支出，减少盲目借贷，降低财务风险。

尤其需要指出的是我国高校对教育资金的投资运作比较少，对盈余或特定教育资金没有合理投资，只是存在银行收取少量利息，这种现象在校友基金领域尤其突出。目前我国校友基金已经累积一定量的资金，我国部分高校也已经建立起校友基金会，但是我国高校对校友基金会的投资运作普遍较少，不少高校仅仅将资金存在银行收取利息，更有甚者，直接将获捐资金以奖助学金的形式分发给学生，不进行增值投资，使得教育基金成为“无源之水”，难以长久发展。

投资增值是高校教育资金运作的高级阶段，只有在高校保有一定量的盈余资金后才有可能进行投资增值，但这并不意味着我国高校不需要增值投资。虽然我国高校普遍存在教育资金不足的现象，但是合理地投资增值可以增加高校教育资金量，缓解高校教育资金紧张局面。同时可以为将来进行更大规模的投资活动积累经验，为教育基金更好地发展铺平道路。

如同通向成功的道路永远不止一条一样，转变高校教育资金行为模式绝对不是只有上文阐述的几种方式。上文只是针对我国高校传统行为模式的共性缺点，提出有针对性的转变方法。在实际中，高校应该结合自身教育资金实践，针对自身教育资金行为模式中的缺陷，寻找原因，转变思路，在实践中逐渐探寻适合自己行为模式转变的途径，为分成制教育金融制度的应用和推广打下良好的内部基础。

二、优化行为模式流程

高校传统教育资金行为模式是在内外部环境共同作用下形成的一种惯性行为方式，要改变这种传统行为模式必须从内外两方面共同努力。前文关于改变思路的探讨主要从高校内部入手，侧重于高校自身的转变，为分成制教育金融制度的应用和推广奠定了内部基础。

由于转变高校教育资金行为模式是一个以高校为核心，多方共同努力的过程，仅仅只有转变教育资金行为模式的思路，并不能解决所有问题。我们仍然需要探究改变行为模式的具体流程，给高校利益相关方提供更加具体的指导，规范分成制教育金融制度应用和推广流程。

1. 政府创造政策条件

分成制作为一种全新的教育金融制度，它的提出是学术界理论研究的结果，从理论走向实践需要克服众多的困难，需要众多组织机构的共同努力。政府作为宏观环境的掌控者和制度的天然提供者，其对分成制教育金融制度的态度决定了分成制从理论走向实践的成败。

因此，转变高校资金行为模式流程的第一步，即分成制教育金融制度实践的第一步。必然是政府有利的政策条件。政府创造有利的政策条件，首先可以保证分成制教育金融在合法的空间内运行，减少法律风险；其次，有利的政策可以减少分成制教育金融制度实践初期的风险，吸引更多的投资者参与到分成制活动中去。政策支持使得分成制教育金融制度的启动拥有了可能，不至于被政策扼杀在摇篮里，所以高校转变行为模式流程的始点在于政府创造有利的政策条件。

2. 投资者创新渠道

在获得政策支持后，分成制发展离不开天才投资者的渠道创新。目前，分成制理论研究虽然勾画了分成制教育金融制度的整体布局、实践路径和方式，但是现实世界的多样性和易变性，使得理论研究只能为分成制提供指导，而不可能规划出每一条详细的渠道和路径。在实践中分成制到底该如何运作，现有的理论框架仅仅只能提供一种方向性的指导，更多的道路和渠道是众多投资者在实践中依据客观条件，一步步摸索出来的。

当然这种摸索是在市场力量自发作用下进行的，是投资者为了获取更好的投资回报所必然产生的行为。但是这种自发的创新对于分成制教育金融制度的应用和推广具有不可忽视的作用，是分成制走向成功实践的关键一步。

3. 学生转换筹资思路

传统学生教育资金主要来源于家庭，家庭为学生提供绝大部分教育资金，承受主要人力资本积累风险，家庭将支付学生的教育经费视为一项责任和义务。但是随着分成制教育金融制度的建立和启动，学生可以从分成制投资者处获取资金，此时学生面临选择。在家庭缺乏资金的情况下，学生选择分成制教育资金似乎是“被选择”,但是即使在富裕的家庭,学生也同样应该获取分成制教育资金。这是因为分成制教育资金是以学生未来人力资本收益分成作为投资回报的,选择以后,投资者必然从自身利益出发为学生提供相应的增值服务,促使学生更好地进行人力资本积累,提高人力资本的价值。

此外,节约下来的家庭资金可以进行投资,获取一定的投资收益,同时将人力资本积累和使用的风险转移,减轻家庭承受的人力资本风险。从这个角度来说,选择分成制教育资金本身就是一种投资,一种转移风险、提升人力资本价值的投资。学生只有转变思路,认识到使用分成制教育资金的投资性和利益性,才会主动地获取教育资金,为分成制发展提供广阔的市场空间。

4. 高校破旧立新

分成制作为一种教育金融制度,高校作为教育资金汇聚地,分成制发展必然离不开高校的支持与配合。高校利用分成制能够优化自身的教育资金渠道,一方面,分成制能够与其他教育资金渠道结合,形成制度联动效应,完善星型流动路径结构,借助分成制搭建其他主体直接沟通的渠道,形成与高校共担的教育资金风险机制;另一方面,能够弥补教育资金只有债性资金,股性资金缺失的结构性不足。分成制的提出对高校传统教育资金制度是一种革命性的变化,因此高校需要打破陈旧思维,采用分成制教育金融制度,借力这一制度转变教育资金行为模式。

改变行为模式流程是一个从政府、投资者、学生,最后落脚到高校的整体过程,是为分成制实践创造条件的过程,总结上文可以得出转变行为模式的流程图(见图8-9)。

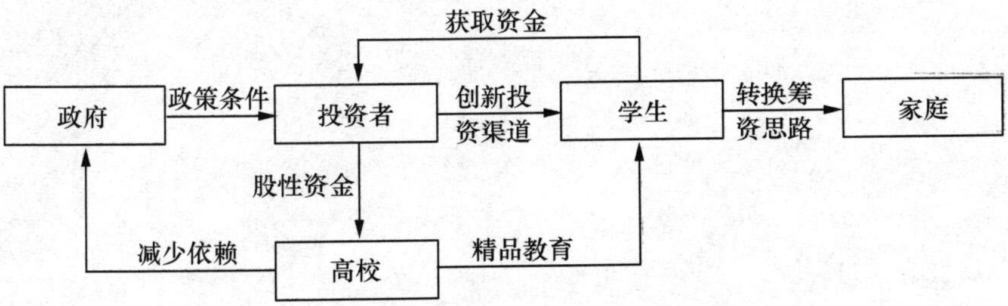

图8-9　高校转变资金行为模式流程

从教育金融理念、机制到行为,从政府、投资者到学生、家庭与高校,分成制教育金融制度的出现对传统高校教育金融进行了一场从内到外的深刻变革,这场变革的结果是学生教育金融抑制的消除,高校教育资金困境的突围和社会人力资本累积效率的提高。

教育金融抑制的研究对于政府、高校、学生和投资者的影响是非常深远的,关于这部分的研究,我们会在接下来的教育金融研究中不断进行下去,关于其他主体的问卷我们已经设计出来。教育金融是一个庞大的工程,相信能够为中国乃至全世界的教育做出巨大的贡献。

参考文献

[1]〔美〕E. 科恩(王玉崑等译). 教育经济学[M]. 上海:华东师范大学出版社,1989:26

[2]〔美〕E. S. 肖(邵伏军等译). 经济发展中的金融深化[M]. 上海:上海三联书店,1988:1.

[3]〔美〕J. G. 格利,E. S. 肖. 金融理论中的货币[M]. 上海:上海三联书店,1994

[4]〔巴〕阿赫塔尔·霍赛恩,阿尼斯·乔杜里(陈延军,汪文件译). 发展中国家的货币与金融政策[M]. 北京:经济科学出版社,2001

[5] 白雪梅. 教育与收入不平等:中国的经验研究[J]. 管理世界, 2004(6)

[6] 陈超. 渐进式改革中的金融约束分析[J]. 经济科学,2002(2)

[7] 陈曙红. 中国中间阶层教育与成就动机[M]. 北京:中国大百科全书出版社,2007(4)

[8] 陈晓宇,闵维方. 我国高等教育个人收益率研究[J]. 高等教育研究,1998(6):33—37

[9] 陈岩. 家庭人力资本投资的价值分析[J]. 山东经济,2004(6):60

[10] 陈钊,陆铭,金煜. 中国人力资本和教育发展的区域差异:基于面板数据的估算[J]. 世界经济,2004(12)

[11] 成丽诗. 服务型政府视角下政府道德责任的社会功能[J]. 思想理论研究,2010(17)

[12]〔英〕大卫·休谟(张若衡译). 休谟政治论文选[M]. 北京:商务印书馆,1993

[13] 邓春宁. 不确定性预期与居民消费需求——中国的经验证据[J]. 西安财经学院学报,2011(1):59—61

[14] 丁小浩. 对中国高等院校不同家庭收入学生群体的调查报告[J]. 清华大学教育研究,2000(2):102—108

[15] 窦尔翔. 教育金融制度创新[M]. 北京:清华大学出版社,2012

[16] 樊丽,郭健. 社会捐赠税收激励的国际经验与政策建议[J]. 涉外税务,2008

[17] 冯力沛. 高等教育大众化现状下财政投入紧张的研究[D]. 西南财经大学,2011

[18] 冯龙庆. 论政府道德责任的原因、范围及其措施[J]. 四川行政学院学报,2009(3)

[19] 傅勇,张晏. 中国式分权与财政支出结构偏向:为增长而竞争的代价[J]. 管理世界,2007

[20] 高梦滔. 高等教育投资回报率估算——基于西部三个城市的微观数据[J]. 统计

研究,2007(9)
[21] 高晓清. 应答 WTO——开放教育市场[J]. 教育发展研究,2001(1)
[22] 贵富强,龚萍萍. 银行、高校、学生间的国家助学贷款博弈分析[J]. 财经科学,2008(4)
[23] 郭胜利,尹登泽. 积极筹措校友基金,共谋学校发展战略[J]. 教育与现代化,2006(9)
[24] 郭秀晶. 我国高校教育基金会的现状分析与发展路径选择. 天津大学学报(社会科学版),2009(3)
[25] 〔联邦德国〕哈贝马斯(张博树译). 交往与社会进化[M]. 重庆:重庆出版社,1989
[26] 韩爽,韩继深. 我国财政教育支出问题分析[J]. 经济师, 2010(5)
[27] 韩廷春. 金融发展与经济增长——理论与实践[M]. 北京:清华大学出版社,2002
[28] 何小峰. 资本市场与投资银行研究[M]. 北京. 北京大学出版社,2005
[29] 何小峰等. 资产证券化:中国的模式[M]. 北京:北京大学出版社,2002
[30] 〔美〕赫尔曼,默多克,斯蒂格利茨. 金融约束:一个新的分析框架,载于:青木昌彦主编. 政府在东亚经济中的作用[M],北京:中国经济出版,1998
[31] 胡方日. 中国家庭教育投资偏好形成及其影响[J]. 企业家天地:理论版, 2006(12):140
[32] 黄书孟,张美凤,俞锋华等. 高校基金会的研究和探索:浙江大学竺可桢教育基金会的实践经验总结[J]. 中国高校研究,2001(10)
[33] 蒋鸣和. 抑制需求还是扩大供给——我国教育发展思路的探讨[J]. 上海高教研究,1998(4):1—4
[34] 教育部,财政部. 关于认真做好高等学校家庭经济困难学生认定工作的指导意见(教财[2007] 8 号)[R]. 2007
[35] 教育部,国家统计局,财政部. 关于全国教育经费执行情况统计公告 2005—2009[Z]
[36] 柯佑祥. 高等教育资金筹措渠道的新认识[J]. 教育发展研究,1999(9)
[37] 〔美〕库珀. 行政伦理学:实现行政责任的途径[M]. 北京:中国人民大学出版社,2001
[38] 劳凯声. 世纪之交的中国教育改革走向:教育与市场的关系问题[J]. 北京大学教育评论,2003(3)
[39] 劳凯声. 面临挑战的教育公益性[J]. 教育研究,2003(2)
[40] 〔美〕雷蒙德 · W. 戈德史密斯. 金融结构与金融发展[M]. 上海:上海三联书店,1994
[41] 李红伟. 中国城镇居民家庭教育消费实证研究[J]. 教育与经济,2000(4)
[42] 李宏岳. 现阶段我国高校助学贷款问题研究[J]. 当代经济. 2007(12 下)
[43] 李慧中,胡志平. 构建居民消费增长的动力机制:公共品视角[J]. 经济体制改革 2009(5):38—43
[44] 李江涛,李斌强. 国家助学贷款偿还机制创新探讨[J]. 高等教育与学术研究,2008(5)
[45] 李鹏飞,唐久芳,胡义芳. 教育税与财政性教育资金投入不足问题的研究[J]. 生

产力研究,2009(9)

[46] 李庆海,李锐,王兆华.农户土地租赁行为及其福利效果[J].经济学(季刊).2011(1)

[47] 李锐,李宁辉.农户借贷行为及其福利效果分析[J].经济研究,2004(12)

[48] 李锐,朱喜.农户金融抑制及其福利损失的计量分析[J].经济研究,2007(2)

[49] 李实,丁赛.中国城镇教育收益率的长期变动趋势[J].中国社会科学,2003(16)

[50] 李霞.我国教育投资中的政府行为研究[D].西南财经大学,2002

[51] 李晓青.关于社会保障影响居民消费的研究[J].甘肃省经济管理干部学院学报,2002(1)

[52] 李煜.制度变迁与教育不平等的产生机制——中国城市子女教育的获得(1966—2003)[J].中国社会科学,2006(4)

[53] 李贞.公平义务教育与中国财政体制改革研究[M].北京:经济科学出版社.2009

[54] 厉以宁.关于教育产品的性质和对教育的经营[J].教育发展研究,1999(10)

[55] 厉以宁等.教育投资在国民收入中的合理比例和教育投资经济效益分析[R].上海:上海人民出版社,1987

[56] 廖楚晖.教育财政学[M].北京:北京大学出版社,2006:2

[57] 廖开锐.浅谈高等教育财政支出绩效评价指标体系的构建及应用[J].教育财会研究,2011(8)

[58] 刘春生,王任达.发展大学教育基金会,促进大学教育捐赠[J].北京科技大学学报(社会科学版),2005(10):8—11

[59] 刘复兴.教育民营化与教育的准市场制度[J].北京师范大学学报(社会科学版),2003(5)

[60] 刘晖.论高等教育资源的合理配置[J].教育研究,1994(12)

[61] 刘惠.我国家庭教育投资行为分析[D].首都师范大学,2009

[62] 刘建国.我国农户消费倾向偏低的原因分析[J].经济研究,1999(3)

[63] 刘仁龙,吴志娟.我国助学贷款的现状及风险成因[J].重庆大学学报(社会科学版),2003(3):50—52

[64] 刘向东,张伟,陈英霞.欧美高等教育机构经费来源及其启示[J].高等教育研究,2005(5)

[65] 刘学行.中国家庭高等教育投资行为的经济学分析[D].广西师范大学教育科学院,2002

[66] 刘奕,张帆.我国居民高等教育支付能力及学费政策的实证研究[J].中国软科学,2004(2)

[67] 龙志和,周浩明.中国城镇居民预防性储蓄实证研究[J].经济研究,2000(11)

[68] 鲁睿.浅析我国高等教育捐赠制度的现状与对策[J].高教高职研究,2009(4)

[69] 陆铭,陈钊.因患寡,而患不均:中国的收入差距、投资、教育和增长的相互影响[J].经济研究,2005(12)

[70] 陆晓燕,张万朋.教育捐赠:高等教育融资的重要渠道[J].高教与经济,2007(3)

[71] [美]罗尔斯(何怀宏等译).正义论[M].北京:中国社会科学出版社,1988

[72]〔美〕罗纳德·麦金农(卢骢译).经济发展中的货币与资本[M].上海:上海三联书店,上每人民出版社,1997
[73]〔美〕罗纳德·麦金农(周庭煜等译).经济市场化的次序:向市场经济过渡时期的金融控制[M].上海:上海三联书店,上海人民出版社,1997
[74]罗朴尚,宋映泉,魏建国.中国现行高校学生资助政策评估[J].北京大学教育评论.2011(1)
[75]罗亚光.高等教育资源概念界定及其功能分析[J].天府新论,2006(3)
[76]〔英〕洛克(叶启芳等译).政府论 [M].北京:商务印书馆,1964
[77]〔德〕马克思.资本论[M].北京:中国人民大学出版社,2004
[78]马新平.我国教育经费来源结构分析与国际比较[J].商业时代,2010(27)
[79]〔英〕迈克尔·福特.管理决策分析[M].北京:改革出版社,1999
[80]孟婧.中美大学教育捐赠基金运作的比较与启示[J].教育财会研究,2011(10)
[81]孟祥宁.从我国义务教育看政府间事权财权的关系[J].经济与社会发展,2011(7)
[82]闵维方.中国教育与人力资源发展报告2005—2006[M].北京:北京大学出版社,2006
[83]聂颖,郭艳娇,韩洁.财政分权、地方政府竞争和教育财政支出相关关系研究[J].地方财政研究,2011(11)
[84]浦发银行.教育资金的六大渠道[J].商周刊,2011(87)
[85]普永宏.关于克服教育资金短缺的思考[J].云南教育学院学报,1996(1)
[86]齐义山.构建我国高等教育经费审计监督体系探讨[J].煤炭高等教育,2003(7)
[87]乔宝云,范剑勇,冯兴元.中国的财政分权与小学义务教育[J].中国社会科学,2005
[88]秦宛顺,厉以宁.教育投资决策研究[M].北京:北京大学出版社,1992
[89]邱均平,温芳芳.我国高等教育资源区域分布问题研究——基于2010年中国大学及学科专业评价结果的实证分析[J].中国高教研究,2010(7):18—21
[90]饶异.国家助学贷款中失信行为的博弈论分析[J].山西师大学报,2008(6)
[91]沈红.国家助学贷款与高等教育的大众化[Z].中国教育经济学学术年会,2004
[92]沈有禄.全国中等职业教育生均经费配置差异及地方财政投入贡献[J].职业技术教育,2010
[93]施兵超.卡普—马西森金融发展模型评析[J].财经研究,1996(6)
[94]石艳波,麦坚良,张言卓,李学斌.美国四大职业体育联盟工资帽制度的探讨[J].吉林体育学院学报.2009(6)
[95]〔美〕舒尔茨.教育的经济价值[M].吉林:吉林人民出版社,1982:78—83
[96]〔美〕舒尔茨.论人力资本投资[M].北京:北京经济学院出版社,1990:30—43
[97]宋光辉.中国居民金融资产总量估算和分析[J].华南理工大学学报(社会科学版),2003(3):60—62
[98]宋铮.中国居民储蓄行为研究[J].金融研究(6),1999
[99]睢国余,麻爱勇.中国教育经费合理配置研究[M].北京:北京大学出版社,

2009:66

[100] 孙蚌珠,陈雪娟,余向华.论财政分权背景下义务教育地区差异与财政责任的再配置——基于省级义务教育经费数据的实证分析[J],税务与经济,2009

[101] 孙冬.美国高校教育基金的投资运行分析与启示[J].教育教学论坛,2012(14)

[102] 孙富安.论人力资源均衡配置与区域经济的协调发展[J].特区经济,2008(4):279—280

[103] 孙开.公共产品与政府经济行为分析[J].当代财经,1995(5)

[104] 谈儒勇,金融发展理论与中国金融发展[M].北京:中国经济出版社,2000

[105] 谈儒勇,金融抑制与金融约束[J].经济研究,1998(12)

[106] 唐凯麟.伦理学原理[M].北京.高等教育出版社,1998

[107] 〔英〕特伦斯·哈奇森.经济学的革命与发展[M].北京:北京大学出版社,1992:6—7

[108] 〔美〕万尼瓦尔·布什.科学——没有止境的前沿[M].北京:商务印书馆,2004

[109] 王爱民.财政分权、地方政府行为与公共教育支出[J].金融与经济,2009

[110] 王凤秋,刘丽娜.我国教育捐赠政策存在的问题、成因及完善[J].学术交流,2010(6)

[111] 王凤秋.试论比较视阀下的中外高等教育社会捐赠[J].黑龙江高教研究,2012(3)

[112] 王蓉,杨建芳.中国地方政府教育财政支出行为实证研究[J].北京大学学报,2008

[113] 王善迈.教育经济学[M].北京:北京师范大学出版社,2002

[114] 王善迈.中国高等教育经费在学校内部的分配[J].教育与经济,2005(3)

[115] 王序坤.教育成本的分担原则及其选择[J].教育发展研究,1999(5):57—60

[116] 魏新,韩存,刘文娟.关于国家助学贷款组建教育担保的博弈分析[J].高教研究,2008(4)

[117] 魏新,邱黎强.中国城镇居民家庭收入及教育支出负担率研究[J].教育与经济,1999(4)

[118] 吴建南,李贵宁.教育财政支出绩效评价:模型及其通用指标体系[J].西安交通大学学报,2004(6)

[119] 吴永波.农村贫困家庭子女受教育状况的调查与对策[J].开发研究,2007(3)

[120] 吴玉鸣,李建霞.中国区域教育竞争力与区域经济竞争力的关联分析——兼复胡咏梅教授等[J].教育经济,2004(1):8

[121] 肖刚.基于义务教育财政支出“剪刀差”现象的分析[J].湖北经济学院学报,2012(2)

[122] 徐澈.国家助学贷款中银行与高校间博弈行为分析[J].科技创业,2011(1)

[123] 徐亮,夏静雷.从比较视角探析国家助学贷款与生源地助学贷款的关系[J].商品与质量,2012(2)

[124] 徐艳丽.论孩子的家庭教育投资问题[J].河北师范大学学报(教育科学版),2002,4(5)

[125] 许婷婷.我国高等教育社会捐赠问题研究[D].沈阳师范大学,2009
[126] 宣烨.民营企业融资行为模式分析[J].生产力研究,2005(2)
[127] [古希腊]亚里士多德.政治学[M].北京:商务印书馆,1981
[128] 言梓瑞.中美高校教育基金会比较研究及启示[J].世界教育信息,2007(10):53—56
[129] 杨河清,陈汪茫.中国养老保险支出对消费的乘数效应研究——以城镇居民面板数据为例[J].社会保障研究,2010(3):3—13
[130] 杨俊,黄潇,李晓羽.教育不平等与收入分配差距:中国的实证分析[J].管理世界,2008(1):38—47
[131] 杨汝岱,朱诗娥.公平与效率不可兼得吗——基于居民边际消费倾向的研究[J].经济研究,2007(12)
[132] 杨咸月.金融深化理论发展及其微观基础研究[M].北京:中国金融出版社,2002
[133] 杨相配.关于我国义务教育财政支出质量的满意度分析[J].决策, 2012(4)
[134] 杨周复,施建军等.大学财务综合评价研究[M].北京:中国人民大学出版社,2002
[135] 叶文振.论孩子的教育费用及其决定因素[J].统计研究,1999(5)
[136] 叶忠.略论教育的有效供给[J].教育评论,2000(3)
[137] 易行健,王俊海,易君健.预防性储蓄动机强度的时序变化与地区差异——基于中国农村居民的实证研究[J].经济研究,2008(2)
[138] 于志刚,张卫民.校友基金:构建高校筹资新渠道[J].中国林业教育,2005(3)
[139] 余艳炯.家庭特征和农户多子女家庭子女受教育年限——以江苏省四村为例[D].山东大学硕士论文,2009
[140] 元晓.我国人力资本投资与税收政策调整[J].理论学习,2001(4)
[141] 袁连生.我国居民高等教育支付能力分析[J].清华大学教育研究,2001(3):162—169
[142] 袁连生.论教育的产品属性、学校的市场化运作及教育市场化[J].教育与经济,2003(1)
[143] [美]约翰·N.德勒巴克,约翰·V.C.奈编(张宇燕等译).新制度经济学前沿[M].北京:经济科学出版社,2003
[144] [美]约瑟夫·熊彼特.经济发展理论——对于利润、资本、信贷、利息和经济周期的考察[M].北京:商务印书馆,1996
[145] 曾东.从博弈论角度分析国家助学贷款的违约问题[J].财政与金融,2012(2)
[146] [美]詹姆士·海克曼(曾湘泉译).提升人力资本投资的政策[M].上海:复旦大学出版社,2003:61—65
[147] 张春玉,杜希勤.教育资金管理体制改革的思考[J].工会论坛,2002(6)
[148] 张杰.中国金融成长的经济分析[M].北京:中国经济出版社,1995
[149] 张康之.寻找公共行政的伦理视角[M].北京:中国人民大学出版社,2003

[150] 张庆昉.农户结构和行为对借贷倾向的影响研究——基于湖南2000户农户的问卷调查[J].财经理论与实践(双月刊),2010(5)
[151] 张士慧.北京市义务教育教师资源配置公平性研究报告[A].2008
[152] 张维迎.博弈论与信息经济学[M].上海:上海三联书店,上海人民出版社,1996
[153] 张文辉.浅谈高校资金使用效益存在的问题及解决对策[J].经济研究导刊,2012(14)
[154] 赵桢.哈佛大学基金会:治理结构、职能及其借鉴[J].中国证券期货,2011(5):211
[155] 郑磊.财政分权与教育服务提供的地区差异[J].北京师范大学学报,2010
[156] 中国统计年鉴,中国统计出版社,1990—2011
[157] 仲晓东.大学生助学贷款困境的经济学分析[J].经济体制改革,2009(1)
[158] 周群英,徐宏毅,胡绍元.高等教育国际竞争力比较研究[J].武汉理工大学学报(社会科学版),2010(6)
[159] 周业安,王曦.中国的财政分权与教育发展[J].财政研究,2008
[160] 周月秋.资源配置与金融深化[M].北京:中国经济出版社,1995
[161] 朱华达.教育资金管理体制应符合资金运动规律[J].教育财会研究,2001(2)
[162] 朱喜,李子奈.改革以来我国农村信贷的效率分析[J].管理世界,2006(7).
[163] 朱喜,李子奈.我国农村正式金融机构对农户的信贷配给——一个联立离散选择模型的实证分析[J].数量经济与技术经济研究,2006(3)
[164] 朱信凯.流动性约束、不确定性与中国农户消费行为分析[J].统计研究,2005(2):38—42
[165] 朱勇,徐广军.现代增长理论与政策选择[M].北京:中国经济出版社,2000
[166] 邹俊伟,杨中全,段谋娟.财政分权、转移支付与地方政府教育投入努力[J].中央财经大学学报,2010
[167] Arnold W. A. Boot Anjan V. Thakor. Financial System Architecture. *The Review of Financial Studies*, Vol. 10, No. 3(Autumn 1997)
[168] Calbis, Vicente., Financial Intermediation and Economic Growth in Less-Developed Countries: A Theoretical Approach. *Journal of Development Studies*,1977,13(2):58—72
[169] Carroll, C. D., How Does Future Income Affect Current Consumption. *Quarterly Journal of Economics*,1994,Vol. 109: 111—147.
[170] Fleisher, Belton M., Wang Xiaojun, Returns to Schooling in China under Planning and Reform. *Journal of Comparative Economics*, 2005, Vol. 33: 265—277
[171] Fry, In Favor of Financial Liberalization. *Economic Journal*. Vol. 107, No. 442
[172] Galbis V., Financial Intermediation and Economic Growth in Less-Developed Countries: A Theoretical Approach. *Journal of Development Studies*,1997,13(2)
[173] Greenwood, Jeremy Smith, Bruce D., Financial Markets in Development, and the Development of Financial Markets. *Journal of Economic Dynamics and Control*, 1997(1)
[174] Hellmann, Thomas, Murdock, Kevin, Joseph Stiglitz. Financial Restraint: Toward a

New Paradigm. *The Role of Government in East Asian Economic Development: Comparative Institutional Analysis*. New York: Oxford University Press

[175] Hugh T. Patrick, Financial Development and Economic Growth in Underdeveloped Countries. *Economic Development and Cultural Change*, 1966, 14(2, Januray)

[176] Hugh T. Patrick, Financial Development and Economic Growth in Undeveloped Countries. *Chicago Journals*, 1966(1)

[177] Kapur, Basant K., Alternative Stabilization Policies For Less-Developed Economies. *Journal of Political Economy*, 1976, 84(4):777—795

[178] Kapur, Basant K., Optimal Financial and Foreign-Exchange Liberalization of Less Developed Economies. *Quarterly Journal of Econmics*, 1983, 98(1):41—62

[179] Kapur. Basant K., Alternative Stabilization Policies for Less Developed Economics. *Journal of Political Economy*, 1976, Vol. 84, No. 4

[180] Leland, H. E., Saving and Uncertainty: The Precautionary Demand for Saving. *Quarterly Journal of Economics*, 1968, Vol. 82:465—473

[181] Li Haizheng, Economic Transition and Returns to Education in China. *Economics of Education Review*, 2003, Vol:22:317—328.

[182] Mathieson, Danald J., Financial Reform and Capital Flows in a Developing Economy. International Monetary Fund Staff Papers, 1979, 26(3):450—489

[183] Mathieson, Danald J., Financial Reform and Stabilization Policy in a Developing Economy. *Journal of Development Econmics*, 1980, 7(3):359—395

[184] Maurer Fazio, M., Dinh, N., Differential Rewards to and Contributions of, Education in Urban China, s Segmented Labor Markets. *Pacific Economic Review*, 2004, Vol. 9:173—189

[185] Maxwell J. Fry, Models of Financially Repressed Economies. *World Development*, 1982, 10(9):731—750

[186] Maxwell J. Fry, Money and Capital or Financial Deepening in Economic Development. *Journal of Money, Credit and Banking*, 1978, 10(4):464—475

[187] Meng, Churrb, Schmidt, Peter, On the Cost of Partial Observability in the Bivariate Probit Model. *International Economic Review*, 1985, 26(1)

[188] Poirier, D. J., Partial Observability in Bivariate Probit Models[J]. *Journal of Econometrics*, 1980(12)

[189] Psacharopoulos, George, Returns to Investment in Education: A Global Update. *World Development*, 1994, 22: 1325—1343

[190] Stiglitz, Joseph E., Andrew Weiss, Credit Rational in Markets With Imperfect Information. American Economic Review, 1981, 71(3):393—410

[191] Stiglsti, Joseph, On the Irrelevance of Corporate Financial Policy. *American Economic Review*, 1974, 64:851—866

[192] Trostel, Philip, Walker, Ian, Woodlley, Paul, Estimates of the Economic Return to Schooling for 28 Countries. *Labor Economics*, 2002, 9: 1—16